美的稳健增长法

黄治国 著

图书在版编目（CIP）数据

美的稳健增长法 / 黄治国著 . —北京：机械工业出版社，2023.6（2025.3 重印）
ISBN 978-7-111-73351-5

I. ①美… Ⅱ. ①黄… Ⅲ. ①美的集团 - 工业企业管理 - 经验 Ⅳ. ① F426.6

中国国家版本馆 CIP 数据核字（2023）第 114668 号

机械工业出版社（北京市百万庄大街 22 号　邮政编码 100037）
策划编辑：华　蕾　　　　　　责任编辑：华　蕾　张　昕
责任校对：梁　园　卢志坚　　责任印制：张　博
北京建宏印刷有限公司印刷
2025 年 3 月第 1 版第 6 次印刷
170mm×230mm・22 印张・1 插页・288 千字
标准书号：ISBN 978-7-111-73351-5
定价：89.00 元

电话服务　　　　　　　　　　网络服务
客服电话：010-88361066　　　机　工　官　网：www.cmpbook.com
　　　　　010-88379833　　　机　工　官　博：weibo.com/cmp1952
　　　　　010-68326294　　　金　书　网：www.golden-book.com
封底无防伪标均为盗版　　　　机工教育服务网：www.cmpedu.com

从机会时代走向能力时代，
企业要以能力的确定性应对环境的不确定性。
活下去，活得好，
依赖于可持续的经营能力。
现金为王，效率驱动，
挖掘管理红利，走高质量发展之路。
管理是永远的蓝海，
值得企业人努力追求！

经济社会波澜壮阔，
创造着一个又一个奇迹。
企业是经济发展的主力军，
企业家是和平年代的英雄，
他们为人们的美好生活贡献着强大的力量，
在新时期也将背负起更多的责任与使命。
谨以此书，献给——
努力向上、精诚奋斗的企业经营者们！

| 推荐语 |

美的是一家战略清晰、与时俱进，重视发挥人的主观能动性，实施分权式管理，激励和约束两手都很硬，从而取得世界级成就的中国标杆企业。作者1998年就加入美的，2001年从事业部调入集团总裁办工作，之后又到产业集团，分别从集团管治层面和企业经营层面见证了美的从十亿级到百亿级再到千亿级的成长过程，并做了许多总结。最近这些年他从事管理咨询工作，对美的管理之道如何应用于其他企业有了更多的实际体会。因此，现在他对美的的解析更加清晰、有效。相信本书对中国企业具有很高的参考价值。

黄　健
高远投资董事长

本书系统拆解了美的的运营管理体系，揭示了美的稳健、高速增长背后的底层逻辑，内容涵盖了经营战略、精益运营、绩效管理、职业经理人培养等多个方面，相信很多企业都可以有所借鉴，帮助自己提升经营管理水平，以能力的确定性应对环境的不确定性。

刘　润
润米咨询创始人

美的是把企业家精神和专业化、现代化的管理结合得非常好的中国企业之一。本书详细介绍了美的的经营管理之道，证明治理和管理的现代化是一家追求基业长青的企业绕不开的路。现代化是一个系统，也是持续精进的过程，而不是一堆口号。

秦　朔

人文财经观察家，《南风窗》《第一财经日报》原总编辑

新媒体品牌"秦朔朋友圈"发起人

美的作为一家从充分竞争领域成长起来的世界级企业，它的经营管理方法值得中国企业借鉴。美的能够不断实现战略性、跨越式的成长，与以下几点有关：第一，始终具有强烈的发展意愿和远大的战略意图，我称之为"增长型企业人格"；第二，较早地走出国门，以全球视野看待产业发展，在全球范围内整合、利用资源；第三，长期坚持战略导向型成长，审时度势，进行动态战略变革；第四，重视组织活力和机制创新，尊重人性，充分授权，建立了责权利匹配的自驱式组织，企业充满竞争张力；第五，重视人才、尊重人才，大胆使用、有效激励，打造了一支骁勇善战、职业素质高的队伍；第六，在企业交接班上做了高水平设计，为美的成为世界级企业和长期发展创造了条件，也为我国民营企业的传承树立了典范；第七，恪守企业本位，开放理性、低调务实，对经营管理问题的洞察和把握体现了大道至简、直抵本质的特点。上述几点相信我们在本书中都能够看到。

施　炜

知名管理专家

美的是中国企业群体中从家族企业走向现代企业的标杆，在推动现代企业治理机制建设的过程中实现了组织的不断成长与蜕变。尤其是美的于2012

年呈现出的突破常规的传承，既是这种治理机制的优秀成果，也为美的创造了新一轮成长空间。作者在美的担任高管多年，曾任创始人管理秘书，参与创建美的学院，拥有从事业部到集团总部再到产业集团的丰富工作经验。他深知美的成功的"秘诀"，也是勇敢走出美的自己创业，提炼并弘扬美的经营管理方法的佼佼者。作者满腔热情地通过各种培训、咨询与辅导，深入企业陪伴企业学习成长，给"一号位"们提供顾问服务，积累了十分丰富的实战经验。通过本书的系统介绍，我们感受到了许多真实、新鲜、实战、有效的做法，这些内容对寻求不断突破的中国企业来说特别具有现实意义。

王佳芬

光明乳业原董事长兼总经理、领教工坊领教

我在2020年前后偶然看到了作者关于美的运营效率提升的文章，对这篇文章里的很多数据感到十分震撼，于是要求华勤的高层进行学习，并邀请作者给我们管理层做培训。伴随着多种效率提升的诉求和因素，华勤拉开了数字化变革的序幕。正如本书提到的，对毛利率不太高的行业来说，在运营和数字化方面学习美的，应该是更合适也更接地气的选择。"美的如何做全面预算管理？美的如何开经营分析会？美的如何做到小集团大事业部的充分授权？"等问题背后的经营理念与做法，看起来朴实无华，实际上有着非常深刻的逻辑且直击要害，对此华勤在认真学习并且快速落实后收益不小。

邱文生

华勤技术董事长

是什么支持了美的的持续健康增长？应该向美的学什么？本书给出了答案。美的的发展壮大离不开中国改革开放带来的全球化机遇，但更重要的是美的在这一过程中构建的一套科学高效的企业运行机制。在这种机制下产生的运营管理能力，使美的不断进化、持续创新、激活人才、超越竞争，并由此培养出了很多优秀的、具备企业家精神的职业经理人。美的既是一个持续推动产业成功的标杆企业，也是一个不断推动人力资本增值的优秀组织，其"全球视野、本土创造"的诸多实践，值得许多中国企业参考与学习。

李东来

顾家家居总裁

我怀着寻找《葵花宝典》的心态阅读本书，发现通篇都是围绕运营效率、预算管理、组织设计等的企业实战内容，没有找到让我惊鸿一瞥的高妙之处，但掩卷细思，我似乎找到了许多灵感。美的出身北滘小镇，产品技术门槛不高，市场化程度高，没有光环加身，这些和我国大多数企业极其相似。美的抓住经营效率等核心本质，坚持三四十年形成的巨大能量，何尝不是企业的护城河？忽略看似简单枯燥的本质，企图寻找管理的《葵花宝典》和市场的蓝海，是不是一种"偷懒"和"投机"的表现呢？希望和我一样在路上的创业者读完这本书后，能坚信经营常识的力量，并在今后的经营中去践行，做我们心中的美的企业！

金立国

怡合达董事长

22年前我大学毕业进入美的。现在通读本书，往事历历在目，重温了美的的经营理念与方法。从小到大、从大到强，"机制、人才、信任、目标"的经营底层逻辑是相通的，美的确实为中国企业界贡献了一个极具实战实效价值的案例。愿美的基业长青，我们每个人都能从这本书中有所收获！

马　刚

盈峰环境董事长兼总裁

美的十分低调，但这并不影响它在经营管理方面给我们提供的务实有效的标杆价值。本书系统揭示了美的成长、成功的方法论，它的许多做法，突破了一般意义上的企业管理认知，却又极其符合企业经营的本质。美的这种通过高效运营而让目标不断落实、让组织能力不断提升的体系，对中国企业具有很高的实践价值。

李文美

万孚生物创始人

家电行业是中国经济中非常重要的部分，美的一路成长为中国家电行业的领导者并进入《财富》世界500强，其赢得竞争、超越周期、全球拓展、不断转型的成功，不是偶然，而是在背后做了许多突破与创新，做了大量卓有成效的管理。在本书中，我们透过现象看到了美的许多不为人知的做法，如品类扩张、竞争策略、目标管理、财经管理、精益运营等这些美的稳健发展的本质。这些对当下的中国企业来说，确实是非常有价值的。我们这几年也在作者的带领下进行了借鉴与实践，收效显著。

孙志勇

志邦家居董事长

从一个乡镇工厂成长为全球化白色家电集团，进入《财富》世界500强，美的是中国制造业生存壮大、走向世界的杰出代表，也是广大民营企业发展的一个缩影，对制造业来说是最值得对标的企业，值得我们认真学习和借鉴。标杆学习是一条很好的企业学习路径，对制造业企业及更多中国企业来说，学美的更合适、更有效。不同于解读标杆案例的写法，本书极其实战化地对美的经营管理进行了系统梳理与解构，如同美的的风格一样，清晰明了，很接地气。我们扬杰从中也学习到了许多有价值的做法，我们的核心竞争力也是"一纵一横"，力求品类丰富、专业经营。

梁　勤

扬杰科技董事长

作者作为美的原资深高管，见证并参与了美的从十亿级走向千亿级的过程。作为中国家电行业中率先进入《财富》世界500强的领导者，美的成功的背后必定有卓越的管理和值得传承的创新，本书对创始人管理理念和职业经理人团队的执行做法都进行了深入总结与解读，让我们透过现象看到了美的不为人知的许多管理做法，尤其是处处可见的战略导向、量化管理、财经管理、精益运营等。这些不是什么"高科技"，却是美的稳健发展的基石，其他企业只要认真吸收、坚定执行，就能够学得到、做得好。我相信美的的成长、成功之道对中国企业尤其是制造业企业有非常重要的实战价值。

毛冰花

湖南金龙科技集团董事长

在本书中，我能看到美的的许多经营管理方法，正是这些看似简单、没什么"高科技"含量的做法，让我们更深刻地认识到：好的经营管理，都是不复杂的。因为复杂的管理，必然影响成本与效率，最终影响企业的经营产出。书中对美的理念与做法的阐述对中国企业具有重大的启示意义。

佘学彬

大自然家居董事长

美的的成功，可以说是现代治理机制下高效运营的成功。美的早早突破并走出了中国企业对现代企业治理的盲点与误区，通过制度设计、激活人才，较早地实现了从创始人团队管理向职业经理人团队管理的转变，打开了成长的广阔空间。这样的整体设计与有效运行，使美的的发展速度更快，增长质量更高，同时能保持稳定，最重要的是实现了大量的人才增值，真正做到了组织与人才的双赢。本书像工具书一样系统揭示了美的的经营管理方法，是一本不一样的写标杆企业的书，值得认真研读。

龚大兴
鑫源集团董事长

本书深入剖析了美的的经营哲学，从美的如何多元化经营到如何分权授权、分而不乱，如何做绩效考核、预决算、经营分析，甚至对如何培养接班人，都有详细的介绍与解读，值得中国企业家带领团队一起学习。这些内容不仅能帮助企业在管理上持续优化，而且能助推产品、经营上的突破。我们高梵自2020年起在作者的帮助下引入美的经营管理体系，深入对标学习，不断寻求价值创造、创新，孕育出了行业的现象级产品——高梵黑金鹅绒服，真正证明了好的管理对组织是价值非凡的。

吴昆明
高梵电商董事长

美的是中国制造业的标杆企业，其在战略设计、组织机制、流程运营、人才发展等方面展现出的务实、高效的种种做法，让管理具备了超越制造业的价值。美的的管理模式已经影响了许多从优秀走向卓越的中国企业，我们湾田也受益匪浅。作者是美的前资深高管，又从事了多年的管理咨询工作，对美的的成功之道有着系统而深入的洞见，对中国企业的现状有着客观而专业的理解。本书解码了美的的经营逻辑,对处于转型发展中的许多企业来说,很值得参考和学习!

刘筱泉

湾田控股集团总裁

本书是美的发展实践的总结,是基于作者对美的亲身经历的回顾、总结和提炼。它全面、系统地阐述、总结了美的如何解决许多经营过程中的痛点、难点,如何利用企业内部的能力确定性去应对外部环境的不确定性,如何实现从要素竞争到系统竞争、从创始人团队管理到职业经理人团队管理、从简单组织到成熟组织、从单一经营到多元经营、从产品经营到资本经营等五个方面的突破。对企业老板、经营管理者而言,这是一本极具操作性的经营管理实用手册,希望读者能找到企业经营管理的信心和灵感,开启企业经营持续发展、高效运营之路!

黄胜强

万马高分子总裁

本书不像许多写优秀企业的书或文章那样充满令人仰视的传奇,而是与美的的风格一样,充满理性与实战价值。在本书中,我们看到了美的通过长期苦练基本功,打造卓越的运营能力的许多正确而有效的做法,借此一代代人潜心经营,从小到大、从大到强,不断在竞争中突围、壮大。这对当下的中国企业来说,具有十分及时且重要的参考价值。

封 帅

相宜本草董事长

我非常高兴将本书推荐给企业界的朋友。我们和作者的咨询团队合作，用美的的经营核心，帮助公司从经营思维、经营预算、经营改善、达成目标等角度出发，搭建起高效率的经营系统。用对手无法超越的高效率，把企业的护城河修建得足够宽，实现了企业的可持续发展。我们公司这两年经营质量的提高，也验证了高效率的经营模式是企业发展的根本。

戴会斌

晶通新材料集团董事长

本书是美的管理的集大成之作。最近这几年，我们在作者的带领下扎扎实实学习美的的经营管理方法，在战略规划、预算管理、经营分析等方面快速而有效地实现突破，高管团队也看到了更大的想象空间，反映到公司的经营上就是在外部环境多变的情况下，相较于同行我们取得了许多更好的成果。这让我非常直观地感受到了美的经营管理的简单和高效，也真正感受到了"业务的背后是管理"。

俞飞英

浙江珍琦董事长

一直以来，像美的一样将公司打造成由职业经理人团队管理的持续增长的现代化企业，是我们追求的目标。几年前，作者引入的美的全面预算管理、分权授权等高效运营管理体系，为我们企业从十亿级迈向百亿级打下了坚实的基础。这本全面解码美的经营逻辑的书，一定可以成为照亮中国无数民营企业前行之路的灯塔。

黄建平

江苏大艺机电董事长

美的、华为可以说是国内企业管理的典范，我也经常讲美的、华为的管理。这些年我最大的感受是，学美的相对容易，美的基本上是靠强大的运营管理机制取得成功的，这体现在一些具体的方法和工具上，学会的可能性更高。作者是美的管理的重要亲历者，本书全面揭示了美的完整的经营管理过程，值得大家学习借鉴。

刘国华

广州赛意总经理

中国改革开放40多年，企业的发展也从机会时代迈向管理时代。本书高度总结了美的从粗放式管理的乡镇小厂不断转型为精细化运营的《财富》世界500强企业的做法与经验，对当下企业非常有借鉴意义，完全可以作为首选专业工具书阅读。本书诠释的管理底层逻辑与实操工具非常有效，常看常新，值得推荐！

蒋迎春

江苏虎豹集团董事长

阅读本书，感触颇多。和作者一样，我也曾就职于美的，美的也是我心目中高效管理的灯塔企业。不论企业管理的思想如何演变，高效运营始终是企业大厦的底座和基石。科学的管理、高效的运营，对企业发展的意义，绝不亚于科学技术的创新对企业发展的意义。开卷有益，让我们一起深研、吸收本书的精髓。

李　勇

趣睡科技创始人、CEO

从 2022 年开始我们重点学习了美的全面预算管理，这对金晔经营管理的影响是革命性的。我的思维发生了根本性的变化，从原来的哲学思维转为效率和哲学相结合的实干思维。2023 年我们通过预算解码战略，利润和业绩都实现了倍增，尤其是管理者认识到了经营效率是自己的使命。我诚心地向更多企业推荐本书。

李金伦

山东金晔食品董事长

通过本书，我看到了美的的一些特点：开放、务实、理性等。这些特点看似简单，但对中国企业来说，往往"知易行难"。开放体现在美的立足本土、全球视野上，并且在用人、管理等做法上也十分开放，激活了组织与人才；务实是指美的坚守企业本分，所作所为十分扎实，不搞虚的；理性是指美的始终坚守商业组织的价值定位，遵循经济规律、效率驱动、科学管理、与时俱进。因此，我们看到美的不断收获超越周期的增长。作者在美的实战管理经验的基础上，提炼并解析了很多中国企业的管理实践，最终写就本书，因此本书值得中国企业家和高管，尤其是出海企业的领导者学习研读。

许龙华

WOOK 跨境电商创始人兼 CEO

美的所处的行业与我们所处的行业完全不一样，但最近几年我们通过学习美的经营管理体系，在目标管理、团队打造、效率驱动等方面取得了许多积极成果。我们基于经营质量与效率，构建了美容行业独特的前中后台"三好六力五步"组织系统。我们深刻感受到，美的在不断追求商业本质的过程中形成的经营管理方法论，是超越行业的。相信会有更多企业通过本书收获经营管理的好方法。

姚文峰

伊丽汇董事长

    成立于 1968 年的美的，穿越数次社会变革与经济周期，从一家乡镇工厂进入《财富》世界 500 强，成为白色家电行业的龙头企业，是中国民营企业的优秀代表。因其创始人管理风格低调务实，长期以来能够让人真正了解并学习美的经验的资料非常有限，本书正是美的出身的作者为我们全面系统地揭秘的美的成功的底层逻辑：美的如何在清晰的战略部署下，通过卓越的运营和持续的变革，攀登一座又一座高峰，应对一次又一次惊涛骇浪。假如你是一位渴望打造卓越企业的创始人、合伙人或高管，我强烈建议你认真研读此书。

叶泓辰

双虎家居总裁

    本书通过深入剖析美的的内部做法，揭示了普通企业做大做强的一些发展规律，值得很多企业学习借鉴，尤其是美的如何通过预算管理、经营分析、绩效管理等动作组合，从财务视角对经营业务进行有效运筹，进而做好过程管理，同时不断复盘、迭代，使经营结果超出预期。本书不但有扎实的理论基础，而且有可实操的具体方法，可谓看得懂，想得通，随时可以用。衷心推荐！

王军华

巴布豆商业连锁董事长

序

美的案例的中国价值

家电江湖，美的脱颖而出

改革开放40多年来，我国国民经济一路高歌猛进，实现了跨越式发展，创造了令人惊叹的"中国奇迹"。在这段光辉岁月里，中国企业如雨后春笋般蓬勃发展，一段又一段商业传奇接连上演。不过，万事终有兴衰成败，也有很多曾经辉煌一时的企业，如过眼云烟一般消失在历史的长河中。

俗话说，商场如战场。商业竞争向来都是非常激烈的，家电行业的竞争尤其残酷。1995年，中国家用电器协会发布了中国白色家电企业20强排行榜，春兰排名第一，海尔、上海上菱、广东科龙、格力等赫然在列。这些企业在当时都算得上实力雄厚，即使是排名最后的小天鹅，其销售规模也超过10亿元，以今天的排名来看，它们相当于100亿～500亿元规模的企业。然而，20多年过去了，这些消费者耳熟能详的知名品牌、明星企业只有三四家过得不错，大部分已经被远远地甩出了前20强，还有一些已在商界销声匿迹。

今天白色家电行业的市场格局，大约形成于2005年，彼时距离榜单公布不过10年的时间。一直以来，家电行业的竞争从未停息，频频掀起"血雨腥风"，行业集中度也随之不断提升，成者迈入千亿阵营，败者则守无可守。

美的正是在残酷的市场竞争中"杀"出一条生路的。创立于1968年的美的，1980年开始制造电风扇，从此进入家电行业。在这个硝烟弥漫的市场上，美的一路披荆斩棘、乘风破浪，到今天已经发展成为全球品类最多、销售规模最大的白色家电巨头之一，并继续向着智能化的科技集团转型。美的的规模一路扩张，1990年其年营业收入不过1亿元，2000年过百亿元，2010年过千亿元，到2021年这一数字已被刷新为3400多亿元。

令人惊奇的是，在整个发展过程中，美的成功地把握住了速度与规模的平衡，始终保持着快速、稳健的发展步伐。而2012年创始人何享健先生退出董事会，交班给职业经理人，更是开创了一个完全不同的民营企业交接班模式，破解了企业传承难题，为基业长青打下了坚实的基础。

谁能想到，曾经默默无闻的乡镇小厂，竟然能在2016年成功进入《财富》杂志世界500强榜单，成为第一个进入世界500强的中国家电企业！

谁能想到，2012年的交接班为美的开创了一个蓬勃发展的新时代，到2021年，美的营业收入规模增长了234.29%、净利润增长了372.56%、股东权益增长了306.53%、经营性净现金流增长了333.77%、市值更是增长了11.48倍！

纵观美的发展史，可以看到，它成功地解决了许多中国企业在经营发展过程中无法绕开的痛点与难点：

- 从单品类到多品类经营
- 从本土到全球经营
- 组织与人才的瓶颈
- 责、权、利的匹配
- 成本与效率的平衡
- 快速发展与风险管控的协同
- 规模扩张与经营质量的同步
- 交接班

那么，美的是如何做到的呢？

高效运营，做好确定的事

与很多企业相比，美的的起点并无优势，甚至还要更低。在创业初期和小规模经营阶段，美的是靠充分利用外部资源、敏锐地抓住市场机会活下来的。但到了成熟期，高效运营成了美的不断做大做强的秘诀。

市场与客户需求的变化、不断加剧的外部竞争、内部业务规模发展带来的组织扩张，不断地对企业管理提出更高要求。我认为，在这个过程中，企业管理需要实现5个"突破"：从要素竞争到系统竞争的突破、从创始团队到职业团队的突破、从简单组织到成熟组织的突破、从单一经营到多元经营的突破、从产品经营到资本经营的突破。

任何一家企业想要发展壮大，都必须面对这5个"坎儿"。每一次突破，都要越过重重障碍。很多原有的优势，有可能成为成长的阻力；原本正确的管理行为，很可能变成错误的……这些都在考验着企业家的格局、视野以及企业的组织、人才、运营等。对企业而言，这个爬坡过坎的过程，既是一次次市场洗牌，也是一次次转型升级。

这些年，中国企业面临的转型升级的挑战特别多，究其原因，是过去企业发展更多依靠的是机会（当然，企业家的开创精神与变现能力也是至关重要的），而非自身的"免疫力"（从许多企业的经营质量数据上可以看出来）。所以，当受到外部环境的压力或者面对高质量增长的要求时，企业家就会感到力不从心。我们时不时看到知名企业突然倒塌，其实，如果细究其经营质量数据，会发现其内部早已呈现病态。

这时，我们不由得开始深思：为什么美的能一次次突破经营瓶颈？为什么美的能保持稳健的高速增长？为什么美的能顺利地完成交接班？美的成功的背后到底有着什么样的密码？

事实上，美的有特色，无密码。"有特色"是指融会贯通地运用、创造了许多简单有效的管理工具；"无密码"是指这些做法并无太多新意，不过是一直坚持遵循企业经营管理的常识与基本逻辑，不断为企业打造高效运营系统。

与其焦虑于外部变幻难测的商业环境，不如潜心挖掘内部的管理红利。很多企业非常重视新奇的商业模式、资本资源等不确定性因素，这些对企业发展来说当然重要，但是我们不能因此而忽视了对内部运营的关注。要知道，商业模式或许有"以一抵万"的奇效，但其成功概率与其效果却是成反比的；同样，资本能够使企业的商业化进程加速，但是不能替代企业运营。

美的高效运营背后的逻辑，恰恰是把内部确定的事做好。作为企业管理的实践者与研究者，我希望通过对美的高效运营的深入探讨，呼吁企业界更多地关注内部运营管理，不要在炫目的资本资源游戏、商业模式设计中迷失了方向。

学习标杆，走向卓越运营

经济世界的更迭与演进源于先进的替代落后的，高效的战胜低效的，快的打败慢的。而那些先进的、高效的、快的企业总能找到化繁为简的做法，把握机会，控制风险，在推动自身不断发展的同时避免因规模的扩张而变得臃肿。这样的企业，我们将其称为标杆企业。

对标杆企业进行观察、借鉴，是有效的学习途径。正如吉姆·柯林斯（Jim Collins）所说，一个战争的幸存者比任何一本关于公司策略的书更能教会一家公司走向卓越。

正因为如此，我试图通过对美的整个运营管理体系的解构，呈现企业生存、发展、成熟的内在逻辑。

我之所以选择美的作为研究对象，一个重要原因在于，美的在其发展过程中，始终遵循企业作为一个经济组织的基本逻辑与规律。虽然它曾不断借助外部资源提升自己，但主要还是通过内部经营团队的努力不断摸索出简单高效且系统性强的运营管理方法。也就是说，美的的稳健增长之路，具有成本低、可操作性强、有效性高的特点。

同时，高毛利与低毛利行业/企业的经营手法有很大区别。企业的管理动作都是需要成本的，高毛利行业的管理，尽管"看上去很美"，却很难被低毛利行业借鉴与复制，可能还没有学到皮毛，巨大的投入就使低毛利企业陷入困境了。而美的处于低毛利行业，这与大部分中国企业非常相似，因此，美的的案例对其他企业更具借鉴意义。

作为一位民营企业的领导者，美的创始人何享健一直强调："不量力而行的话对美的很危险，（我们）在很大程度上靠自我积累滚动发展，也是因为这样的原因，美的经营稳健，讲究效益。"⊖ 正是因为有这样清醒的认知，美的才能通过高效运营让有限的资源发挥更大价值，从而获得稳健高速的增长，在残酷的市场竞争中脱颖而出，并实现人才与组织的双赢。

如何阅读本书及学习建议

本书分为12章，涵盖美的多品类经营、事业部制、分权授权、经营绩效管理、交接班、发展职业经理人、全面预算管理、经营分析会、成本管控、精益运营、营销渠道转型等多个维度，帮助读者深入了解美的稳健增长背后的运营管理体系。

⊖ 黄治国. 静水流深：何享健的千亿历程 [M]. 广州：广东经济出版社，2018.

我对章节的命名直截了当，读者可以从任意一个感兴趣的章节展开阅读。但企业经营是一个环环相扣的系统，一个环节的做法要与其他环节的工作互相配合才能发挥作用。因此，在各个章节中必然会存在一些反复强调的内容，请读者理解。同时，读者不能仅借鉴某个章节的操作建议。

更需要提醒的是，从来没有完美的事先设计，只有为了"活下来、活得好"而进行的不断完善，美的在其发展过程中也是"摸着石头过河"。这几十年来，美的在经营管理方面的许多做法，有些是经过事先设计然后逐步完善的，有些则是在过程中逐渐总结出来的，还有一些是当时"无意识"、产生好的效果后固化下来的……因此，我总结、归纳美的的经营管理方法，并以一个个主题呈现出来，采用的是知识萃取的方式，绝不敢说是昨日重现，也不能说绝对全面。

以美的事业部制为例，美的虽然早在1997年就开始实施这一制度，但直到2002年前后，才相继对几个事业部的组织与重要人事安排进行调整，由此事业部制真正进入正轨：从文化、价值观到管理规则，从组织设计到重要人事安排，从业务战略到内部运作……都变得规范有序，组织结构也更加清晰明了。而在此过程中，许多尝试被证明是成功的，有些做法则被证明考虑不周。我希望通过这种实践之上的理论升华，能够缩短读者学习与应用的时间。但世易时移，一些小的变量会影响大的进程，哪怕回到过去，美的把所有动作再做一次，也不一定确保还能赢。

虽然现在的美的业绩仍然高涨，但跳出美的来看美的，我仍感觉到美的内部存在着许多不足。虽然美的在大刀阔斧地推进数字化，但是它原有的活力是否也受到了影响？是否过分相信数字化或者过于理想化地对待数字化建设，而忽略了当前业务的经营特点与商业的生意属性？虽然组织融合不断强化，但是小家电的盈亏平衡点并不像大家电那么高，对它们的整合当然能够节省成本、压缩管理，但是否会因此失去一些向外扩张、向上生长的机会？虽然美的在成本与效率的管理上一直追求极致也做得很好，在低毛利的情况下实现了高净利，但是不是还应该通过提高产品力、品牌力而增加附加值，让价值链的经营空间更大一点？……当下所做的许多管理动作是会带来更好的改变还是会带来更大的挑战，现在还不能下结论，可能三五年后才能看清楚。

因此，我更侧重于通过对现象的研究梳理脉络，从长期进程中寻找规律，拆解美的稳健增长的逻辑、方法和体系，从而帮助更多人吸收到有价值的内容，并在自己企业内部进行运用、体验、改善、升华。

借鉴标杆企业，是一个有效提升管理的方法，但要妥善运用。书中的各个章节对应的是企业内部的各个管理动作，每个企业所处阶段、发展状态、内部要素、能力结构、团队状况不一样，面临的主要问题与矛盾也不一样，因此，我们千万不要全盘照葫芦画瓢，而是可以以其中一个动作为起点开始推动，再牵引其他方面进行配合。不论是组织架构、交接班、分权授权，还是多品类经营、全面预算管理、激励机制，都可以先用起来，再来完善其他方面，切忌一口吃成个胖子。

目前外界对美的的转型升级很关注，比如数字化、向科技集团转型、全球化经营等。但我认为，中国绝大多数企业更应该借鉴、学习美的是如何做到千亿元级别的。不研究美的创始人何享健，是不可能明白美的的管理从何而来的。在我看来，他虽然是乡镇企业家出身，学历并不高，但他对现代企业治理却有着非常深刻的研究与理解，他的很多经营理念朴实无华，有着非常严谨的逻辑，直指要害。他总是能抓住关键矛盾，激发关键人员，管理手法非常高明。这种理念与方法，也使他为美的培养出许多优秀的职业经理人。

本书是从企业实践角度进行的总结，我希望它能够给企业家们带来更具实践性的思考与启发，能够为他们解答经营中的一些困惑。本书的价值，不在于给读者带来多少可传播的信息与知识，而是引领读者把有用的常识融入企业进行实践，提升效益，创造价值。

预见未来的最好方式,就是今天的不断进化。从管理的角度看,商业世界大有可为。我愿与更多企业一起,走上高效运营、稳健增长之路。

黄治国

2022 年 7 月于长沙玉台塾

目录

推荐语

序

第 1 章　美的如何多品类经营　　1

   1.1　"横向+纵向"多品类发展路径　　3
      1.1.1　横向扩张：不断丰富产品矩阵　　4
      1.1.2　纵向延伸：构建价值链一体化竞争力　　7
      1.1.3　长远战略牵引美的纵深发展　　8

   1.2　稳健高效的品类扩张方法　　9
      1.2.1　同类延伸　　9
      1.2.2　内部孵化　　12
      1.2.3　收购兼并　　15
      1.2.4　"第三条道路"快速占领市场　　19

   1.3　高效运营支撑多品类发展　　19
      1.3.1　压强式资源投入　　19
      1.3.2　专业运营确保品类成功　　25
      1.3.3　专业化营销队伍及其在市场上的精耕细作　　29

第 2 章　美的如何实施事业部制　　33

   2.1　势在必行的事业部制改革　　34

2.1.1	经营危机倒逼组织改革	34
2.1.2	事业部制改革	37
2.1.3	事业部的权力安排	38
2.1.4	先试点再推广	44

2.2 事业部制的完善与发展   45

2.2.1	规范管理"三分开"	45
2.2.2	家庭电器"一拆四"	46
2.2.3	增设二级产业集团	48
2.2.4	撤销产业集团，重组事业部	50
2.2.5	构建数字化组织	51

2.3 事业部制成功运行的保障   55

2.3.1	以价值共享的经营责任制为支撑	55
2.3.2	完善的财务支持与监督机制	56
2.3.3	科学合理的分权授权保障	58
2.3.4	高素质的人才队伍保障	58
2.3.5	市场导向，同步调整优化营销体系	59

第3章 美的如何分权授权   62

3.1 分权授权的来龙去脉   63

3.1.1	何享健的淡泊与坦然	63
3.1.2	规模扩张推动分权	66
3.1.3	集分权的 16 字方针	68

3.2 分权授权体系   71

3.2.1	分权手册	71
3.2.2	清晰定位各个组织层级	74
3.2.3	明确划分权限的类型与级别	77
3.2.4	划分职业经理人的经营层次	79

3.3 如何做到分而不乱 … 80
3.3.1 为何坚持分权管理 … 81
3.3.2 分而不乱的逻辑 … 82
3.3.3 分权的四大保障机制 … 88
3.3.4 把握分权授权的度 … 89

第 4 章 美的如何做经营绩效管理 … 93

4.1 经营责任制的基本框架 … 94
4.1.1 经营责任制主要评价指标 … 94
4.1.2 经营责任制主要指标说明 … 95
4.1.3 绩效奖金分配方式 … 98
4.1.4 事业部内部的绩效管理 … 101
4.1.5 某销售部门绩效管理 … 104

4.2 经营责任制的演进过程 … 106
4.2.1 经营责任制的起源 … 106
4.2.2 经营责任制的发展 … 107
4.2.3 经营责任制实现了低成本下的高激励 … 112
4.2.4 绩效管理推动业绩飞跃式增长 … 113

4.3 绩效管理的保障措施 … 115
4.3.1 通过挑战性的战略目标牵引倒逼 … 115
4.3.2 全面预算管理保障 … 116
4.3.3 过程管理保障 … 116
4.3.4 让数据说话 … 117
4.3.5 严格的奖惩兑现 … 117
4.3.6 逐级分权、分责、分利 … 118

第 5 章 美的如何交接班 … 121

5.1 千亿家族企业交给"外人" … 122

5.1.1　低调而惊人的交接　　122
　　5.1.2　坚持"去家族化"　　123
　　5.1.3　老板与职业经理人互相成就　　125

5.2　为什么是方洪波　　126
　　5.2.1　何享健为什么选择方洪波　　126
　　5.2.2　水到渠成　　128
　　5.2.3　传承创新，将变革进行到底　　134
　　5.2.4　永不停歇的职业进化之路　　139

5.3　交接班背后的治理逻辑　　140
　　5.3.1　建立现代治理机制，让职业经理人走上前台　　140
　　5.3.2　产权改革，真正实现市场化经营　　141
　　5.3.3　整体上市，解决何享健的后顾之忧　　143

第6章　美的如何发展职业经理人　　147

6.1　走职业化管理之路　　148
　　6.1.1　营造职业化的环境与氛围　　148
　　6.1.2　严格约束职业经理人的行为　　151
　　6.1.3　老板也要职业化　　155

6.2　打造人力资本驱动的高绩效组织　　157
　　6.2.1　一个核心　　158
　　6.2.2　两个关键　　158
　　6.2.3　三个统一　　159
　　6.2.4　四大保障机制　　161

6.3　打造人才供应链　　165
　　6.3.1　开放用人，尊重人才　　165
　　6.3.2　战略牵引，激发创业精神　　167

	6.3.3 组织裂变，不断为经营创造机会	169
	6.3.4 高效运营，加速人才成长	170
	6.3.5 校园招聘，持续提升人才密度	171

第 7 章 美的如何做全面预算管理　　174

7.1 认识美的全面预算管理　　175
　　7.1.1 美的全面预算管理的起源与脉络　　175
　　7.1.2 全面预算管理的作用　　176

7.2 全面预算编制的流程　　180
　　7.2.1 战略规划是全面预算的起点　　180
　　7.2.2 上下结合、全面周密的预算编制过程　　181

7.3 全面预算的编制标准　　182

7.4 全面预算的编制内容　　185
　　7.4.1 经营预算　　186
　　7.4.2 专项预算　　196
　　7.4.3 财务预算　　200

7.5 全面预算的过程管理　　201
　　7.5.1 全面预算编制的检验　　201
　　7.5.2 预算分析与控制　　204
　　7.5.3 强势的财务管控　　206

第 8 章 美的如何开经营分析会　　210

8.1 为什么要开经营分析会　　210

8.2 有效组织，让经营分析会充分发挥作用　　212
　　8.2.1 经营分析会的组织　　212
　　8.2.2 经营分析会的流程管理　　213

8.3 经营分析会的主要内容   216
   8.3.1 上月总体经营情况分析   217
   8.3.2 销售与市场分析   220
   8.3.3 成本与费用分析   223
   8.3.4 其他专项分析   226

第9章 美的如何进行成本管控   232

9.1 传统标准成本管理方式   233

9.2 以预算为牵引的目标成本管理方式   234
   9.2.1 目标成本管理体系的搭建   234
   9.2.2 目标成本管理的具体运用   239
   9.2.3 对隐性成本的管理   241

9.3 基于价值链的战略成本管理   244
   9.3.1 围绕产品领先战略，狠抓产品力提升   244
   9.3.2 围绕效率驱动战略，构建新成本优势   246
   9.3.3 围绕业务和管理流程，端到端拉通   249

第10章 美的如何推行精益运营   253

10.1 美的精益运营的演进史   254
   10.1.1 MBS 启蒙期   255
   10.1.2 MBS 导入期   255
   10.1.3 MBS 成长期   257
   10.1.4 MBS 成熟期   258

10.2 如何实施 MBS   258
   10.2.1 方法论沉淀   259
   10.2.2 人才培育   269
   10.2.3 精益转型   272

　　　　10.2.4　MBS 推行过程　　　　　　　　　　　　　　273

　　10.3　美的精益运营成功的启示　　　　　　　　　　　276

第 11 章　美的如何做营销渠道转型　　　　　　　　　　　279

　　11.1　美的渠道演进历程　　　　　　　　　　　　　　280

　　　　11.1.1　分销代理模式　　　　　　　　　　　　　280
　　　　11.1.2　销售公司模式　　　　　　　　　　　　　281
　　　　11.1.3　全渠道模式　　　　　　　　　　　　　　283
　　　　11.1.4　用户直达模式　　　　　　　　　　　　　286

　　11.2　美的渠道转型为什么总能成功　　　　　　　　　289

　　　　11.2.1　保持营销组织变革与渠道变革同步与互动　289
　　　　11.2.2　掌控渠道而不独占渠道　　　　　　　　　292
　　　　11.2.3　以提高效率为主要目的　　　　　　　　　293
　　　　11.2.4　拥有高效执行力的区域作战单元　　　　　295

第 12 章　如何借鉴美的做法打造高效组织运营能力　　　300

　　12.1　简单的管理造就了美的的"不普通"　　　　　　301

　　　　12.1.1　美的的"普通"与"不普通"　　　　　　301
　　　　12.1.2　美的的管理并不复杂　　　　　　　　　　303

　　12.2　企业如何借鉴与参考　　　　　　　　　　　　　305

　　　　12.2.1　用结果来检验组织运营能力　　　　　　　305
　　　　12.2.2　让组织运营能力建设变得可执行　　　　　306
　　　　12.2.3　效率驱动，以预算为抓手　　　　　　　　308

　　12.3　两个应用案例　　　　　　　　　　　　　　　　311

后记　　　　　　　　　　　　　　　　　　　　　　　　　316

— 第 1 章 —

美的如何多品类经营

美的是不是要进入新领域,我看有三大标准:第一,市场容量够不够大?第二,美的有没有做好产品的能力?第三,有没有合格的经营团队?[⊖]

——何享健(2002 年)

在全球家电行业尤其是白色家电行业中,美的可能是唯一全产业链、全产品线的企业。更难能可贵的是,美的大多数家电品类的市场占有率在行业里数一数二,在中国市场乃至全球市场排名第一的品类也不在少数(见表 1-1)。

比如,美的电磁炉、电暖器、电风扇、台式烤箱、电水壶等的市场份额全国第一,近年家用空调市场份额也从全国第二上升到全国第一;电风扇、中间产品空调压缩机及空调电机等则多年稳居全球第一。

表 1-1 美的各家电品类市场份额排名(2022 年上半年)

家电品类	线下市场份额	线下排名	线上市场份额	线上排名
家用空调	34.27%	1	35.62%	1
洗衣机	25.66%	2	33.40%	2

⊖ 黄治国. 静水流深:何享健的千亿历程 [M]. 广州:广东经济出版社,2018.

（续）

家电品类	线下市场份额	线下排名	线上市场份额	线上排名
冰箱	13.91%	2	18.50%	2
电饭煲	40.76%	1	26.68%	2
电压力锅	39.54%	2	39.15%	1
电磁炉	46.57%	1	47.57%	1
电暖器	50.88%	1	23.29%	1
微波炉	54.74%	1	47.11%	1
饮水机	43.67%	1	13.84%	3
电热水器	16.93%	3	31.81%	2
洗碗机	10.2%	3	29.37%	1
台式烤箱	35.76%	1	25.04%	1
电风扇	40.74%	1	20.94%	1
电水壶	36.96%	1	24.52%	1
破壁机	30.63%	2	12.02%	3

资料来源：美的集团2022年半年报。

现在，美的还在机器人与自动化、数字化服务、智能物流、智能楼宇、新能源汽车零部件、照明、医疗等领域进行了大量投资，不断扩展企业经营的边界，如果在这些领域的拓展也能取得成功，那么美的未来将拥有无限可能。

美的的多品类经营很成功，但这并不意味着企业的多品类经营是一件很容易的事。对企业而言，多品类经营向来是一个巨大的考验，即便是在家电行业做家电相关的产品，能够成功经营多种品类的企业也并不多见。在现实中，企业由于多品类扩张而深陷泥潭的失败案例比比皆是，正因为如此，企业多元化还是专业化一直是商业领域经久不衰的热门话题。

那么，美的如何从电风扇这一不起眼的单一产品起家，发展成为全价值链、全产业链的全球家电巨头？美的是如何走出专业化与多元化的理论争论的？

1.1 "横向+纵向"多品类发展路径

美的的电风扇、空调、电饭煲等产品进入市场的时间较早（但并非国内最早研发出来的产品），除此之外，美的的其他产品大都是"后进者"。在这些领域，在美的进入之前就已经存在很多成规模的企业，行业几乎处于产能过剩的状态。因此，美的面临的市场竞争是极其残酷的，但美的总能杀出一条生路，它推出的家电产品几乎每个都能快速取得成功，创造了一个又一个市场奇迹。

以电风扇为例，美的电风扇刚进入市场时，整个电风扇行业的竞争已经处于白热化阶段，据不完全统计，当时仅珠三角的电风扇企业就有5000多家。尤其是20世纪80年代中期，各个品牌电风扇的市场厮杀非常惨烈。面对巨大的竞争压力，美的如何才能找到一条出路？为了找到答案，何享健东渡日本进行考察。

日本的家电行业使何享健深受启发。在对市场进行比较分析后，他得出结论：全球家电企业基本都是多元经营，中国家电市场的潜力巨大；单一产品经营的风险较大；全球家电制造都会向中国转移；美的具备开展多产品经营的基础。就这样，美的很早就确定了走产业化、规模化的多元化发展道路。

何享健的选择是明智的。对白色家电产业来说，多元化发展能使企业基于技术协同、生产协同、管理协同和市场协同产生规模效应，从而有效扩大规模，但是要真正做好并不容易。

最终，美的采取了"横向扩张+纵向延伸"的业务发展路线。横向扩张是指发展多品类，致力于通过资源协同推动产业规模的最大化；纵向延伸则主要是进入家电行业的上游——核心零部件领域，这样既能提升产业链的整体竞争力，也能扩大产业规模。

1.1.1 横向扩张：不断丰富产品矩阵

美的的横向扩张，具体来说就是在白色家电的主业范围内不断拓展，实现全品类、全系列、全渠道覆盖。

这种产业路径的拓展是渐进式的延伸。比如大家电体系，是从家用空调到商用空调到大型中央空调，再从空调到冰箱、洗衣机进行拓展，近年来又延伸到照明、智慧楼宇等领域；小家电体系，则是从电风扇、电饭煲、电暖器不断延伸至空气净化器、吸尘器、微波炉、饮水机、电磁炉、电压力锅、电水壶、豆浆机、洗碗机、燃气灶、油烟机等环境类小家电、生活类小家电、厨房类小家电。

在产品定位上，美的几乎覆盖了高、中、低各类产品档次，这些产品大部分共用"美的"品牌，只有很少一部分品类采用了差异化的品牌标识，这有利于形成产品矩阵，做大规模。与之相反的是，一些家电企业采取了不同品类使用不同品牌的营销策略，尽管它们有非常强势的主流产品，但多品牌的方式依然分散了市场资源，使其无法构建强势品牌，从而错失了发展机会。

在渠道构建上，美的从1997年开始实施事业部制，从那之后一直不断深化营销体系与渠道体系，构建了从城市到乡镇、从零售到工程的多渠道体系。近年来，美的又不断拥抱互联网，推动电商业务发展，构建了线上线下的立体营销网络。除此之外，美的还通过代理商、跨境电商、渠道合作等模式大力拓展海外营销渠道。

在产品拓展上，美的建立了自己的标准体系。

1. 评估市场机会与盈利前景

美的牢牢抓住了企业以盈利为目的这一本质，在决定是否向某个领域扩张时，它首先会评估市场容量，看能否规模化发展。在增量市场美的并不害怕竞争，但对于投资大、风险大、回报低、非主营或不熟悉、不可能规模化和产业化发展的项目，美的会控制投入。

2. 评估自身的资源能力

考虑一个项目是否值得投入，美的会从三个方面进行评估：第一，看是否有财务资源；第二，看是否有合适的项目管理人员，包括总经理和管理团队是否具备项目管理能力；第三，看是否拥有适当的制造、技术和市场资源，以保证有能力做出规模。

3. 确定产业拓展目标

要有超越常规的目标牵引，没有挑战性的目标是不能称为战略目标的。何享健很早就给美的的产品拓展定下了一条标准："要么不做，要做就要做到前三名。"因为只有这样才能赢得品牌优势。在美的，每个项目都有严格的立项书，战略与运营部门会跟踪其进展。

4. 论证进入方式及各种投资风险等

自主投资、兼并收购（并购）、合资合作、代工生产（Original Equipment Manufacturer，OEM）等，到底哪种方式好？美的会根据实际情况稳妥选择。比如美的在小家电领域一般以自主投资发展为主，因为美的本身在小家电品牌与渠道层面具备优势，该领域中的优势品牌也不多，而且这方面的投资相对较小，美的能够较快进入正轨。而在大家电领域，美的则以并购为主，因为这个领域已有较多优势品牌，且投入产出周期长，如果美的通过自主投资的方式切入，周期太长，风险会大大增加。

但在并购方面，美的仍然保持着稳健的风格，只有完成以下几个步骤，确定有十足把握后，美的才会出手。

第一，看成本，看自身有没有财务能力并购，能不能承担并购失败的风险。

第二，系统评估并购企业的真正价值，看它能否给公司带来新的产业增长点。比如，美的通过收购华凌进入了冰箱行业；通过收购荣事达扩张了冰箱产能，同时切入了洗衣机行业；通过收购小天鹅奠定了洗衣机产品的行业地位，通过收购重庆通用快速强化了在中央空调领域的地位。

第三，看美的有没有整合能力。比如，多年前通用电气公司曾想出售家电业务，有专业机构找美的合作，希望与其联手收购（专业机构出资、美的负责经营），但何享健认为美的的经营能力有限，不具备经营跨国业务的能力，最终并未参与这次收购。

通过稳扎稳打的横向扩张，美的的产品矩阵越来越丰富。但是，美的并不盲目发展、什么都做、多个品类同时铺开，何享健一直坚持的原则是对外扩张不跟风、不冒进，积极稳健，做一个项目就成功一个项目，循序渐进，脚踏实地。正因为如此，美的始终围绕着自己的核心能力、核心技术向相关领域扩张，从不贸然向其他领域进军。

企业在发展过程中会遇到各种各样的诱惑，很多企业因为无法抵御诱惑而走上了盲目扩张的不归路。在家电行业，这样的前车之鉴比比皆是。

如澳柯玛（前身是青岛红星电器集团黄海冰柜厂）曾经是全国最大的冰柜生产商（1995年被国家统计局等认定为"中国电冰柜大王"）、山东省利税大户。然而，2000～2004年，它开始了疯狂的扩张之路，先后投入大量资金进入与家电毫不相关的新能源、海洋生物和电动自行车等行业。由于资源过于分散、资金紧张，澳柯玛的多元化经营以失败告终，不相关的业务也被剥离。

再如春兰，20世纪90年代末期，其空调生产规模已是全国最大，市场占有率达30%左右。然而，就在公司业务蒸蒸日上之时，春兰却先后进入摩托车、卡车等与家电毫不相关的行业。这种盲目扩张带来的不是公司规模的进一步扩大，而是业绩的大幅下降。春兰由此走向了衰落，家电行业的一代霸主就此走下神坛。

美的横向扩张的成功充分说明坚守主业是企业长远发展的根本，只有在此基础上进行多元化发展，企业才能实现二次成长。

美的的不跟风、不冒进还体现在对进入机会的把握上。很多时候，美的是等市场成熟后才进入某个领域的。而且，一旦看准机会，它就会通过强大的组织能力强势切入，以巨大投入来抢占市场，按战略目标规模进行定价，推高行业的盈亏平衡点，让低水平、低规模的竞争对手根本无法跟进。

1.1.2 纵向延伸：构建价值链一体化竞争力

美的走上纵向产业化这条道路，既有偶然性，也有必然性。

说是偶然，是因为美的很早就从事过零部件制造。在创业初期空调项目不顺利的时候，为了保障工厂的正常运转，美的曾制造空调零部件供货给华凌这样的空调品牌厂。更早时，何享健还做过机电配件。

说是必然，是因为何享健早就清醒地认识到通过掌握核心零部件来保障整体竞争力的重要性。美的曾经因压缩机供给不上而发展受到掣肘，随着规模越来越大，核心零部件的重要性更加凸显。因此，美的注定会走上纵向发展之路。

美的的产业链一体化是从空调领域开始的，最先在空调塑封电机（一种用在分体室内机上的电机）上试水。因为用户对这个电机的静音要求非常高，当时国内空调厂家不得不从日本进口，不但价格贵，制造周期也非常长。为了改变这一现状，美的从东芝引进技术，自主投资生产，填补了国内空白。1998年，美的又收购了东芝万家乐60%的股权，切入空调压缩机领域，掌握了核心的压缩机技术，在空调产业链拓展上迈进了一大步。

现在，美的已经拥有白色家电行业最具竞争力的空调产业链、冰箱产业链、滚筒洗衣机产业链、微波炉产业链、洗碗机产业链等。

最近几年，随着"智能制造＋智能家电"战略的实施，美的在自动化、智能化上积累了丰富的经验，在此基础上又开始了纵向一体化拓展，向智能制造装备领域延伸。美的把视线投向了机器人，并于 2017 年收购了工业机器人"四大家族"之一的库卡（KUKA）。在很多人看来，美的的这次收购实在是跨度太大，但是从战略延伸的角度去看就会发现这其实是一次聪明的决策。美的本身需要大量机器人，而机器人产业需要软硬件结合，美的收购库卡后，就能丰富机器人的运用场景，不断赋能中国的制造业。在经过一段时间的磨合后，库卡在中国的业务迅速发展，美的与库卡的配合也渐入佳境。

随后，美的又延伸到智能化物流配送、电子技术等领域，其价值链进一步实现一体化，整体发展得到了更好的保障。

从制造业的发展趋势看，总装式制造是缺乏竞争力的，是不可持续的。如果不能掌握产业链上的关键产品，不仅不能构建竞争准入门槛，也不能保证产品成本的持续优化，更难以影响行业竞争周期。因此，企业如果希望获得长远发展，可以像美的一样进行产业链整合，构建价值链一体化竞争力，这也是企业整体战略目标不断实现、不断升级的重要保证。

1.1.3　长远战略牵引美的纵深发展

从 1980 年开始启动空调产品的研发到 1992 年打造电饭煲产品以及空调电机产品，1993 年开始以 OEM 方式生产电暖器产品，1998 年以收购方式切入空调核心零部件压缩机的生产，再到 20 世纪 90 年代末期大举进入饮水机、微波炉、中央空调、洗碗机等产品领域，美的在多元化的道路上纵深发展，构建起了强大的白色家电产业群。

在美的的战略中，多元化不是一个"要不要做"的选择题，而是一个"如何做好"的必答题。而美的之所以能在这条路上勇往直前，一个很重要的驱动因素是企业家的商业雄心和战略规划。

何享健很早就为美的树立了"做世界的美的"的愿景，这个愿景指引着"美的人"砥砺前行，不懈奋进。他们知道，要在全球家电行业赢得一席之地，必须不断扩张、发展，决不能轻易停歇。

美的从 1991 年就开始参照国家五年规划在企业内部制订"五年战略发展规划"，第一个五年战略发展规划为"八五"规划。这个战略规划对外人来说可能只是一个数字，没有什么特别的，但这是美的现代经营体系形成的起点。

有了战略，美的才真正有了目标管理的概念。美的在五年战略发展规划中往往会确立一个具有较大挑战性的五年目标，比如，2000 年美的实现销售额过 100 亿元，这是一个巨大的成就，当时白色家电行业过百亿的企业仅此一家。但何享健并没有因此满足，而是提出了 2005 年要创造 400 亿～500 亿元销售额的宏伟目标。到了 2005 年，美的真的做到了近 500 亿元的规模，而这时，何享健又提出 2010 年要使销售额达到 1000 亿元的目标。这些看似高不可攀的目标，激励着一代代美的人持续奋斗，而它们的最终实现又使美的人有了更大的动力和更饱满的工作热情。同时，美的每年还要制订三年战略滚动发展规划，永远设置更高的目标，引领团队不恋过往、向上攀登。

1.2 稳健高效的品类扩张方法

1.2.1 同类延伸

同类延伸是美的拓展新产品的一种重要方法。所谓同类，就是在经营属性上具备范围经济特征的产品，如能品牌共享、渠道共享，以及功能相近、技术相通

（只需一些技术延伸）的产品等。而同类延伸，就是依据相关性进行链式拓展。

1. 品牌共享

美的是国内较早重视品牌建设的企业，早在1992年、1995年就先后两次花巨资请当红演员巩俐做代言人。品牌是美的最强大的资源，各个品类的发展都离不开美的的强大的品牌影响力，反过来，日益增多的品类又进一步强化了美的的品牌影响力。所以，美的在拓展产品时会充分考虑品牌的关联性，让消费者在购买一个产品时，就能想到美的的另一个产品。从经营的角度来说，这也能形成一种规模效应。正因如此，美的品牌投入的费率并不高，但是在家电行业的影响力非常大。

2. 功能相关延伸

白色家电属于生活电器的范畴，具有明显的功能特性。美的在拓展产品时，也会考虑到功能的相关性。如从电风扇拓展到空调，是因为这两个产品的功能特性有相似性，都用于制冷；从电风扇拓展到空气净化器，因为它们都与空气环境有关（见图1-1）。从微波炉进入蒸烤电器领域，也是因为它们是功能接近的热烤家电。

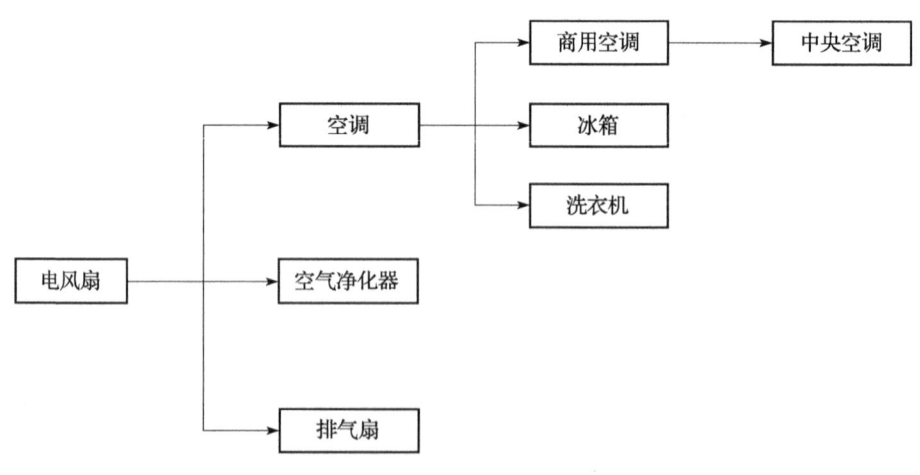

图1-1 美的同类延伸链条

功能相关延伸产品有两个好处，一是技术团队对新产品的研发流程相对比较熟悉，能以更高的效率完成研发。二是产品可以利用同一个渠道，市场与消费者比较容易接受，便于市场推广。

3. 技术延伸

美的是一家制造业企业，进入任何一个领域，都要经历从产品到交付的全过程。因此，美的会按照技术（包括制造技术）先近后远的原则波浪式推进产品拓展。从电风扇进入排气扇，是因为两者的技术原理基本一致；从家用空调进入商用空调，是因为技术有延续性；从空调进入冰箱，是因为技术上有通用性，两种产品同属制冷的范畴（见图1-1）；从电饭煲进入电磁炉、电压力锅，是因为它们都要利用电热技术。

4. 渠道（及客户）共享

家电行业非常重视规模效应。不仅厂家需要规模，商家也需要规模，渠道更需要有更多产品作业务补充，尤其是受季节影响较小的产品更有利于经销商获得高额回报。

比如，2000年美的家庭电器事业部进入微波炉领域，2003年美的风扇事业部进入空气净化器行业，2007年美的微波电器事业部大规模进军电烤箱行业等，都是利用已有的营销渠道迅速拓展新产品。再比如，冰箱、洗衣机这两个产品看似完全不同，但其终端渠道经销商的重合度很高。还有一些产品则共享海外的客户及渠道资源。

5. 团队人才延伸

团队人才延伸是美的的一大优势。一方面，美的很早就致力于现代治理机制的打造，不断培育经营人才。另一方面，如此多的经营人才也需要舞台与机会，美的只有为他们提供充足的发展空间，才能真正留住他们。于是，产品与人才就此形成了良性循环。从家用空调到商用空调、从电饭煲到电磁炉、电压力锅，再从生活电器到精品电器，美的原来的业务单元不断输出市场、技术、生产与经营管理人才，这些人才在新的舞台上尽情发挥着自己的才能，为美的创造了更大的价值。

以上是常见的同类延伸方式，它们彼此之间也可能相互关联，比如技术延伸方式中可能涉及渠道（及客户）共享、品牌共享等。

1.2.2 内部孵化

与许多企业不同的是，美的的新品类不是由集团的战略部门规划出来的，也不是由集团另辟新组织培育出来的，而是由各个事业部内部孵化出来的。

在美的，事业部拥有完整的架构，掌握着丰富的资源，包括雄厚的人力、财力以及市场与技术资源，能够通过范围经济降低开发成本。而且，事业部的经营管理相对体系化且权责明确，经理人在业绩的激励下既有压力，又有动力。因此，他们在把原有产品做好后，就会基于集团的战略要求自发拓展新产品、扩大新地盘。他们在相关产品的开拓上也拥有丰富的经验，能够把握好开拓方向和重心。

更重要的一点是，美的各事业部之间一直存在隐性竞争，会进行业绩上的"PK"。如果有些产品你不做，就会被其他事业部拿去做，你的业绩就可能落后。所以，各个事业部都争相拓展新产品，并竭尽所能地使新产品成为新的业绩增长点。

这样一来，借助事业部的孵化，美的的品类越来越丰富。比如，原家庭电器事业部在2002年被拆分为电饭煲、电风扇、微波炉、饮水机四个事业部。拆分时每个事业部仅经营一种产品，但是后来它们都进行了内部裂变，孵化出许多新品类。如电饭煲事业部在经营好电饭煲产品后，相继推出了电磁炉、电水壶、电压力锅、炊具、豆浆机等产品，事业部也更名为生活电器事业部。后来，生活电器事业部又将电水壶、豆浆机等品类分离出来，整合成立精品电器事业部，这个新事业部又先后拓展了护理电器、吸尘器等产品（见图1-2）。

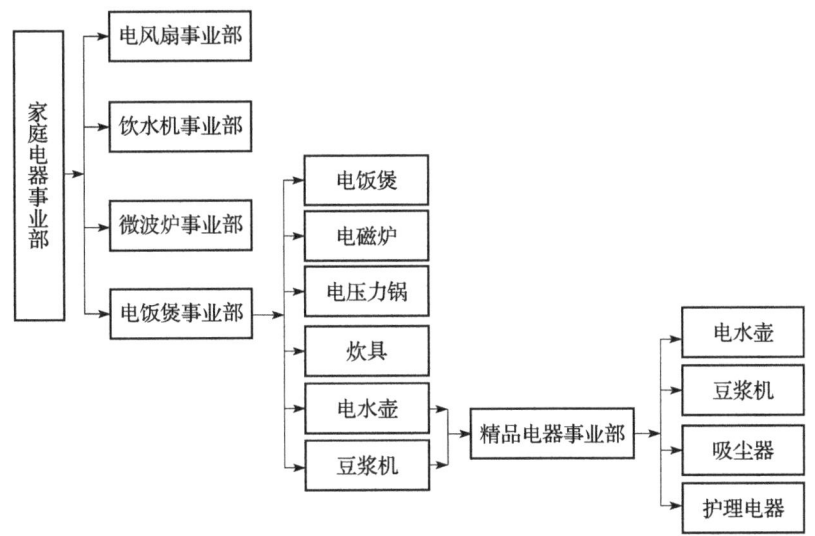

图1-2 美的小家电新产品组织孵化路径

通过生活电器事业部（原电饭煲事业部）的销售额增长图（见图1-3），我们能直观地看到这种品类扩张的模式。1999～2002年，该事业部的发展遇到瓶颈，直到2003年才开始迅猛增长。2002年，该事业部的年销售额不到8亿元，到2008年已经增长到超70亿元，这还不包含已经分立出去的精品电器事业部（当年销售额为20多亿元）。在短短6年的时间内，通过品类的不断扩张，该事业部实现了近10倍增长。在这个过程中，老产品和新产品产生了相互增强的效应。

事业部开拓新产品并不是随意的、没有约束的，也不是谁立项就是谁的。美的深知凌乱、分散的业务发展只会使企业走向歧途，因此美的各事业部无论规模大小，在拓展新品类时都必须遵循一定的原则。

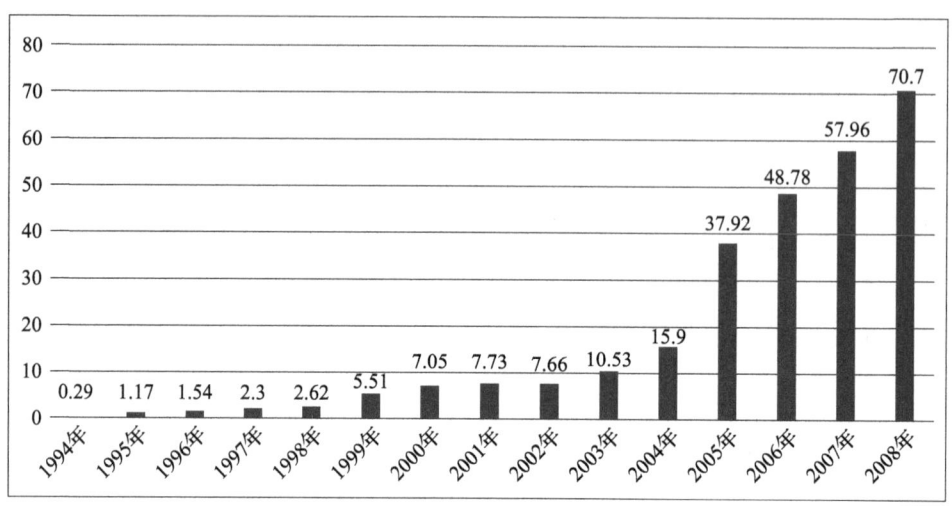

图 1-3　生活电器事业部（原电饭煲事业部）销售额增长图（单位：亿元）

1. 遵循市场化原则

任何一个事业部想要开拓新品类，都必须将事业部已有产品做好，否则开拓新品类会受到严格控制。比如，2005年微波炉事业部经营陷入困境，为了扭转这种局面，他们提出投资电烤箱项目，但遭到集团否决。直到两年后微波炉事业部经营情况好转，集团才同意他们启动电烤箱项目。

如前所述，美的的各个事业部之间存在竞争关系，遵循"弱肉强食"的丛林法则，如果一个事业部经营得不好，就可能会被经营能力强的事业部兼并。在这种情况下，事业部必须时时关注风险：既要对付市场上的竞争对手，快速完成既定目标，还要通过业绩来获得集团认可，应对内部竞争对手。因此，美的各事业部在开拓新品类时会平衡好风险与收益，既要在行业机会好的时候进入，又要在最有竞争力、地位最稳固的时候进行投入，还要考虑自身的资源水平，包括资金、人才、品牌等，不自量力会很危险。

除此之外，何享健对进入新产品领域也有严格要求——必须能做到专业化。所谓专业化，按何享健的理解就是要有专业团队，要做就必须在规模、品质、技术、成本等方面做到行业领先。

2. 做好合理的品类规划

各事业部新产品的开发不能盲目,而要有合理的规划。比如生活电器事业部在其发展过程中会做好"成熟产品""成长产品""培育产品"三类产品的规划(见表1-2)。

表1-2 生活电器事业部产品发展图

产品阶段	2004年	2005年	2006年	2007年	2008年
成熟产品	电饭煲	电饭煲	电饭煲 电磁炉	电饭煲 电磁炉	电饭煲 电磁炉 电水壶
成长产品	电磁炉	电磁炉 电水壶	电水壶	电水壶 电压力锅	电压力锅 净水机 豆浆机
培育产品	电水壶 电压力锅	电压力锅	电压力锅 净水机	净水机 豆浆机 多头灶具	煎烤机 多头灶具 炊具

这种规划已经上升到战略层面,而且事业部还要时刻保证这三个层面的产品是充足的,避免后继乏力。而在经营过程中,事业部会不断把培育产品发展为成长产品,再进一步发展为成熟产品,通过成熟产品的回报来支撑新品类的开发,形成良性循环。

这样,才能保证事业部在发展过程中不断有新产品成长、成熟,确保事业部实现高效增长,做大规模。

1.2.3 收购兼并

收购兼并也是美的进入新产品领域的重要途径,通过这种方式,美的原有产品的市场规模迅速扩大,市场地位也不断提升。

1993年上市后,美的不断通过自有资金或筹资,进行兼并、收购,促进产品品类的多元化发展，实现产业结构调整和资本扩张，推动企业做大做强（见表 1-3）。

表 1-3 美的通过收购兼并而进行的品类扩张

时间	事件	对公司意义
1999 年	收购东芝万家乐	进入空调压缩机领域
2001 年	收购日本三洋磁控管工厂	进入磁控管领域
2004 年	收购重庆通用	进入大型中央空调领域
	收购广州华凌	增强制冷产业发展实力
	收购清江电机	切入大型工业电机领域
	收购合肥荣事达	丰富美的白色家电产品群
2005 年	收购江苏春花	为吸尘器产业发展奠定了基础
2008 年	收购无锡小天鹅	做大做强冰洗产业，洗衣机市场占有率上升到第二
2010 年	收购埃及 Miraco	加大空调产能，布局非洲
2011 年	收购开利拉美空调业务	推动制造的国际化，海外发展自主品牌
2015 年	开利入股美的重庆中央空调	拓展大型冷水机组市场，提高全球市场份额与竞争力
	与安川合资设立机器人公司	带动伺服电机、传感器、人工智能、智慧家居业务的发展和延伸
	参股安徽埃夫特智能装备	积极布局机器人新产业，打造第二跑道
2016 年	收购德国库卡	机器人整机制造
	收购以色列 Servotronix	完善机器人产业链，在机器人关键零部件（伺服驱动器等）制造领域完成了战略储备
	收购东芝白色家电板块	在海外市场快速推动品牌业务
	收购意大利 Clivet	夯实美的中央空调实力，在国外推广中央空调自主品牌
2020 年	收购合康新能	切入新能源汽车板块领域
	收购菱王电梯	进入电梯领域，向大机电方向迈进，与原有暖通业务形成强大的优势互补
2021 年	收购万东医疗	进入医疗器械领域
2022 年	收购科陆电子	延伸新能源产业链

对于门槛较高同时时间要求紧的项目，美的主要通过技术引进或收购兼并切入，用资金换时间。比如，1999 年，美的通过收购东芝万家乐 60% 的股

权进入空调压缩机领域；2001 年，美的花巨资收购日本三洋磁控管的全套技术与设备，掌控了微波炉的核心零部件——磁控管技术（见表 1-3）。

大家电领域存在品牌壁垒且投资门槛高，因此很难进入，而美的通过并购的方式成功破解了这一难题。比如，美的以空调事业部为主体，在家电行业整合的大潮中于 2004 年收购华凌、荣事达，进入了冰箱、洗衣机领域，并借此迅速扩大了空调的产能。2008 年，美的又收购小天鹅，奠定了美的在洗衣机领域的市场地位（见图 1-4）。

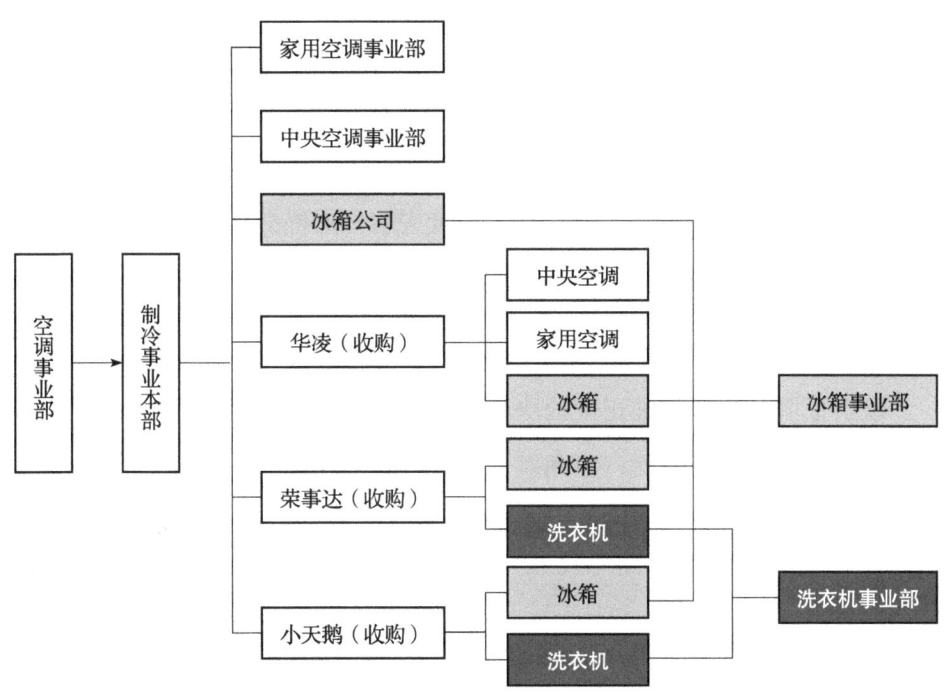

图 1-4　美的通过收购兼并扩展大家电品类

2008 年收购小天鹅时，美的以 16.8 亿元收购其 24.01% 的股权成为第一大股东，当时这个价格算是"天价"。因为 4 年前同样的股权转让价为 3.5 亿元，而 2008 年小天鹅的经营情况还不如 4 年前。因此，许多人不理解美的为什么要投入这么多钱，认为美的不知深浅，早晚会吃亏。美的内部也有不同意见，一些人认为与其花这么高的代价，不如在美的现有的洗衣机业务上加大投入。

何享健的想法却独树一帜，在他看来，美的洗衣机靠自己做很难做上去（美的2004年通过收购荣事达进入洗衣机领域，发展并不理想），如果不收购小天鹅，美的在洗衣机领域数十亿元的投入很可能会付诸东流，而收购小天鹅会给美的的洗衣机业务带来巨大的推动作用。此外，小天鹅是一个成熟品牌，更是市场上的主流家电厂商，如果被其他品牌收购，那美的就会多一个强大的竞争对手，到那时，美的的洗衣机业务将会面临严重打击。美的将小天鹅收入麾下，为自己所用，则能有效避免这种局面的出现。这既是进攻，也是防守，一举多得，为什么不干？至于收购价格高，是资本市场竞争的结果（当时还有一家竞争者）。从另一个角度来看，出价高能够更好地激励美的把洗衣机业务做好，日后把钱赚回来。何享健的这种想法，让所有人都耳目一新。

事实证明，这是非常正确的决定。到2017年，也就是10年后，小天鹅的营业收入达到214亿元，净利润达17亿元，分别比10年前增长了4倍和67倍。这也再次印证我们前文所讲到的，美的在收购兼并时会综合考察成本、价值、自身能力。

通过这样的收购兼并，美的空调事业部迅速在大家电领域做大做强，并且从一个事业部发展成集合多个大家电事业部的制冷产业集群。

由此可见，品类扩张与组织建设是相辅相成、螺旋上升的。要拓展品类，既要在组织（经营单元层面的设置）上要前置，还要通过业务的发展把这个组织真正做大、做强、做实（在美的就是真正做成"事业部"），而做大做强后，事业部又能够产生更多资源再次进行品类扩张。

1.2.4 "第三条道路"快速占领市场

著名管理学者彭剑锋说过：美的的成功既不是完全的"拿来主义"、模仿别人，也不是一味埋头苦干、自主创新，而是遵循拿来、模仿、创新这样一条路径，形成了具有美的特色的"第三条道路"。○

美的在多元化这条路上走得快、走得稳，与这"第三条道路"是分不开的。1993 年，美的通过引进日本东芝的分体空调技术，迅速提升了空调产品的质量与档次，由此逐步建立竞争优势；1992 年，美的切入电饭煲领域时，为了不与竞争对手在低水平竞争中纠缠，花巨资全套引进日本三洋的模糊逻辑电饭煲技术，大幅提升了产品档次，一举奠定了美的电饭煲的高端地位。

这种"拿来主义"不但促使美的技术不断更新，大大缩短了产品开发周期，使产品快速进入市场，而且对产品品质、产品形象的建立都有极大的帮助。良好的品牌形象又大大促进了产品的销售。用何享健的话来说，就是"因为掌握了核心技术、形成了产业链，从而降低了成本、提高了竞争力"。

1.3 高效运营支撑多品类发展

1.3.1 压强式资源投入

1. 持续进行大手笔投入，不断扩大规模优势

"要么不做，要做就要做到前三名"，这是何享健对各个经营团队提出的要求，也意味着他作为大股东必须持续进行大规模投资。在这方面，何享健的所作所为堪称典范。

多元化发展能否取得成功，一个很重要的关键点在于敢不敢进行战略性

○ 彭剑锋. 第三条道路：美的的成功与挑战 [J]. 销售与管理，2007.

投资。很多家电企业之所以被美的超越,正是因为它们没能看清行业的本质(见图 1-5),不敢结合自身的运营能力进行战略性投资。

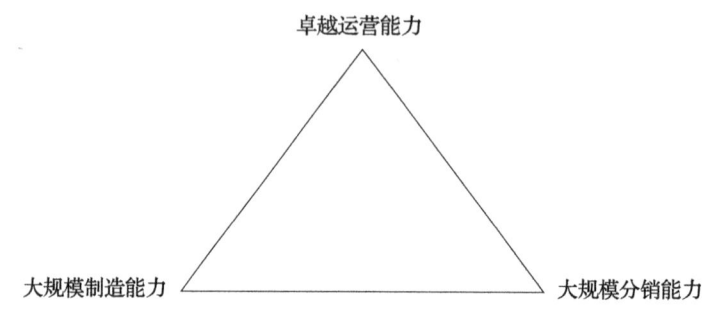

图 1-5　家电行业早期的经营本质

何享健在 2000 年左右就清晰地认识到:中国家电制造业的发展空间很大。他的这一判断基于以下几点:

第一,中国家电行业经过多年的发展,在人才素质、劳动力资源、政府支持等各方面都具有很好的基础。

第二,家电企业虽多,但多数规模偏小,产品质量也不上档次,距离"走向世界"的目标还很遥远。

第三,在国际上,中国家电行业是有竞争优势的,包括成本优势、大规模制造优势和市场优势。

第四,和汽车一样,家电产品是面向大规模市场生产的重要商品,只有做到一定的规模,在面对上下游时才能掌握话语权,占据更多的市场份额,具有竞争力。

正是因为对家电行业的市场特征与经营本质洞若观火,美的才能坚持"咬住家电不放松"的定位,坚持吃"中国制造"这碗饭,并持续不断地通过投资来保证产能,降低成本,建立规模优势。

1992 年,美的在规模尚小时,就大力投资兴建数十亿元产值的美的工业城，其大举投资扩张的序幕由此拉开。从此之后，除了通过收购兼并外部企业扩大产能外，美的还在内部进行持续多年的、压强式的产能投资。

比如，在空调及其产业链领域，1998年，美的收购了安徽芜湖丽光空调厂，并将其扩建为美的空调芜湖基地，这是美的在北滘之外的第一个异地工业基地。收购之前丽光空调厂仅一条生产线，年产10多万台空调，在美的经营下，2003年美的空调芜湖基地的产能已达到200万台，2004年更是超过350万台。通过持续投入，美的空调的总产能也迅速提升，2004年已经达到600万台，到2006年总产能突破了1000万台。后来，美的又陆续在武汉、南沙、邯郸等地建立空调生产基地，还在越南、埃及、巴西等国家建立了生产基地。

现在，美的已在多个家电品类成为全球规模最大的生产商。领先的生产规模使美的在全球市场竞争中获得了其他竞争对手难以匹敌、难以复制的效率及成本优势。

产能建立起来后，为了迅速提升投入产出比，提升变现能力，美的又对各个经营单元提出提高运营效率的目标（如固定资产周转率、单位面积产出、产能利用率、市场占有率等）。全球领先的生产制造水平、规模优势，推动着美的进行全球生产基地、海外业务和自有品牌的布局，品类扩张也就水到渠成了。

2. 发挥集团化资源优势，助力单兵作战

美的品类扩张的另一个经典案例，是在微波炉领域的开拓。

美的在2000年左右进军微波炉领域时，这一行业中的冠军企业已经通过几年的价格战，消灭了市场上的诸多竞争对手，占据了行业95%的市场份额。这是一个相当惊人的数据，在中国家电发展史上，极少有企业能达到这么高的市场占有率，这个品牌也因此成了当时微波炉产品的代名词。在这种情况下，原来的玩家纷纷退出微波炉行业，其他企业也不敢贸然涉足。

美的在对全球市场进行深入调研后，看到了微波炉市场的巨大容量，同时发现经过多轮竞争，微波炉市场的消费者教育已经完成，越来越多的人开始接受并使用微波炉产品。于是，美的决定进入这一领域。

2002年，美的正式组建微波炉事业部，与当时的行业冠军企业展开了多年的殊死搏斗。价格战是该冠军企业的惯用手法，在对付初生的美的微波炉时自然故技重施。作为后来者，美的只能跟进。最初几年，美的在微波炉业务上持续亏损且数额惊人，这让微波炉事业部及其所属的日用家电集团都感到沮丧不已，甚至萌生退意。

何享健认为，这种放血式的价格战是难以持久的，谁有耐力，谁就能笑到最后。他给大家算了一笔账：竞争对手只有微波炉一个产业，这个产业亏损，它就是100%的亏损，而美的有许多产业，微波炉的利润只占（集团利润）的10%，所以我们只要做好产品，就一定能够活下来。因此，何享健不但没有放弃，反而加大了在微波炉核心零部件磁控管上的投入。果不其然，几年后美的与竞争对手打成了平手，那之后在微波炉领域再也没有发生过如此残酷的价格战，因为大家知道，谁也消灭不了谁。

美的能拿下微波炉市场，靠的是集团化资源优势。不是所有的企业都具备这种优势，正因为如此，当同行看到美的在微波炉领域取得的成果时，只能羡慕却无法复制。

3. 借助资本力量，推动产业结构优化

压强式资源投入只靠企业自己的积累是很难实现的，还需要资本的支持。

在家电行业，海尔、格力、格兰仕、科龙、春兰、美的等属于第一阵营，

一开始美的在这个阵营中并不引人注意,只是默默地跟在领走者后面。后来,大浪淘沙,这个阵营在严酷的竞争中出现了分化,一些企业被淘汰,美的却逐渐脱颖而出(见表1-4)。

表1-4 白色家电企业排名变化

1995年			2015年		
排名	公司	营收(亿元)	排名	公司	营收(亿元)
1	春兰集团	53.33	1	美的集团	1 393.47
2	海尔集团	43.75	2	格力电器	1 005.64
3	上海上菱	40.97	3	青岛海尔	897.48
4	广东科龙	35.31	4	海信科龙	234.72
5	珠海格力	30.07	5	小天鹅	131.32
6	广东美的	20.8	6	美菱电器	104.16
7	合肥美菱	20.05	7	华意压缩(零部件)	68.56
8	中国扬子	18.89	8	三花股份[①](零部件)	61.61
9	万宝电器	16.71	9	海立股份(零部件)	58.96
10	中山威力	16.18	10	盾安环境(零部件)	58.59

注:1. 数据来源:中国家用电器协会。
   2. 表中数据根据中国家用电器协会、中国制造企业协会以及中国家电行业协会各企业公布的财务数据整理而成。
① 三花股份现已改名为浙江三花智能控制股份有限公司。

美的之所以能脱颖而出,善于利用资本的力量是一大秘诀。通过优化产业结构、提升资本的杠杆效应,美的的运营效率和竞争力不断提升。

首先,不断进行资产转让,这既能补充运营资金用于发展新品,又能通过业务结构的调整突出主营业务。比如,1997年,美的将持有的佛山陶瓷、科龙、粤高速、粤电力、顺德威灵高尔夫发展有限公司等公司的股份转让给控股公司和其他公司,使自身更加专注于主营业务。2007年,美的又将持有的金鹰基金管理有限公司20%股权转让给河南太龙药业有限公司,将持有的易方达基金管理有限公司25%股权转让给盈峰集团,全部转让所得用于发展空调、压缩机及冰洗等优势和核心业务，使这些优势和核心业务的竞争优势得到进一步提升。

其次，通过资产置换或收购解决内部同业竞争的混乱局面，并降低运营成本。比如，2008年，美的电器收购美的集团直接和间接持有的合肥华凌、中国雪柜、广州华凌，彻底解决了公司与控股股东在空调、冰箱业务上存在的同业竞争问题，大幅降低了公司日常关联交易的规模，同时进一步完善公司空调、冰箱业务的产能布局，提高资源利用效率，发挥资产整合协同效应。

2009年，美的电器将直接持有的合肥荣事达洗衣设备制造有限公司69.47%的股权出售给小天鹅，并以标的资产为对价认购小天鹅向其非公开发行的A股股份。这个交易使小天鹅的主营业务与美的电器的主营业务不再重合，解决了同业竞争问题，同时，它还有效推动了美的洗衣机资源的整合，提升了洗衣机业务的综合竞争实力与盈利能力，使美的在采购、研发、物流、营销渠道等方面的整合效应得到充分发挥，整体营运成本也大大降低。

最后，通过资产剥离或注入，优化产业结构。2004年，美的集团将旗下的小家电业务和电机业务剥离出来，成立专注于大家电业务的美的电器。这部分被剥离的业务，在2013年美的集团整体上市时发挥了巨大的作用，也为集团股东带来了丰厚的收益。2006年，美的电器实施股权分置改革、股票实现全流通后，美的集团又将其掌握的合肥荣事达洗衣机、冰箱、营销公司等资产注入，进一步优化产业结构，把公司做大做强。

很多企业无法实现快速成长，一个重要原因在于内部主体多、环节多，这一方面导致资源分散、内部竞争，另一方面又会造成重复投入，不能有效地发挥公司的资源优势。而美的的案例告诉我们，坚持主业、注重专业化、产业化发展至关重要，多元化扩张需要企业投入巨大的资源，只有集中优势资源才能使企业在这条路上越走越顺，越走越远。

1.3.2 专业运营确保品类成功

美国著名企业史学家艾尔弗雷德·D.钱德勒（Alfred D. Chandler, Jr.）提出"结构跟随战略"的理论，即当企业采取不同发展战略时，为了保证战略的成功，企业必须适时变革组织结构。

1. 事业部制的组织结构

事业部制的组织结构，对美的的横向扩张、纵向延伸起到了巨大的支撑作用。从1997年至今，虽然美的事业部的组织形式不断调整，但无论是单产品事业部还是多产品事业部，都保持着研产销一体化的特点，始终坚持价值链的一体化运作，即无论内部组织和职能如何变革、分工，价值链始终是一个有机、高效的"流"（就像河水），做到最优的QCD（品质、成本与交付）水平。这样的机制使事业部成为责权利清晰的专业化运营主体。

通过这种专业化的组织运营，美的做到了多、快、好、省地满足市场与客户的要求。一方面，它使美的对市场或客户的需求变化能够做出快速反应，增强了美的应对市场变化的能力，这体现为运营效率高；另一方面，它使美的以低成本、高品质的产品或服务满足客户需求，这体现为运营成本低与运营质量高。最终的结果是，美的这些由职业经理人领导的事业部，战胜了许多由老板亲自挂帅参与竞争的企业，这在中国企业界实属罕见。

以美的微波炉事业部为例，在完全独立为事业部后，其经营成败完全取决于微波炉经营的好坏。当时的事业部总经理曾是一个大事业部主管营销的副总，他说之前的事业部有四五个产品，微波炉只是其中一个，哪怕业绩不好也可以用其他产品的业绩来弥补，但是现在只做微波炉一个产品，就只有"华山一条路"了，这样就促使事业部必须把这一产品做好。

这种责权利清晰、目标感极强的事业部制，是美的多品类扩张的基础。

何享健曾多次强调"没有事业部制，美的就没有今天良好的发展局面"。㊀后来美的在一些产业领域出现失误，与忘记了这一初衷有一定关系。

2. 与事业部制匹配的运营模式

事业部制是一种早就存在的组织模式，其组织架构设计并不复杂，关键在于运营到位。从本质上说，事业部制是一种多元化的组织体系，但并不是设立了事业部组织架构就能自动实现多元化，企业就能做好多种产品经营。事业部制的形成和完善是一个循序渐进的过程，需要不断地调整和变革，而且如果处理不好，往往还有可能产生许多风险。采用事业部制的企业不止美的一家，但并不是每一家企业都因此获得了成功。

美的堪称中国实行事业部制最为成功的企业之一，这离不开其内部建立起的与自身环境和企业实践相匹配的一套运营模式。正是因为这套运营模式的存在，美的虽然经历了从单一产品专业化到多产品事业部制，到产业集团的类事业群模式，再到平台化发展的矩阵式组织的变革，内部运营却一直是稳定而高效的。

具体来说，美的的运营模式具有以下特征。

第一，整体经营架构以事业部为主体，一个事业部如同一个独立的企业，核算清晰，责任边界明确。事业部之间产品"打架"的现象在美的是不会出现的。

第二，以事业部总经理为核心进行经营团队组建（事业部总经理可以自行"组阁"），并配套强大的激励政策，实行责任制，自主经营、独立核算、自负盈亏。

第三，借助科学的管理工具与方法以及持续的信息化建设，不断优化内

㊀ 黄治国. 静水流深：何享健的千亿历程［M］. 广州：广东经济出版社，2018.

部运营流程与制度标准，实现全链条的低成本、高效率运营。尤其是2012年进行数字化改革后，美的通过数字化赋能的方式，将IT系统延伸到供应商、经销商，形成了整个价值链的无缝衔接和高效运作。美的的规模越来越大、品类越来越多，但管理并没有变得越来越复杂，这是很难得的。

第四，开放务实的文化使美的的管理体系一直保持着简单高效的特征。美的强调公司运营必须以市场为导向，一切活动都要以满足客户需求为出发点，并通过内部的战略要求与目标管理，不断提升响应市场的速度与能力。

美的的高速成长和快速扩张充分证明，只有持续不断地提高运营效率、降低运营成本和提升运营质量，经营目标的实现才能成为一种必然。

与之相反，一些企业因为禁不住诱惑而盲目地无效扩张，虽然规模做大了，但运营质量并未同步提升，最终走向了衰亡。何享健曾经对企业失败的原因进行过总结：一是管理制度不健全，二是没有效益地扩张、乱投资。这两方面的原因导致企业资源不足、能力下降、客户流失，最终出现经营亏损、财务危机。家电行业，这样的案例不胜枚举。⊖

3. 强大的激励机制

从某种程度上来说，美的的品类扩张是其事业部与许多企业的对战。这意味着，必须赋予事业部经理等同集团老板一样的责权利，这场对战才更有胜算。

在美的，分权授权的文化与机制使事业部几乎拥有全部经营权，因此，事业部总经理能够像老板一样进行经营。而美的实施的经营责任制，则是一种价值共享、风险共担的契约经营——让事业部总经理在承担和老板一样的责任与压力的同时，也能获得和老板一样的回报。在这种机制的激励下，各

⊖ 黄治国. 静水流深：何享健的千亿历程 [M]. 广州：广东经济出版社，2018.

事业部总经理为事业部的发展呕心沥血、鞠躬尽瘁。如方洪波所言，"美的的事业部制激发了职业经理人的创业精神"。在第 4 章，我们还会对这种激励机制进行详细介绍。

此外，事业本身也是一种巨大的刺激。美的的许多产品是从小到大一步步做起来的，很多事业部也是沿着"项目组 – 项目部 – 产品公司 – 事业部"的路径一步步发展起来的。如美的大家电领域的空调事业部和小家电领域的生活电器事业部，不仅拓展了许多品类、裂变出许多事业部，还为许多人才提供了发挥才能的舞台，使他们获得了成长和晋升的机会，最终成为掌管一方产业的职业经理人。

在美的有一个很有意思的现象，许多大事业部的高管自降身价去负责一个新的产品公司。为什么？因为他们可以把品类做大做强，把产品公司发展成事业部，从而成为事业部总经理。

与之形成鲜明对比的是，在很多企业，人才很难流动起来，这导致品类扩张很难实现，因为经营新产业需要高手，而高手却不愿意冒险。激励机制的重要性由此可见一斑。

4. 强大的财务与项目管理

美的强调信任与放权，但同时也强调管控。美的在事业部层面、集团层面建立了各种专业化的部门，比如财务部门、企划投资部门，并通过预算管理、财务管理、项目管理、投资管理、经营审计等构建了一套标准化的管控体系，做到有数据可查、有标准可依，该放的放、该管的管。比如，对各类重点项目，财务部门会从各个维度进行监控，一旦发现问题，就会启动各种预警机制及时提醒与处理。这样既做好了支持，又管控住了风险，使品类扩张有了坚实的保障。

1.3.3 专业化营销队伍及其在市场上的精耕细作

专业化营销队伍的建设及其在市场上的深耕细作，也是美的多品类扩张取得成功的重要因素。

1. 现代化的营销体系与高素质人才支持

1997年，不到30岁的方洪波担起了负责新组建的美的空调事业部国内营销公司的重任。当时空调市场向好，但由于营销队伍的老化、营销结构跟不上市场的变化，美的空调的业绩不断下滑。方洪波上任不久就做了一个极其大胆的举措——对内部营销组织进行全面优化，淘汰了大部分老销售人员，亲自出马招聘高素质的大学生（以本科生为主，还有一部分研究生），并按照现代营销理念重新设计相关机构、划分区域。

用本科生做营销，这在当时是很罕见的，很多人因此认为方洪波"书生意气"，但事实证明这不但是极其正确的举措，更是推动美的不断发展的重要原因。后来，这一举措延续下来，成为美的的传统，美的营销队伍的素质因此保持行业领先。

今天，从美的出来的营销人才遍布各行各业，从这个角度来说，美的为中国企业的营销事业做出了巨大的贡献。

2. 广阔而精深的渠道体系

除了内部人才队伍更新，美的还不断地对外部营销体系（也就是渠道）进行相应的调整与优化。在许多企业还在依赖省代、大客户实现业务增长的时候，美的却敏锐地看到了这种机制的问题，并率先做出了改变——强调经销商的区域化，缩小规模，并不断深耕三、四、五级市场，最终构建了家电行业最广最深的渠道体系。

市场渠道资源非常重要，但这种资源是有限的，需要有效地管理与利用。

而美的通过调整、优化，占据了市场中相当优质的渠道资源，使自己的渠道一直保持着行业领先水平。这种渠道体系是美的多品类扩张的重要基础，没有这种既广又深的渠道，美的是容纳不下这么多产品的。

3. 高性价比的产品定位

有了高素质的人才队伍、广而深的渠道，还需要合适的产品定位。美的的人才多、渠道广而深，不适合做高精尖的小产品。美的对白色家电的定位是大流通产品，因此，这些年来，美的一直坚守大众化的定位，坚持做高性价比的产品。

这种定位，匹配的是可以快速规模化的大众市场而非利基市场。大众化市场也让价值链的各个环节的工作能够简单快速地推进，不需要进行太多的消费者教育。

大众化定位还要求美的坚持市场定价原则。美的一直通过"战略规模定价"的方式来倒逼企业扩规模、降成本。也就是说，美的在做一个品类之前，都会进行战略规划，这使美的在进行产品定价时会直接以三年目标规模来定价，倒逼销售和生产——销售体系必须把它们"卖出去"，而生产部门必须以这个成本"做出来"。当然，这个价格、成本与销量的模拟，是通过预算来完成的。相比之下，许多家电企业坚守"成本加成"的定价方法，只满足于短期的盈利，而忽略了长远的收获，这导致竞争加剧后，这些企业在成本、价格上的竞争力越来越弱，最终不得不退出市场。

4. 深刻理解市场与竞争对手

美的非常关注竞争对手的动向。在品类扩张时，美的从战略规划阶段就会对市场进行调研，而在这一环节，对主要竞争对手的研究是重中之重。美的会运用"SWOT"分析法对主要竞争对手的技术特点、产能、成本、价格、交期、客户等进行调查，甚至对其内部的组织架构与人事变化都会研究清楚，真正做到"知己知彼"。

很多竞争对手总是惊异于美的对其市场动作的快速跟进，以为是美的的复制能力强，其实这是因为美的早就通过各种方式提前进行了调研，只不过它们没有察觉而已。

这样一来，美的的产品一上市，就能与竞争对手展开阵地战。而美的极具攻击性的营销策略，又使竞争对手很难招架。不论是美的有优势的产品，还是以追随者身份进入市场的产品，都是如此。正因为如此，很多竞争对手在市场上一遇到美的产品就感到胆寒。

— 本章小结 —

多元化还是专业化，一直是企业界热议的话题。美的的选择值得诸多企业借鉴，更能引发企业家的思考。

美的之所以能在竞争激烈的家电江湖脱颖而出，一个很重要的原因在于何享健看到了白色家电的巨大市场空间，带领美的走出了一条极具美的特色的"专业的多元化"道路。

为什么是"专业的多元化"？从业务的角度来看，美的是一个多元化的企业，是"一个庞大的美的"。但是从运营的角度来看，美的是由许多个专业企业构成的，是"多个精细的美的"，需要思考在集团层面如何实现资源匹配与风险控制。对美的而言，专业化与多元化必须紧密结合，二者缺一不可。

这种"专业的多元化"还体现在美的对主业的坚持与专注上。在家电行业，有太多企业如流星般划过，曾经名噪一时的长城电扇、春兰空调早已成为历史，许多曾经闪耀一时的白色家电明星也销声匿迹、不见踪影。而美的之所以能够逆袭，一个重要的原因在于它始终不忘初心，紧紧围绕家电进行多元化拓展，并通过内部组织、运营以及外部渠道的紧密配合，形成良性循环，不断扩大规模优势。这也证明了美的不是一个投机者，而是踏踏实实的产业经营者，是在真正践行长期主义的理念。

要做到"专业的多元化"，首先考验的是企业家的格局。是做自己的企业还是社会的企业？是独揽大权还是共享事业？是做一门生意还是做一个平台？是做中国的企业还是做全球的企业？是相信个人的能力还是相信团队的力量？在面对这些选择时，每个企业家都会给出自己的答案，而一个有格局的企业家不会只看到眼前的利益，而是会着眼大局，做长远之谋。何享健正是这样一位企业家，他的选择与坚持，让美的通过品类扩张建立了一个庞大的家电帝国，也让美的的未来充满无限可能。

— 第 2 章 —

美的如何实施事业部制

> 20世纪90年代的事业部制改革,是一次重大调整,是美的近年来发展的转折点,美的由此创造了一种新的文化,建立了一个新的制度,达到了一个新的起点。可以说,没有事业部制,美的就没有今天良好的发展局面。[一]
>
> ——何享健(2003年)

在美的的发展历程中曾有过无数次重大变革,而最重要的一次莫过于1997年的事业部制改革。这场被逼无奈之下进行的改革,不但为美的后来的人才辈出、产品拓展打下了坚实的基础,更让美的重新走上了快速增长之路。

美的的组织架构,是以何享健为代表的创业一代在实践中一步步摸索出来的。

起初,他们在组织管理、系统管理上并没有多少经验,只是重复过往的动作,勤奋地工作。但随着产品增多、规模扩大,管理层级、公司人员不断增加,问题越积越多,对业务发展造成了极大的负面影响。到了1995年左

[一] 黄治国. 静水流深:何享健的千亿历程[M]. 广州:广东经济出版社,2018.

右，各种矛盾如火山般爆发，美的顿时陷入了严重的经营危机，市场业绩一落千丈，甚至差一点被同行兼并。在这种情况下，美的毅然决然地开始了内部改革——实施事业部制。

这种新的组织模式完美地将具有中国特色的经营承包责任制与西方的现代管理理念结合在一起，迅速激活了美的的内部机制与人才资源。后来，美的人将这套组织模式传承下来并不断升级、完善。

不论业务如何变化、内部层级与业务架构如何调整，美的始终坚持事业部制这一组织模式。即使是在交班后，这一根本也毫不动摇。何享健在交班前还特意叮嘱美的的下一任掌门人方洪波："你什么都可以变，但是事业部制不能变。"

2.1 势在必行的事业部制改革

2.1.1 经营危机倒逼组织改革

和许多创业企业一样，1980年进入家电领域时，美的只有一个产品——电风扇。美的风扇厂就是美的的全部，其经营管理采取的是工厂模式，管理流程和组织架构非常简单。

不久后，美的进入空调领域，形成了美的风扇厂、美的空调设备厂并存的局面，都由何享健担任厂长，主要职能部门依托于美的风扇厂而存在，只是空调设备厂有独立的副厂长及业务相关的经营班子。这时美的的组织架构很不成熟，甚至可以说有点散乱。

随着产品线的增加，美的又组建了更多的工厂，如电机厂等。1992年股份制改造之后，美的开始形成集团化管理架构，在总部层面设立了各种专业职能部门统筹经营管理，各产品单元则以工厂的形式存在。为了业务拓展，美的还设立了销售公司、进出口公司、贸易公司、技术服务中心、储运公司等（见图2-1）。

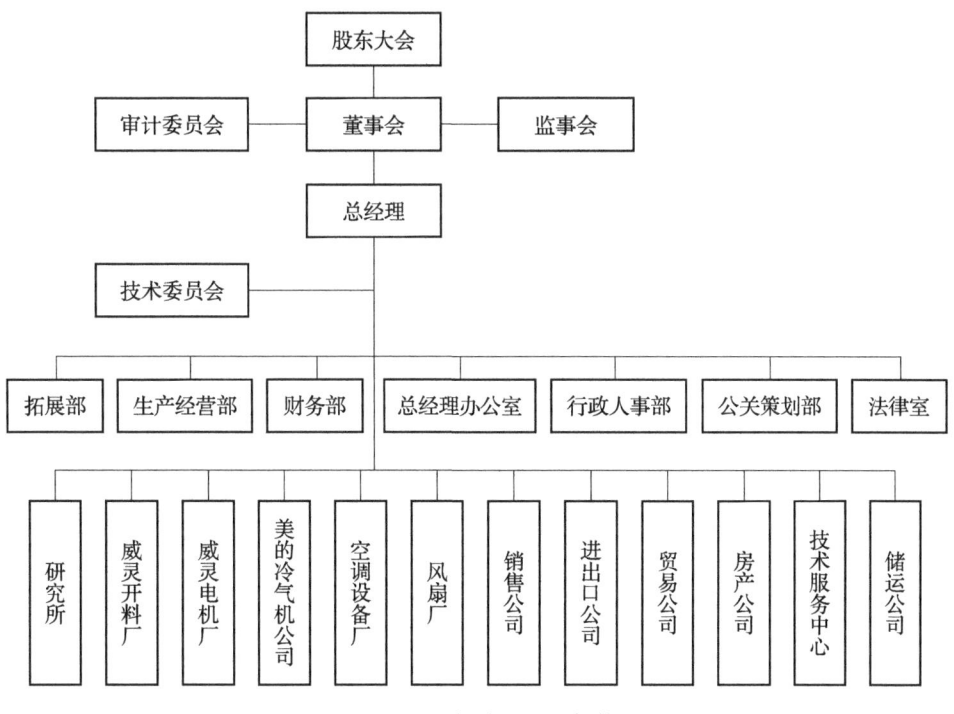

图2-1 1992年美的组织架构图

由此，美的职能式（金字塔式）的集团化管理架构初具雏形，开始实行"集团（总部）－工厂（子公司）－分厂、车间"的分级管理。在这种架构下，总部是指挥中心，各工厂（子公司）按照总部的指令行事。

这一阶段（1992～1996年）正好是家电行业发展的井喷期，美的架构调整恰逢其时，为其迅猛发展提供了巨大的助力。那几年，美的的复合增速为44%，收入规模翻了两番。正因为如此，没有人认为这种管理架构会随着规模扩大、产品增多而出现问题。

只要一家公司的规模小到足以使一个经理了解他的所有下属，这个集权化的职能组织就能很好地运行。即使是大型公司，只要它只生产少数几种产品，或者充分授权其下属单位而自己只简单控制，它也可以令人满意地运行。尤其是当行业处于上升周期时，一路飙升的业绩之光更会将偶尔发生的错误彻底掩盖。

当产品增多、规模扩大、人员扩张、层级越来越多时，这种组织模式就无法满足公司的需求了。规模不经济⊖、组织僵化、管理混乱、内部矛盾激化等问题就会凸显。

随着产品线的持续开拓，到 1996 年，美的生产的产品已经有 5 大类 1000 多种，原有的以单一产品为核心的组织架构已经明显跟不上企业的发展步伐。一方面，总经理每天都有看不完的文件、签不完的字，原材料没有了找总经理，产品出现次品找总经理……总经理成了"大保姆"。另一方面，由一个老旧的销售公司统一负责所有产品的销售，市场一旦出现变化，就会出现各种各样的问题，尤其是产销不协调问题非常突出。

1996 年，消费者的理念与需求发生了变化，家电行业持续多年的扩张终于按下了"暂停键"。行业的不景气使美的的组织运行问题彻底暴露：美的的职能部门已经将越来越多的时间及精力用于各种内部调配，却仍然无法使公司有序运转；销售公司到处销售，却总是不能反馈准确的市场信息，在应对消费者及渠道的变化时也毫无头绪；工厂生产的产品与订单需求不匹配，滞销产品积压得越来越多……

在这种情况下，美的各子公司、各部门之间的矛盾越来越激化，中高层管理者乃至何享健本人只能到处救火，一时间，集团在生产经营上陷入了被动局面。1996 年美的的年营收虽然高达 28 亿元，但净利润竟然比 1992 年（当年销售收入仅 6.4 亿元）少 2000 万元，净利润率也从 19.7% 快速下滑至 3.8%。空

⊖ 规模不经济是规模经济的对称，指的是因生产规模扩大而导致单位产品成本提高的现象。——编者注

调销售量排名由1990～1994年间的第3位滑落到1996年的第7位。

1997年,美的的经营困局进一步恶化。雪上加霜的是,为了把顺德区打造成"家电航母",政府有意让科龙兼并华宝、美的等几大空调企业。当时,科龙以高起点扑向市场,凭借雄厚资金、品牌实力和技术基础迅速成为行业佼佼者。

何享健当然不愿意走到这一地步,但是他也明白,如果经营情况不能快速改善,企业是无法只靠勇气支撑下去的,所以,摆在美的面前的只有一条路——刮骨疗伤,自我拯救。事后何享健感慨道:"逆境对美的不仅不是坏事,反而是好事。""我们美的要走自己的路,我们自身要去突破,去改变。"⊖

2.1.2 事业部制改革

为了带领美的走出困境,何享健决定在组织架构上"动手术"。从20世纪80年代起,他就开始学习日本企业的经营管理经验,90年代又向欧美企业取经。通过对比,他发现日本企业的组织模式比较僵化,而美国的管理文化更符合中国人的理念:"中国人很有能力,表现欲也很强,他既要有用武之地,又要能得到利益。"⊖所以,何享健选择了事业部制。

1996年年底,美的在规模较小的电机、电饭煲等经营单位进行了事业部制试点,效果不错。于是,1997年7月,美的开始进行全面的事业部制改革,成立了空调、风扇、电饭煲、小家电、电机五个事业部(见图2-2)。

事业部集研发、采购、生产、销售、服务于一体,集团总部中原有的与经营相关的计划、销售、研发等职能全部由各事业部负责。总部不再干预事业部的日常经营管理,只在投资、监控等方面进行职能调整,如撤销集团层面的销售公司后重新组建市场部,负责集团整体形象的推广和市场管理,但

⊖⊜ 黄治国. 静水流深:何享健的千亿历程[M]. 广州:广东经济出版社,2018.

不参与具体的产品销售。

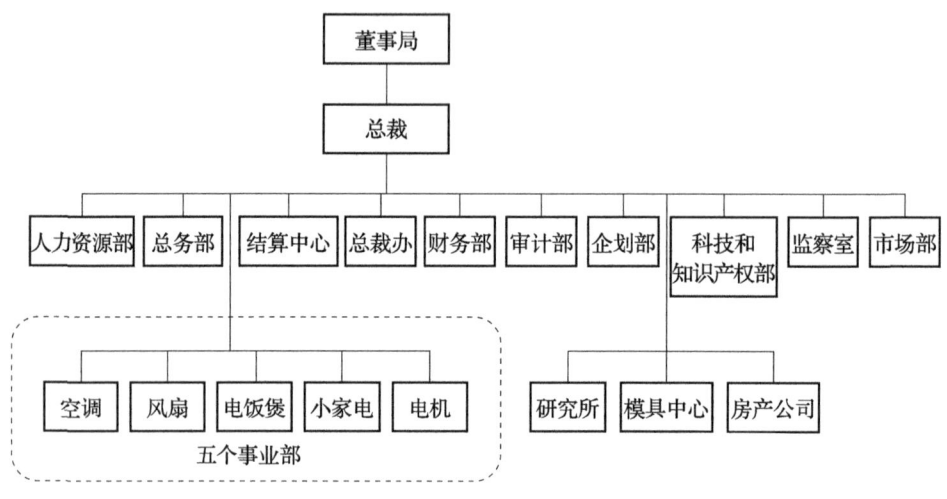

图 2-2　1997 年美的组织架构

与组织调整同步进行的是人事调整，美的在这方面的风格坚决而大胆。原有核心团队要么留在集团总部，要么去职，五个事业部总经理全部由年轻的专业人士担任——通常是原来的厂长升任事业部总经理，再配备销售、生产、研发与职能管理人员搭建新的经营管理团队，一大批年轻干部走上前台，美的的职业经理人体系也就此形成。

需要重点说明的是，在事业部制改革时，一个非常重大的变化是销售队伍的重建。原美的销售公司的"老弱病残"几乎全部被调离，由一批高素质的年轻人来承担各事业部的销售工作，而这批人又重建了各事业部的销售体系。这是美的事业部制改革成功的重要因素之一。

2.1.3　事业部的权力安排

组织架构调整只是美的事业部制改革的外在表现，其本质是权力和责任的下放。通过这种方式，企业的领导者可以从繁杂的日常事务中解放出来，有更多的精力思考企业的战略，而职业经理人也因为被充分授权而竭尽所能地发挥自己的聪明才智。

在美的的事业部制改革中，集团总部与各事业部的权力分配与组织原则可以总结为"一个匹配、八个管住、十个放开、四个强化"（见表2-1）。

表2-1 集团总部与各事业部权力分配与组织原则

项目	内容
一个匹配	责任、权力和利益匹配
八个管住	管住发展战略 管住经营目标 管住资金 管住重大资产 管住重大投资 管住事业部经营班子 管住关键规则 管住文化
十个放开	放开事业部内组织机构设置权 放开干部考核任免权（经营班子成员除外） 放开员工薪酬、考核与绩效奖金分配权（经营班子成员除外） 放开劳动用工权 放开产品立项、研发权 放开生产组织权 放开供应商引入、物料采购及定价权 放开销售及定价权 放开预算内费用开支权 放开计划内经营性投资项目实施权
四个强化	强化集团服务 强化预算管理 强化绩效考核 强化审计监督

1. 一个匹配

一个匹配是指通过集权和分权的平衡，实现责权利的统一。各事业部作为利润中心，集团总部并不负责日常经营管理，在此基础上，责任与权力被合理划分。各事业部承担多大的责任，集团就赋予多大的权力。

2. 八个管住

管住发展战略：事业部要承接集团战略，并制订事业部的五年战略发展规划、三年战略滚动发展规划，上报集团审批后实施。

管住经营目标：事业部要根据集团要求，制订年度经营计划，设立明确的收入、净利润等经营目标，并上报集团审批。

管住资金：集团设立资金中心（财务公司）统一管理资金，各个事业部有独立的资金账户，但资金收支由集团资金中心统一负责，如事业部要支出资金，资金中心根据相关规则代行支付职责。事业部可随时掌握资金情况，但无法随意动用资金，相当于在银行有一个存折，但不能随意取钱。

管住重大资产：美的的重要资产如土地、房产等由集团按照统一标准进行规范管理、定期检查，其他如知识产权、品牌等集团共享的资产，也由集团统一管理。

管住重大投资：比如并购，由集团统一实施，土地的购买、厂房的建设由集团基建中心统一负责。

管住事业部经营班子：各事业部设有管理委员会，即经营班子，事业部总经理、副总经理及主要一级部门负责人，如财务、生产、研发、内销和外销等部门负责人都会在其中。这些关键人员的任免需集团审批，一般由事业部总经理提名，财务负责人则由集团财务部提名。对经营班子一般成员的考核由事业部总经理负责，对财务负责人的考核则由事业部总经理与集团财务负责人共同负责。

管住关键规则：集团层面会对关键事项制定规则，如战略投资、财务标准、重要人事任免、研发投入、产业进出、收购兼并、品牌建设等。事业部也会参与这些重大规则的建立，并在集团规则基础上进一步细化。

管住文化：允许事业部有"亚文化"，但必须符合集团整体的企业文化。曾有某个事业部过于强调自身特点，一些行事规则也不够职业化，集团很快就对该事业部进行了调整。

3. 十个放开

放开事业部内组织机构设置权：事业部可以根据经营需要，设置内部的组织架构。集团对事业部的一级架构会有一个标准，但并非不能调整，对二级架构则完全放开，相关费用控制在总预算内即可。

放开干部考核任免权（经营班子成员除外）：事业部经营班子之外的人事任免与调整，事业部都可自行决定。甚至在某些时期，各事业部总经理可以自行"组阁"后由集团审批，这样可以更快进入经营状态。

放开员工薪酬、考核与绩效奖金分配权（经营班子成员除外）：除经营班子成员外，事业部其他员工的绩效考核由事业部自行决定（薪酬按集团标准执行），集团只考核事业部的整体经营结果，以此决定整个事业部可以获得多少绩效奖金，至于事业部内部绩效奖金的分配，除经营班子成员的分配需要报集团审批外，其他均可由事业部自行决定。

放开劳动用工权：事业部每年年底要向集团人力资源部提报人员编制及薪酬预算，在这个编制总数范围内，事业部可以自行招聘与管理员工。集团人力资源部按月监控事业部的薪酬、人员数量是否在预算范围内。

放开产品立项、研发权：具体开发什么产品、什么时候上市、用什么技术标准，全部由事业部自行决策。若是进入与现有产品完全不同的新产品领域，则属于新产业投资范畴，需经过相关投资管理程序，报集团审批。

放开生产组织权：生产形式、生产组织、计划协调、交付、物流仓储等，均由事业部自行决策。如果要设立新的生产基地，需经过相关投资管理程序，报集团审批。

放开供应商引入、物料采购及定价权：物料价格、供应商资格标准、采购招投标、供应商管理等，均由事业部负责。只是大宗原材料采购方面，集团会设立采购中心进行统筹，但与各事业部之间的交易也是采取市场化原则。

放开销售及定价权：没有定价权就没有经营权，市场推广、广告促销、销售政策、销售定价、经销商的引入和淘汰、经销商的返利政策等这些与销售相关的事项，都由事业部决定。

放开预算内费用开支权：预算内的各项费用开支，都由事业部自行管理，集团主要通过预算实施管控，即每个月监控事业部的费用支出在不在预算范围内，有无异常。

放开计划内经营性投资项目实施权：《美的集团公司分权手册》中会对事业部的固定资产投资进行权限设置，在计划内、符合战略要求、履行了投资审批程序并纳入预算的项目，事业部可自行决定实施。如超出预算则需向集团另行申请。

4. 四个强化

强化集团服务：集团总部在承担管控职能的同时也承担服务职能，比如向各事业部提供资金支持、政府关系管理、知识产权管理、税务筹划、重大投资并购、基建工程管理等共享服务，快速响应事业部的需求。

强化预算管理：预算管理是集团总部对事业部的重要监管手段。对各个事业部的投资、费用、人员等，集团总部通过对事前的年度预算及事中的预算执行的管理，管控事业部的经营风险。而集团对事业部的要求，也需要在制定年度预算时向各事业部阐述清楚，使上下达成共识。

强化绩效考核：集团总部对事业部实行严格的经营责任制管理，对事业部经营结果有最终的审核、评判权，同时也会要求事业部内各级经营单元一层层明确经营责任制并严格考核。集团总部虽然不负责事业部的绩效考核，但也要看其是否按规定执行。

强化审计监督：集团设置垂直的审计监察体系，开展各类审计工作，包括日常经营审计、离任审计、经营绩效审计、项目审计、重点专项审计、敏感岗位定期审计、专项监察调查等，发现事业部未遵守集团规则，应对其进行严肃处理。

美的并非从一开始进行事业制改革时就有如此清晰的规划，这些权力分配原则，有些是在刚开始就明确下来的，有些则是在实施过程中逐步形成的，还有一些可能在美的内部并没有明文规定但实际上约定俗成的。为了更详细地让读者了解美的的事业部制，也为了让其他企业更好地借鉴美的模式，我进行了全面总结，当然，其中的细则需要按照相关的制度、标准、流程来执行，并且与预算密切配合。

美的通过事业部制改革，建立了研发、生产、销售一体化的组织，明确了各经营单位的责权利，为职业经理人划分好了"责任田"、创造了经营空间，从而充分激发他们的企业家精神和创业积极性，让他们由过去的"要我做"变成了"我要做"，主动对事业部的最终经营成果承担起应尽的责任、做出应有的贡献。各事业部也由原先的"生产型企业"变成了"市场型企业"，在市场经营中主动出击，快速反应。改革前各经营单位经常按部就班甚至讨价还价地完成集团下达的指标，改革后各事业部主动给自己加压。高层干部也从日常工作中解放出来，有时间去思考企业文化、经营方针、增长方式、组织发展、管理机制、产品方向、市场定位等战略问题。

事实证明，事业部制改革是美的突破管理瓶颈，实现主营业务爆发式增长的利器。从 1998 年开始，美的的销售收入出现了井喷式增长，只用了 3 年的时间就从 30 多亿元增长到 100 亿元。

事业部制的组织模式还为美的的人才培养提供了平台,这在集权式的组织里是难以做到的。美的新产品开拓的主体是事业部而非集团,开拓新产品时,事业部的人员就可以获得发展机会,他们不但能锻炼自己,还能做出一番事业。对于职业经理人来说,这本身就是最大的激励。

2.1.4 先试点再推广

组织架构变革与调整是企业的大事,不能掉以轻心。美的事业部制改革虽然是在 1997 年全面推行的,但在 1996 年下半年已经在电机、电饭煲等小的经营单位进行试点,而当时最大的两个经营单位空调和风扇则保持不变。

营销体系的改革也是如此,例如,1996 年美的先在电饭煲公司(事业部制改革后改组为电饭煲事业部)独立组建销售队伍,集团销售公司仍以销售空调与风扇为主。试行一段时间后,到全面推行事业部制时,美的才正式撤销集团销售公司,把各个产品的销售权下放到对应的事业部。

由此可以看出,美的事业部制改革的一个重要特点是先试点再推广,而且试点的地方并不在核心业务板块。这种稳打稳扎的做法,值得每个企业借鉴。

随着美的业务体量的不断增大和产品体系的扩张,事业部制在发展到一定阶段后也面临着巨大的挑战——各个事业部各自为战,导致内耗增大、步调不一,无法有效协同,企业的运行效率由此受到严重影响。所以,在事业部制改革之后,美的根据经营情况与发展需要对事业部又进行了数次调整与优化。对于事业部制,美的一直是在分分合合中寻找利与弊的平衡。

2.2 事业部制的完善与发展

艾尔弗雷德·钱德勒认为，新的战略要求建立新的或至少更新了的组织架构，只有这样，扩大后的企业才能更有效地运营，没有组织架构调整的增长只能导致经济上的无效率。

20多年来，市场和竞争格局时刻发生着变化，美的的战略也因此不断调整，而为了适应新战略，美的事业部制也始终处于变革与完善之中，其中有几次变革尤为重要。

2.2.1 规范管理"三分开"

1997年进行事业部制改革时，美的的年营收约为32亿元，到2001年时已经超过了140亿元。随着企业规模的不断扩大，集团与部分事业部的职能部门越来越多、层级链越来越长，这带来了市场反应慢、运作效率低、营运费用高、贯彻指令不彻底等问题。更重要的是，上市公司与集团其他非上市公司业务关系不清晰，不符合上市公司的规范运作要求。

2001年，美的对组织架构进行了调整，美的集团正式分为两个集团公司（股份公司和威尚公司）和一个投资公司（美的技术投资公司）。股份公司由张河川担任总裁，下设六大经营单元：空调事业部、家庭电器事业部、压缩机事业部、电机事业部、厨具事业部和威特磁控管公司（见图2-3），这部分为原集团公司的主要资产，约占集团规模的70%。

新设立的威尚公司主要管理美的的非上市业务，比如集团的一些配套业务及新产业，下设八个经营单元：威创电子科技公司、安得物流公司、房产公司、电工材料公司、家用电器公司、赛意信息公司、钢铁配送公司、工业设计公司（见图2-3）。

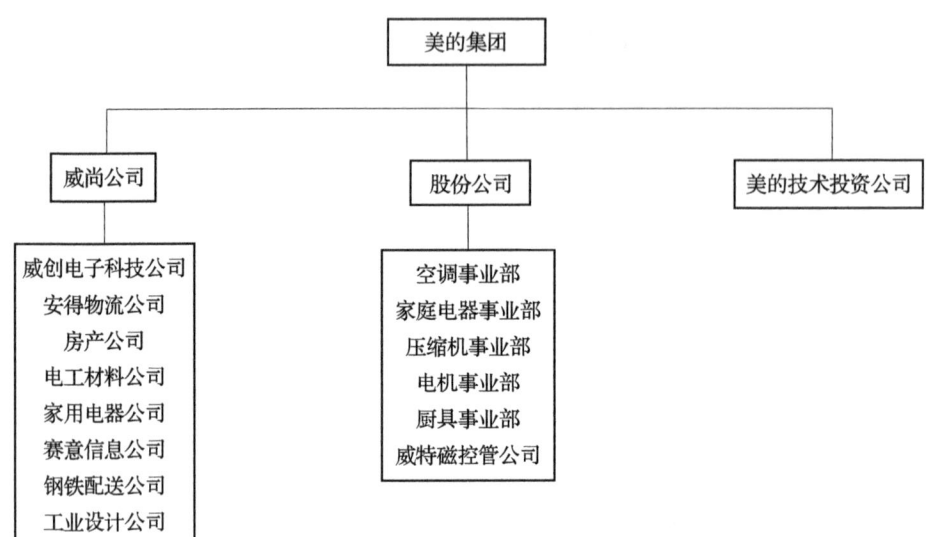

图 2-3　2001 年"三分开"后的组织架构

这次重大调整，主要目的是将上市公司和控股公司分开，将非上市公司业务和上市公司业务分开，实行人员、财务、办公地点"三分开"，从而使管理更加规范化。

2.2.2　家庭电器"一拆四"

2002 年，美的一名离职员工致信何享健，痛陈美的患了"大企业病"。这封信引起了高层管理者的高度重视，并在集团内部引发了关于企业改革的大讨论。

这封信深深地触动了何享健，在经过了深刻的反思后，他说："和市场上优秀的企业比较起来，我们有问题，有差距，有大企业病。"

为了治理"大企业病"，2002 年 6 月，美的将家庭电器事业部"一拆四"，分拆为风扇、电饭煲、饮水机、微波炉四大事业部（见图 2-4），进行了新一轮事业部深化改革。

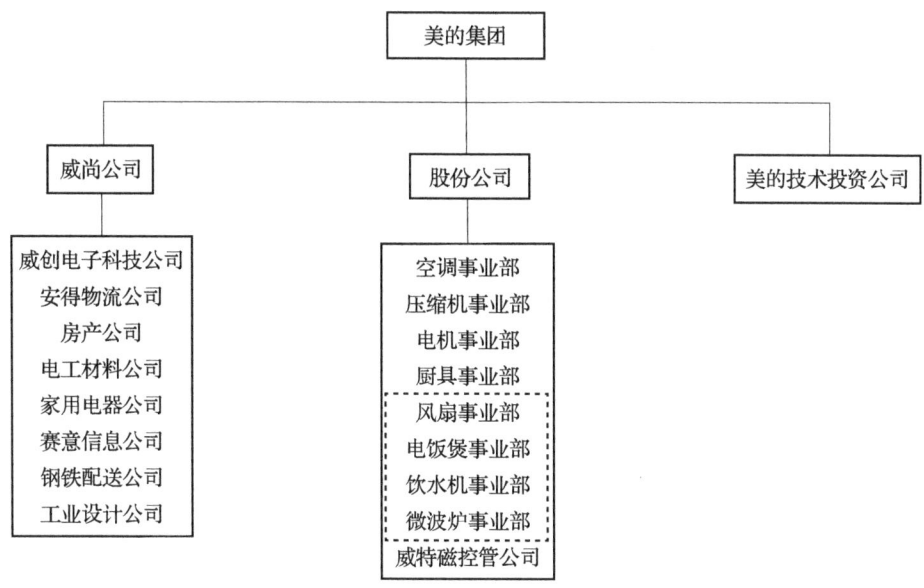

图 2-4　2002 年家庭电器事业部"一拆四"后的组织架构

家庭电器事业部是由原风扇事业部、电饭煲事业部合并而成的，于 2000 年启动微波炉、饮水机等新项目。经过两年的发展，该事业部旗下产品众多，但发展很不均衡，风扇、电饭煲是"优良产品"，饮水机是"问题产品"，微波炉则是前途未卜的"新产品"。这种情况导致市场销售人员更倾向于销售"优良产品"，因为这样能轻松地完成业绩目标，而没有人愿意投入精力去培育新产品，即使分产品布置任务、进行考核也改变不了这种状况。

"一拆四"的决策正是在这种情况下做出的，分拆后，四个事业部的管理团队也进行了相应调整，重新选拔了四位事业部总经理。

"一拆四"后，各事业部的经营管理难度变小了，管理责任更明确，经营团队的方向也更清晰，各个事业部只需全力做好一个产品。由此，市场反应速度、产品开发速度、生产组织能力以及团队的战斗力等均得到了迅速提升。

对这次改革，何享健曾在内部会议中给予了高度评价："'一拆四'后出现了非常好的局面，新的四个事业部负责人在经营汇报会中，对每一个经营产品都能讲得非常清楚。他们现在对每一个产品的成本结构、如何盈利能够分析得非常清楚，而且对行业竞争对手都有清晰的认识，与以前相比完全不同。而且'一拆四'后整个经营团队的面貌、素质、诚信度，都有很大的提高。所以，原家庭电器事业部的改革解决了很多原来美的文化中存在的障碍：沟通的障碍、上下级的障碍、信息流通的障碍，以及最严重的内部市场的障碍。"⊖

2003 年，美的又按照同样的做法对厨具事业部进行了分拆，组建了日用家电、电暖器、洗碗机、热水器四个事业部，美的小家电群也进入了蓬勃发展阶段。

2002 年，美的小家电的经营规模约为 50 亿元，到 2007 年这一数字已经变成 200 亿元，部分经营单元如电饭煲事业部（后来发展为生活电器事业部）更是获得了近 10 倍规模的成长。更重要的是，这些重新赋能的新事业部，承担起了新一轮品类扩张的责任与使命，迅速扩大了美的的商业版图。

2.2.3 增设二级产业集团

2004 年以来，美的通过收购、兼并等方式先后进入中央空调、冰箱、洗衣机等领域，并相继组建了中央空调事业部、冰箱事业部、洗衣机事业部等。到 2005 年，美的经营规模接近 500 亿元，大小家电品类齐全。因为业务和产品的快速扩张，美的的事业部已经达到 20 个左右。

规模壮大之后，公司在各方面的开支包括投资都增加了，业务流程和环节也越来越多，问题和矛盾因此日益增多。在这种情况下，股份公司想要直

⊖ 黄治国. 静水流深：何享健的千亿历程 [M]. 广州：广东经济出版社，2018.

接管理20个事业部已显得力不从心。

这种局面一直持续到2007年，虽然美的也曾进行过一些调整，如强化协同经营的文化、建立集中采购平台、在各地设商务代表处、加强营销渠道与资源的共享等，但这些措施只是治标不治本，并没有解决问题。

2007年，美的对组织架构又进行了一次重大调整。新的组织架构不再侧重资产属性，也不再以上市与非上市业务为标准对集团旗下各公司进行分类，而是根据产业属性设立二级产业集团，分别组建制冷家电集团（简称"制冷集团"）、日用家电集团（简称"日电集团"）、机电装备集团（简称"机电集团"）、地产发展集团（简称"地产集团"）四个产业集团，形成"集团–二级产业集团–事业部/经营单位"的三级组织架构，大小家电、机电等业务组织由此变得更加清晰（见图2-5）。

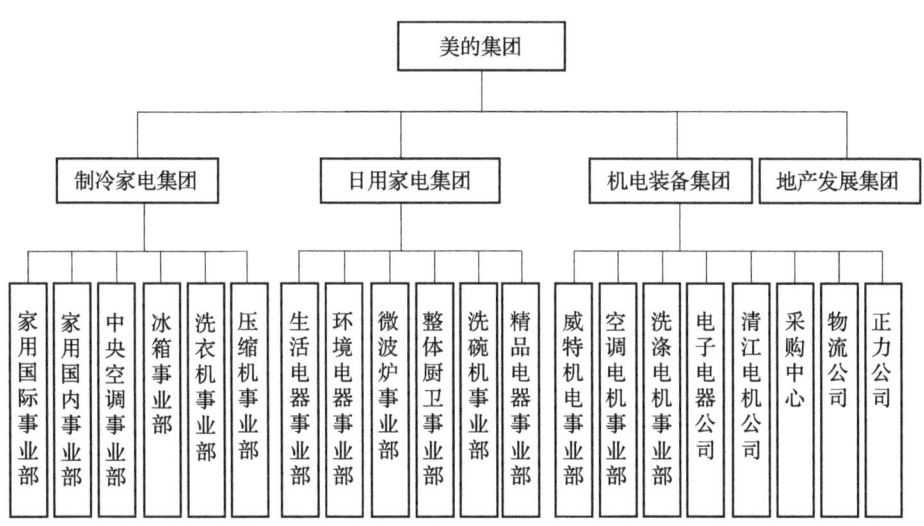

图2-5　2007年美的组织架构图

其中，制冷集团主要运营制冷家电（空调、冰箱）、其他大家电（洗衣机）及相关配套产品（压缩机）。日电集团主要负责小家电业务。机电集团主要运营为家电配套的中间产品、工业产品、服务产品等。地产集团主要负责地产业务。

各个二级产业集团组建后，分别设立了相对完善的职能部门。对事业部的管理主要由产业集团承担，集团总部的职能则进一步精简，主要负责战略规划、重大投资等工作。

2.2.4 撤销产业集团，重组事业部

2012年是美的历史上的一个关键年份，这一年何享健正式退休，将执掌美的的重任交给职业经理人方洪波。随之而来的，是美的内部组织架构的新一轮变革。

一方面，得益于事业部制长达10年的实施与运转，以及人才队伍的不断优化，美的的整体经营管理水平不断提升，但为了适应方洪波的管理需要，仍需要对原有团队进行调整。

另一方面，自2010年年营收过千亿元后，美的似乎陷入了增长放缓、规模不经济的困局。多层级、多事业部的管理方式导致组织臃肿、人效低下、管理费用居高不下。而此前几年，在制冷集团与日电集团实施的营销体系大整合并不成功，不仅在市场上遇到了许多新的麻烦，成本也大大提高。公司的利润因此受到严重影响，整体盈利能力大幅下降。

于是，2012年8月交接班之后，为了解决组织臃肿、运营成本高等问题，美的将原来的"集团—二级产业集团—事业部"三级组织层次调整为"集团—事业部"两级组织层次，各单位的经营范围、经营模式、组织架构及人员都在一定程度上进行了精简，营销职能也重新分拆到各事业部。并且，美的还更加强调内部价值链的拉通，以采购和仓储为例，美的对采购职能进行整合，统一为集团服务，仓储则划归安得物流公司。除此之外，美的这次组

织架构调整还包括很多具体安排（见表 2-2）。

表 2-2 2012 年组织架构调整具体内容

调整时间	事项	具体内容
8 月 25 日	"合四为一"	整合集团总部及原制冷集团、原日电集团、原机电集团各职能部门，由四级管理减少为三级管理。地产集团完全独立
8 月 31 日	规范总部管理职能设置	设立董事会办公室（后撤并）、战略经营部、财务管理部、行政与人力资源部、IT 运营中心、审计监察部、法务部等
	成立国际事业部	在原制冷集团国际营销总部的基础上成立美的集团国际事业部，原日电集团东盟营销公司所属业务全部划归国际事业部管理
9 月 5 日	建设财务统一核算平台	原日电集团的营销、财务职能划入集团财务管理部；原日电集团海外公司财务管理职能划入事业部管理。整合原日电集团、威灵控股海外中转贸易财务管理职能，由香港总部统一管理
9 月 11 日	精简小家电板块的事业部组织	小家电板块重新划分为厨房电器、生活电器、环境电器、热水器几个事业部
10 月 30 日	调整弱势产业，减少一级组织单元	照明电气公司并入中央空调事业部，正力公司并入压缩机事业部
11 月 1 日	整合集团仓储业务	整合各单位的仓储业务，由安得物流公司统一负责仓库资源调剂使用、租赁及仓储管理，实施专业化管理
11 月 2 日	采购中心向内打通	采购中心向内部服务转型，统一负责为集团各单位提供战略采购和物流配送服务，注销多余法人主体，统一核算平台
11 月 23 日	组建电机事业部	合并原微电机、洗涤电机事业部，重新组建电机事业部
12 月 17 日	精简机电板块的事业部组织	将清江电机公司、山西华翔公司并入电机事业部

经过整合，美的形成了全新的组织架构（见图 2-6）。这次变革，可以概括为"化繁为简，构建敏捷型组织，回归企业经营的基本面，回归产品和品质"。

2.2.5 构建数字化组织

从 2015 年开始，数字化浪潮滚滚而来，人类社会进入崭新的数字时代。这个新时代为商业界带来两个巨大的变化，一是网络技术、移动通信技术的快速发展将用户与企业直接连接起来，市场进入用户主权时代；二是各种数字技术的出现使市场成本结构发生了显著变化，模糊了行业的边界。传统工业化模式因此受到了极大的挑战。

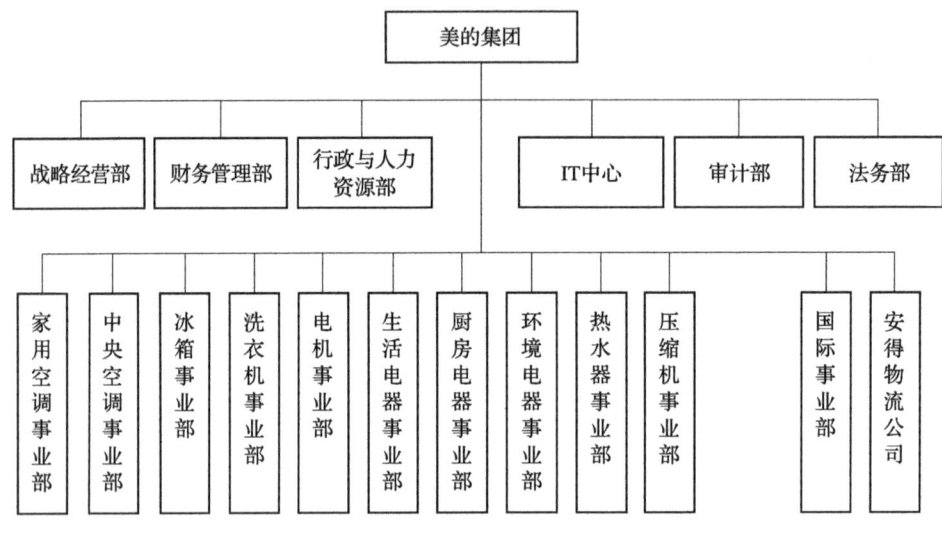

图 2-6　2012 年 8 月后的美的组织架构

面对层出不穷的对手和快速变化的市场，如何更高效地做出用户满意的产品并高效送达用户？方洪波在内部多次强调，所有家电企业的业务模式都面临冲击，美的需要建立新的业务模式，确立竞争优势。"产品领先、效率驱动、全球经营"这三板斧对美的来说已经远远不够了。

为了顺应数字时代的发展趋势，美的以"用户、产品、一线"为中心，用互联网的思维、方法和工具对组织体制、运作机制和流程进行了再造。美的的这次组织再造，是在事业部制改革基础之上的组织优化，它没有局限于传统的组织设计，而是在核算清晰、流程高效的前提下建立了独立又协同的数字化组织。这场变革从 2016 年延续到 2018 年，此后仍在不断完善。

当时美的的新架构体系包括家用空调、中央空调、洗衣机、冰箱、厨房电器、东芝家电、生活电器、环境电器、热水器、部品、库卡等11个事业部，以及美的国际、安得智联、电商中心、客服中心、机器人、金融中心、采购中心、中央研究院、智慧家居、美云智数10个平台。总部层面则包括用户与市场、产品与精益制造、财经、流程IT、战略发展、企业运营、人力资源、审计、法务9个职能部门（见图2-7）。

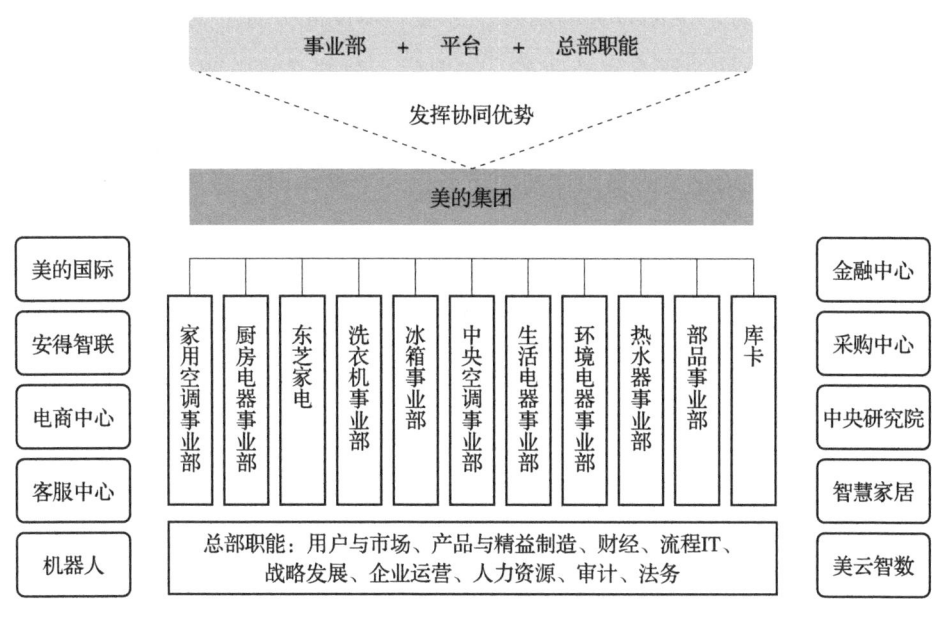

图2-7　2016年后的美的组织架构图

从架构上看，虽然事业部制的内核没有变，但是基于时代的需要、市场的变化、战略的要求，美的构建了许多平台性的组织单元，这种组织架构已经不能简单地用事业部式或矩阵式来概括了。2012年推行的632项目及其后的一系列数字化举措，帮助美的建立起平台化运作的数字化底座，使美的真正转型为数字化组织，拥有了面对市场和用户的快速反应能力。

这一轮组织调整同样伴随着事业部的分分合合。比如，2017年6月，美的将吸尘器业务从厨房电器事业部分拆出来，成立清洁电器事业部。2018年

6月，美的将厨房电器事业部分拆，又将油烟机、灶具、洗碗机、消毒柜的产、研、供、销职能整体并入热水器事业部，组成厨房与热水事业部，原厨房电器事业部更名为微蒸烤事业部。2018年12月12日，清洁电器事业部独立18个月后又与微蒸烤事业部合并，组建微波与清洁电器事业部。后来，环境电器事业部又被并入生活电器事业部。

2018年12月，美的将美的国际、东盟和印度业务合并为新的美的国际，由其承接除库卡外的所有海外业务。一周后，美的又将电商中心、国内运营中心、工程公司合并为美的集团中国区域，承接电商、终端和用户运营、工程和售后服务，从此美的集团在国内市场以一个整体面向客户和用户。由此，美的分为国内、国外两个市场主体。

海外业务的整合也在加速，先是库卡换帅，接着在2019年1月1日，2016年并入美的的东芝家电的董事长石渡敏郎也由美的"土生土长"的王建国接替。

通过这一系列调整，美的明确了三层架构体系，即经营主体-协同平台-职能部门。其中第一层架构经营主体又分为两类，一是集团原有的八大事业部和库卡、东芝家电，二是美的国际、美的中国区域、美云智数、高端品牌等经营单位，两类经营主体的共同点是背KPI、向集团上缴利润。而第二层架构是四大协同平台，包括安得智联、IoT、美的财务公司和中央研究院，这四大平台可以向下收费，由事业部分摊费用。第三层架构是财务、人力、审计、IT等十大职能部门，除IT之外，全部职能部门加起来只有200多人，目标是成为小而专的服务型部门。⊖

三层架构的明确意味着美的内部面向新的消费时代而进行的事业部整合

⊖ 苗兆光. 美的：顺势而为的奇迹［EB/OL］.（2019-05-13）. https://www.sohu.com/a/313560980_343325.

与组织设计基本成型，此后再划分事业群等设计就是在此基础上的不断优化了。当时，事业部中最大的家用空调事业部的营收在 800 亿元左右，最小的微波与清洁电器事业部的营收接近 180 亿元，其他事业部的营收均在 200 亿元以上，再加上 250 亿元的库卡和 100 多亿元的东芝家电，共同组成了年营收达 2500 亿元的美的集团。

2020 年前后，美的针对中国区域再次进行了优化，各事业部虽然保留国内营销职能，但同时在国内设立多个大区，并将各区、省分公司进行整合，形成省区运营中心，统筹本地市场的运营，原属于各事业部内销板块的分公司由运营中心统一管理。也就是说，在内销板块，美的形成了各事业部的营销中心与集团的区域运营中心的矩阵式架构。事业部负责产品企划、市场策略、定价等职能，而运营中心则负责市场维护与管理，分别承担对应的经营指标。不过，由于美的内部产品品类繁多、市场动作特点不同、市场地位高低有别、竞争对手不一，这一模式是否能真正实现有效协同还有待验证。

2.3 事业部制成功运行的保障

美的进行的一系列改革与调整，不但使事业部制逐步完善，还顺应了企业不同阶段的发展需要，使美的持续多年取得了优秀的市场业绩，组织和经营能力在这个过程中也不断得到提升。通过对美的经验的总结，可以发现，事业部制之所以能成功运行，是因为美的为其提供了坚实的保障。

2.3.1 以价值共享的经营责任制为支撑

事业部制只是一种组织模式，设立并不复杂，将其运行好从而创造好的业绩才是关键。这当中一个非常重要的因素是做好绩效激励，即让事业部的总经理与经营团队全力以赴地做好经营。

经营责任制是美的事业部产生高绩效的重要支撑。所谓经营责任制，指的是集团通过战略规划与预算管理，将经营目标下放给事业部并形成契约，同时对事业部的经营结果进行考评。事业部经营团队对经营过程和结果负责，管理自己的"一亩三分地"，提升"土壤肥力"，一年一度按约定上交"粮食"给集团。

美的的经营责任制既平淡无奇，又威力无穷。说它平淡无奇，是因为它并不是原创发明；说它威力无穷，是因为它用简单的模式满足了人性的需求，释放了无限潜能，构建了老板与职业经理人的利益共同体。这可以理解为"契约式经营"，即企业家将资源、资本投到特定的方向，经营者凭自身能力以合法方式保障目标的实现，最终企业家和经营者都实现了预期的（或者超出预期的）回报。

早在1986年，美的就开始在海口分公司试点实行经营责任制，当时很多中国企业家可能听都没听说过这一新鲜事物。1989年，美的开始实行厂长任期目标责任制——工厂管理以厂长为经济责任中心。1991年，美的又进行了职能制改革，构建了"公司－工厂－分厂（车间）"分级管理体系，并正式构建起以经营责任制为核心的管理体制。

在实施事业部制后，这套体制得到进一步完善，并发挥出更大的威力。

2.3.2　完善的财务支持与监督机制

管理制度不是写在文档里的条文，而是保障企业运行的规则。在美的的各项制度中，财务管理制度扮演着特别重要的角色。

强化财务支持与风险管控是美的的管理特色之一。何享健认为："财务管理是企业管理的主线，一家企业要经营好，做好财务工作非常重要……财务的各条业务线要提高专业指导能力、分析能力和监控能力，加强业务线上下

的沟通与协同。"㊀

美的财务管控的核心是预算管理，强调事前控制。在美的，每个单位都必须科学地制定财务预算，严格论证和审核。预算制定好后，经营责任制的框架就基本确定了，对企业高层管理者的考核指标如利润、销售规模增长和投资等也就计算出来了。

在财务管控中，美的对新上项目的考核尤其严格，目的是要保证不使一个项目失败，不使一个产品亏本。由此可以看出，强调事前预算的管控，从本质上来说是重视事前风险防范高于事后风险处理。因为在经过严格论证的预算控制范围内，即便犯错误，也不太可能出现大的问题。

美的还有一个厉害之处是资金管理——"现金不见面、收支两条线"。1996年，美的在财务系统组建了集团结算中心，对整个集团的资金进行垂直管理，收支多少，结算中心都会告诉事业部，但是事业部碰不到钱。

强大的财务管理把每个事业部的经营账算得清清楚楚，不仅为事业部的经营提供支持，还能做到有效监控。这个基础体系非常强大，也是美的稳健高效运行的保障。

有一个真实的案例可以恰到好处地说明这一点：2000年左右，美的从某企业（国际化的先行者）引进了一位高管，由其负责推动自己的国际业务。这位高管来到美的不久，找某个事业部要一份某个产品在某个国家的经营数据。令他意外的是，他上午安排了这项工作，下午就拿到了详细数据（包括收入、成本、毛利、费用等）。他说，这件事如果发生在他以前的企业，光走流程就要半个月。这种迅捷清晰的财务支持，对企业经营的帮助是非常大的，在后文关于美的预算管理与经营分析的章节中我们还会详细介绍。

㊀ 黄治国. 静水流深：何享健的千亿历程［M］. 广州：广东经济出版社，2018.

此外，为了进一步监控风险，美的还建立了强有力的审计监督体系。集团设立审计委员会，二级产业集团设立审计部，事业部设立审计科或专职审计员，强化对经营活动的监督。各事业部的目标完成情况，必须经过审计部审计、审计委员会确认。同时，集团还设立监察委员会和监察室，对违规违纪行为进行监督和查处，强化了对敏感岗位的监控。

2.3.3　科学合理的分权授权保障

事业部制下，集团和事业部之间，老板与职业经理人之间，要对责、权、利进行明确划分，而且要层层界定，以调动管理人员的主观能动性。但分权授权，又会削弱集团对事业部的控制力，而且各事业部都有独立的经济利益，相互竞争可能导致内耗。

美的事业部制之所以取得良好的效果，是因为创始人何享健不但舍得分权、分利，还坚持贯彻"集权有道、分权有序、授权有章、用权有度"的管理方针。他认为在集中关键权力的同时要有程序、有步骤地考虑放权；对于授权给什么人，这个人具体拥有什么权力，操作范围有多大，流程是什么样的，都要有章可循，以法治代替人治。

2.3.4　高素质的人才队伍保障

何享健说："美的成功的两大关键，一是开放用人，二是科学管理。"㊀美的信任自己的员工，没有任何背景的年轻人也可以在公司快速成长。通过"选拔、淘汰、激励"三块"磨刀石"，美的磨出了一把把锋利的宝剑。

美的是一个敢于用人的企业。频繁的组织裂变创造了大量干部岗位，美的通常会用自己培养的员工去填补这些空缺，很少会用"空降兵"。即使是工作经验不太丰富的新人，美的也敢于把重要的工作交给他。这种非常规用人，

㊀ 黄治国. 静水流深：何享健的千亿历程 [M]. 广州：广东经济出版社，2018.

让年轻人很快就能获得成长和晋升，而大量年轻人又让组织充满活力，组织与人才实现了相互促进。

非常规用人也有可能出现用人不当的情况，这时灵活的淘汰机制就尤为重要。美的就像一个巨大的赛马场，各个事业部是分赛场，各个部门则像小赛场。各事业部、职业经理人以月度经营业绩和年度经营业绩为依据，进行月月赛、年年赛。要想走向更大的舞台，就要从小赛场一场一场赢上去。输掉比赛的人，就得把机会让出来。跑不动了，不想跑了，就到了退场的时候了。这种竞争机制，让事业部制的活力和竞争力得以保持。

在美的，"唯一不变的就是变"的理念深入人心，这是美的文化的精髓。美的事业部制改革及此后一系列组织变革之所以没有遇到阻碍，正是因为美的人尤其是高管团队高度认同这种变革文化。

为什么要变？不是故意折腾，而是时代在变、市场在变、要素在变。用何享健的话说，外部变化节奏这么快，如果我们内部跟不上，就会被淘汰。在这种变革文化下，美的人尤其是干部都是"不安分者"，总是在寻找各种机会，寻找各种更好的方法。

2.3.5 市场导向，同步调整优化营销体系

在谈论美的事业部制改革时，很多不明真相的人，尤其是单纯从理论层面进行分析的人，往往会就事论事、就架构谈架构，通过比较事业部制与其他模式的特点而得出一些似是而非的结论。他们往往忽略了一个很重要的因素，那就是美的在 1997 年实施事业部制时，对传统的营销体系也进行了重要的改革。

不仅如此，后来的每一次事业部层面的组织架构调整，都伴随着对营销体系的调整。近几年美的在构建数字化组织的过程中，也非常注重数字化营

销的改造与推进。

营销是企业接触客户的第一道桥，从美的在组织变革中重视营销体系的调整也可以看出，美的的内部组织调整都是以市场为导向的。也就是说，美的的内部组织调整，不是部门、层级、形式的简单改变，而是始终与市场保持一致，让内部的体系能够真正顺应市场的变化、响应市场的需求，不断提升效率与效益。

没有营销体系的同步变革与提升，美的的事业部制是不可能成功的，后续的发展更是无从谈起了。

— 本章小结 —

事业部制改革被认为是美的持续增长的主要原因之一。

何享健说："没有美的事业部制，就没有美的的今天。"方洪波说："美的的事业部制，激发了职业经理人的创业精神。"通过事业部制的组织裂变推动业绩裂变，美的在很多产品上都做到了数一数二，组织经营能力也得到了极大的提升，现已成为世界白色家电行业巨头。

我们并不能说事业部制是最佳组织模式，也不能说它是企业做大做强的唯一方式。很多组织架构都可以支撑企业发展壮大，这方面的优秀案例有很多，而采取事业部制出问题的企业也不在少数。

所谓矩阵式、直线职能式、事业部制，是学者为了便于界定与解释而采取的一种划分方法，在企业经营中并不能简单地看待或者僵化地理解。在美的，空调事业部、冰箱事业部可以视为清晰的事业部制，但是生活电器事业部这种多产品事业部更接近矩阵式模式，因为该事业部旗下有多个产品公司或工厂，内外销并不按产品划分，而是在事业部层面统一管理，职能部门也是共享的。

所以，组织模式没有最好的，只有最合适的，但是组织架构必须与市场变化、战略动态和内部运营相匹配。组织形式的选择与执行，需要考虑企业内部的实际情况，并做好各项配合工作，能够承接市场的需要，以最佳的组织模式实现资源匹配，促进目标达成。

从美的事业部制的历程来看，所谓的事业部组织架构设计只是其中的一个步骤，而独立核算、自主经营、自负盈亏，是美的事业部制成功的关键，其中市场敏感性、公司的战略牵引非常重要。如果企业没有规模化扩张的战略，就没必要选择事业部制这种裂变式的组织形式。同样，如果公司的战略是扩张型的，那么哪怕不采取事业部制，独立核算、激励驱动等也是必要的。而到了增长放缓、更加关注成本的阶段，盲目细分事业部的做法就不可取了，因为这会增加成本却不能增加收益。

从来没有完美的组织架构，也不可能通过一次组织设计就让企业发展一路坦途。所有企业都要从市场和战略出发，寻找最适合自己的组织模式，并且不断调整优化，不断进行配套体系建设。评价任何一种组织管理模式的好坏，最终都要回到是否能响应市场需求、实现战略目标、提升经营质量、激活经营团队、实现价值回报上来，这是永远不变的评价准则。

第 3 章

美的如何分权授权

企业分权离不开四个必要的条件：一是要有一支高素质的职业经理人队伍，能够独当一面；二是企业文化氛围的认同；三是企业原有的制度比较健全、规范；四是监督机制非常强势。㊀

——何享健（2009 年）

彭剑锋曾总结：在中国企业家群体中，何享健是最洒脱、最低调、最善于授权、最敢放手但又能完全掌控一个千亿级企业集团的一位。㊁他指出，"任正非活得'伟大而孤独'，不参与任何政治与社会活动，总是刻意保持低调，时不时用精心写作的文章保持在中国企业界的影响力，但内心深处始终充满忧患与危机意识。而何享健则活得'伟大而平凡'，不搞政治、不用手机、不做演讲，走在路上可能也无人知晓这是一个千亿级企业的创始人，自由自在"。

业界公认何享健是一个空闲得令人嫉妒的企业家，而这种空闲来自他有

㊀ 黄治国. 静水流深：何享健的千亿历程 [M]. 广州：广东经济出版社，2018.
㊁ 彭剑锋. 何享健的授权学——彭剑锋推荐并批注 [EB/OL]. 洞察，2012.

效地分权授权。用柴文静的话说，何享健"懂得将个人能力注入企业制度的道理"。⊖ 但这并不容易做到，既需要高超的经营智慧，也需要专业的落地执行。

3.1 分权授权的来龙去脉

3.1.1 何享健的淡泊与坦然

1."我什么事也不想干"

为什么何享健能活得"伟大而平凡"？这得益于他很早就不想管事，也认为其他人能够管好事。十多年前，何享健在接受《中国企业家》杂志采访时说："我的观点一直是，我自己什么事情也不想干。我要求部下也是这样，你不要整天想自己把事情做好，而要想怎么把要干的事情找人去干，找谁干，怎么给他创造好的环境。当然，你要有办法控制得住，不能乱干。"⊜ 他还曾表示："放了权，等于自己解放了自己，何乐而不为？办企业靠的是人才。"⊜

没有这种洒脱和清醒的认知，美的的分权是不可能得以实施的。一个以自我为中心、自我感觉良好、不相信他人的老板，怎么可能做好分权？

在1997年引入事业部制时，美的同步实施了分权体制改革。事实证明，美的的分权授权体系是卓有成效的。

《21世纪商业评论》杂志在2007年的一篇报道中写道："很多老板担心下面没有足够的能力来做出正确的决策，这其实是领导者的自负与短视。而何享健则不同，他的性格中有一种谦卑的力量，他深信对一个组织来说，群策

⊖ 柴文静. 美的组织微雕术 [J]. 21世纪商业评论，2007（6）.
⊜⊜ 黄治国. 静水流深：何享健的千亿历程 [M]. 广州：广东经济出版社，2018.

群力的效果永远高于领导者的亲力亲为。"①正是这种根植于内心的观念，让何享健懂得也舍得授权。

何享健真正做到了对人才的信任、对职业经理人的尊重。而美的职业经理人也很少辜负这份信任，他们运用何享健赋予的权力，为美的创造了辉煌的成绩。为此，何享健对美的职业经理人心存感激，他曾说："美的的确拥有一支素质良好、经营业绩优异的职业经理人队伍。特别是近年来，这支团队能力提高得非常快，表现非常出色，非常成熟。我感到非常满意。也正是在这些专业能力极强的优秀职业经理人的共同努力下，美的才得以具备强大的竞争力，飞速向前发展。可以说，这么多年来，没有职业经理人团队的共同努力，就没有美的今天的辉煌成就。"②

2. 分权分出了许多"老板"

将企业的主要权力下放到事业部，下放到面向客户的经营一线，使美的从高度依赖何享健的个人能力转变为主要依靠职业经理人。美的由此形成了体系化领导力，整个组织能力的边界大大拓展。

事实上，通过分权，美的分出了许多"小何享健"，他们都紧张地忙碌着，所以何享健才有那么多时间聚焦于对战略、愿景的思考。

分权体制实施后，何享健只管到事业部总经理一级，其他层级都由各事业部总经理负全责。只要是预算核定内的运作，他通通不管。在他看来，如果分权后还要管得事无巨细，那分权的意义何在？

不仅何享健管得少，美的集团总部机构也非常简单，而且人员极其精简，仅有用户与市场、战略发展、企业运营、人力资源、审计、法务等几个部门，

---

① 柴文静. 美的组织微雕术 [J]. 21世纪商业评论, 2007 (6).
② 黄治国. 静水流深：何享健的千亿历程 [M]. 广州：广东经济出版社, 2018.

因为权力都被下放到最需要的地方了。

美的通过分权造就了许多优秀的经营人才，提升了组织能力，从而降低了对高管的依赖，因为权力的分散弱化了对少数领导者高超能力的要求。这也让何享健更加大胆地放权，因为一个职业经理人犯错误，其造成的损失不过是几十分之一，均在美的可控且可承受的范围之内。

3. 分是为了更好地管

过去，很多中国企业的成功依赖于老板在多年实践中锤炼出的掌控能力。但是，企业规模扩大后，一定会出现领导者无法掌控的地方，而且不断增长的业务需要组织来承接，只靠个人的力量是远远不够的。所以，企业在规模达到一定程度后很容易出现问题，严重的可能会失去控制。这也是美的实施事业部制改革之前何享健所面对的问题。

究其根本原因，是企业没有建立起有效的管控体系，只是用领导者的权威来管理公司。而失控时，企业又会增加更多的控制措施，由此陷入恶性循环。最终，企业要么因为失控而走向失败，要么因为过度管理而变得越来越低效。

殊不知，解决管控问题的根源不在于"控"，而在于"分"。只有通过分权建立起的管控体系，才是真的管控。不过，管控必须在分的基础上遵循各种规则，做好配套建设，只有这样才不至于进入"一分就乱、一收就死"的怪圈。

回顾美的的发展历程，很多人会感叹其强大的组织能力，而分权授权机制对于这种组织能力的形成发挥着至关重要的作用。在美的，决策权通常被赋予最早也是最直接接触信息的人，因此，组织内的每个人都很清楚自己应该做什么，每个人都自然而然地获得了方向感和驱动力。这就是美的规模如此庞大却仍然表现出如此强大的执行力的原因。

3.1.2 规模扩张推动分权

在现代企业管理中,分权制度的建立是为了帮助下级因地制宜地贯彻上级的指示,从实际情况出发去处理问题,充分发挥自身的优势,从而实现更高效的管理,创造更好的业绩。

在实施分权管理的企业,员工的主动性、责任心、个人能力都会得到很大的提升,管理者更能忠于事实做出决策,组织的弹性也会更强,这都是一个组织适应新的环境所必备的条件。

何享健曾经对比过美国企业和日本企业的管理模式,他发现日本企业过度控制、组织僵化,他说:"过分控制的那一套,执行能力很强,但创造能力低下,那么,它在未来竞争中就会面临危机。"⊖

我们也可以从埃德加·沙因和彼得·沙因的《组织文化与领导力》一书中了解到,所有发展中的组织都要经历分化的过程,这个过程可能被称作劳动分工、职能化、事业部制或者多元化。然而,它们的共同特征是:随着组织的人员规模、顾客、产品和服务数量的增加,创立者在组织中协调所有事情的效率变得越来越低。同时不论是何种领导者,在企业中的领导意义都会因为企业的分化而弱化,如果这个组织是成功的,它将不可避免地分化出一些小的单元,所以领导者的角色会变得更为分散、更为短暂。㊀

当企业规模达到一定程度,治理权便会发生转移,被转移给首席执行官、董事会或者团队,很多原本由领导者扮演的角色会转移给专门的机构,如管

⊖ 陈润. 生活可以更美的·何享健的美的人生 [M]. 北京:华文出版社, 2010.
㊀ 沙因 E, 沙因 P. 组织文化与领导力 [M]. 陈劲, 贾筱, 译. 北京:中国人民大学出版社, 2020.

理委员会、战略委员会等。正如彼得·德鲁克所说："即使有再妥善的安排，都不可能由个人来承担企业首席执行官的所有工作，必须由好几个人共同努力，通过团队合作来完成。"㊀

美的也不可避免地遇到了由规模扩张带来的一系列问题。1992年美的进行股份制改造，1993年美的电器成功上市，美的由此进入了高速发展阶段，年营收从1992年的4.87亿元飞速增长到1996年的28亿元。然而，规模的快速扩张给美的带来了更大的问题——不断增加的产品品类，让原来高度集权的组织管理模式逐渐失效。

失效具体表现在以下三个方面。

（1）**品种激增，市场反应迟钝**。到1996年，美的的产品多达1000多种，涵盖空调、风扇、电饭煲等五大品类。此时，美的在组织上仍然采用集权式管理体制，统一生产、统一销售。在多品类经营的情况下，集权式管理体制显得越来越僵硬、反应迟缓，员工积极性因此受挫。

（2）**层级过多，权责划分不清**。1996年，市场表现不佳使美的内部管理层级过多、效率低下的问题日益凸显，这暴露出美的在管理体制方面的重大问题。当时美的有1万多人，所有部门负责人都事无巨细地向何享健一人汇报，等待何享健一人指示，陷入了一种无责任的状态。

（3）**业绩下滑，市场竞争力下降**。1997年，美的空调业务从行业前三下滑到第七，销售收入从1996年的25亿元降低到不足22亿元，盈利能力也同步下滑，当年的经营利润仅来自一些投资收益。

何享健作为企业的掌舵者，事事亲力亲为，身上背负着沉重的担子。为了使美的走出下行的旋涡，也为了使自己从这种困境中解脱出来，何享健开

㊀ 德鲁克. 管理的实践：珍藏版 [M]. 齐若兰，译. 北京：机械工业出版社，2009.

始深入分析问题的根源。最终，他找到了要害所在，因为企业规模大了，整个管理体制难以支撑，美的组织能力的边界完全受到自身（何享健）能力边界的约束，表现出运营效率不足，老板整天"救火"，而下属则无责任、无压力、无动力的问题。

何享健开始对症下药。1997年美的实行事业部制改革的同时，在集团推行分权制度、经营者持股制以及全面实施经营目标责任制，并建立起决策权、经营权和监督权"三权分立"的治理模式。

3.1.3 集分权的16字方针

美的是在被动的情况下做出事业部制改革的决策的，这场改革并非一帆风顺，从一开始就出现了很多新问题：

- 如何保证各事业部不偏离集团的总体发展轨道
- 总部如何对事业部进行有效监控，同时更好地为事业部服务
- 如何更好地为各事业部创造良好的经营环境
- 事业部拥有经营权，但具体的各项权力应如何分配

究其本质，这些问题都指向了一个共同的问题：在新的经营体制下，如何界定集团总部与各事业部及事业部与各经营单位之间的权责关系？

美的给出了一个非常精炼的答案——"集权有道、分权有序、授权有章、用权有度"，这是美的权力分配和内部管控的基本原则（见表3-1）。何享健曾说："这四句话说起来容易，做起来难，可以说是企业管理上的一个难题。美的要解决这一难题，就必须不断调整、改革、提高，使整个美的集团真正成为一个'产权清晰、责权明确、管理科学'的现代企业。"⊖

⊖ 黄治国. 静水流深：何享健的千亿历程 [M]. 广州：广东经济出版社，2018.

表 3-1 分权授权原则

分权原则	具体要求
集权有道	集团对于该集中的权力一定要集中,但集权要有秩序,要按规则办事,集团不能乱收权,不能想收就收
分权有序	分权时要按次序,要循序渐进,先小后大,慢慢分权,而不是盲目分权,也不是简单地一视同仁
授权有章	授权要按组织规定,要在一定原则和标准下进行,这个"章"字主要指《美的集团公司分权手册》以及各种规章制度
用权有度	用权要有范围,职业经理人在集团赋予的权力范围内进行经营,不能越界,不能滥用权力

1. 集权有道

所谓集权有道,是指集团对于该集中的权力一定要集中,但集权要有秩序,要按规则办事,集团不能乱收权,不能想收就收。

在美的,不是什么权力都可以下放的。何享健认为:"要保证企业持续健康地发展,在充分放权、激发各单位活力的同时,集团绝不能对企业运作的所有环节放手不管,相反,该管的不但不能下放,而且必须加强。"⊖

所以,在美的,重要决策权仍然保留在集团总部,对于战略决策有非常明确的权力分配体系:集团负责最高层的集团战略,比如未来三五年的业务发展方向;二级架构负责企业战略,比如美的电器会考虑如何在未来提高"空冰洗"产品的竞争力;三级架构负责竞争战略,比如具体产品的竞争策略、市场定价等。

2. 分权有序

分权有序是指分权时要按次序,要循序渐进,先小后大,慢慢分权,而不是盲目分权,也不是简单地一视同仁。

⊖ 黄治国. 静水流深:何享健的千亿历程 [M]. 广州:广东经济出版社,2018.

美的在分权时会根据企业所处的发展阶段及市场环境的变化，进行制度的设计、调整和优化。当产品线较单一时，美的采用权力高度集中的形式，有利于提高企业效率。当产品线较丰富、市场管理复杂时，美的会把权力逐步下放，让二级架构成为真正的经营主体，承担市场责任。随着规模的逐渐扩大，美的会不断强化总部的专业管理职能，增强集团层面的组织整合与协同能力。

3. 授权有章

授权有章是指授权要按组织规定，要在一定原则和标准下进行，这个"章"字主要指《美的集团公司分权手册》以及各种规章制度。

分权不能任性而为，而是要遵循一定的原则才能保证经营有序。美的强调的分权是层层分权，而不是老板一个人分权。正因为美的建立了"高层－中层－基层"三层人才分层体系，并针对不同层级的人才给出不同的角色定位、职能要求，所以，在美的，任何一个员工都能清楚地找准自己的位置和角色，知道自己要做什么。

分权使美的的管理体系更加流程化、制度化、规范化，使企业的经营管理有章可循、有据可依。更重要的是，它是美的经营管理效率的关键动力。

4. 用权有度

用权有度指用权要有范围，职业经理人在集团赋予的权力范围内进行经营，不能越界，不能滥用权力。这个"度"，在美的主要是由预算来掌控的。

各个事业部的财务往来，只要在预算内，无论金额多少都不需要何享健签字，只需事业部总经理审批即可，具体则由事业部相关部门的人来执行。像选择什么样的供应商、以什么价格来采购这类决策，采购总监就可以做主。

比如，某事业部曾从跨国家电公司引进了一个水系统领域的美籍专家，为了留住他，这个事业部给他定的年薪甚至超出了事业部总经理，但只要在事业部的成本范围内，事业部完全可以自行决定。

不过，在预算之外的决策，集团则严格把关。美的的职业经理人拥有巨大的权力，但他们并不崇拜权力，也不会在员工面前表现出多大的优越感，这正得益于美的"用权有度"原则的约束。

3.2 分权授权体系

美的实行分权授权，就是把该管的事情管到位，把该放的事情放到底，使整个企业犹如处于一个透明的"玻璃柜"中，所有权力的使用都清晰可见，又没人能随便伸手干涉。当然，"玻璃柜"的钥匙掌握在老板手里，如果运营真的出了乱子，老板可以及时打开"玻璃柜"进行适当调整。

3.2.1 分权手册

20世纪90年代，为了使企业的内部管理制度更加科学有效，一大批国内企业开始总结、提炼公司的管理经验，形成管理规范。1996年，华为开始起草《华为基本法》，到1998年3月审议通过，《华为基本法》以价值创造、价值评价、价值分配三要素和三者之间的联动关系为核心；1998年，国美也编写了《国美经营管理手册》。

在事业部制改革之初，美的也编写了第一版《美的集团公司分权手册》，其目的是围绕经营者及一线业务人员等真正面对市场、承担经营责任的组织或个人，对其在企业经营管理中的人事、财务、费用等一系列权限进行明确安排，以激发经营团队的活力和创造力，提升其业务运作效率和市场反应速度。

《美的集团公司分权手册》面面俱到，是美的内部的"宪法"。它详尽地规定了战略管理、投资、组织人事、工资福利、资金管理、费用报销、采购等大小事宜，包括由谁提案、谁审核、谁审批，是否需要其他部门参与会审，是否需要集体审议等（见表3-2）。

表 3-2 《美的集团公司分权手册》(部分示例)

职权事项	对应制度	职权与业务流程规范					
		提案	审核	会审	审议	审批	备案
重大经营体制改革与调整		事业部	集团经管部		集团管委会	集团董事长	集团经管部 集团人力资源部
重大经营战略调整		事业部	集团经管部			集团董事长	集团财务部
三年战略滚动发展规划、年度经营企划书	《战略管理办法》	事业部		集团经管部 集团财务部	集团管委会	集团董事长	集团人力资源部
新产业、新事业领域拓展及退出		事业部 集团经管部		集团经管部 集团财务部 集团法务部	集团管委会	集团董事长	
年度投资预算调整	《投资管理制度》						
A类经营单位2 000万元以下（含）B类经营单位1 000万元以下（含）		事业部经营管理部	集团经管部	集团财务部		事业部总经理	
A类经营单位2 000万元以上B类经营单位1 000万元以上		事业部	集团经管部	集团财务部		集团董事长	
组织架构设置与调整	《人力资源管理办法》						
一级架构		事业部	集团人力资源部		集团执委会	集团董事长	集团董办

（续）

职权事项	对应制度	职权与业务流程规范					
		提案	审核	会审	审议	审批	备案
二级架构		事业部经营管理部				事业部总经理	集团人力资源部 集团董事长
人员任免	《职业经理人管理办法》						
第一责任人		集团董事长					集团人力资源部
其他管委会/一级架构负责人		事业部总经理	集团人力资源部			集团董事长	
财务负责人		事业部总经理 集团财务部	集团财务部		集团人力资源部	集团董事长	
其他 M5/P5 及以上		事业部				集团人力资源部	集团董事长
组织绩效考核方案与调整	《绩效管理办法》	集团人力资源部			集团执委会	集团董事长	
第一负责人		集团人力资源部			集团管委会	集团董事长	集团人力资源部
其他管委会成员		事业部经营管理部				事业部总经理	集团人力资源部
财务负责人		事业部 集团财务部		集团人力资源部		集团财务部	
年度预算编制方案	《预算管理制度》	事业部财务部				事业部总经理	集团财务部
年度经营预算及调整	《预算管理制度》	事业部	集团财务部			集团董事长	
月度预算及执行	《预算管理制度》	事业部财务部				事业部总经理	集团财务部

（续）

职权事项	对应制度	职权与业务流程规范					
		提案	审核	会审	审议	审批	备案
月度资金预算及调整	《美的集团资金预算管理办法》	事业部				集团财务部	
预算内IT项目立项申请							
200万元以下		事业部				集团IT部	集团经管部
200万元（含）～500万元		事业部	集团IT部	集团财务部		主管副总裁	集团经管部
500万元以上（含）		事业部	集团IT部	集团经管部 集团财务部	主管副总裁	集团董事长	

注：1. 对应制度：各职权事项要与相应制度有效对应，如暂无制度对应，后期需完善相关制度。

2. 提案：需要通过审批流程方可办理的事项之初始资料，或信息系统中的初始电子文档的编制与提交。

3. 审核：对提案内容的真实性、合理性和可行性进行评价的过程，其主体多为提案部门的直属上级。

4. 会审：对所涉业务跨部门提案，检查、分析、核对有关情况，由多个相关部门或各专业委员会共同履行审核的过程。

5. 审议：对公司重大提案进行确认与评价时，由相关职能部门行使审核的过程。

6. 审批：对提案行使最终决定意见的过程与职能。

7. 备案：对已获最终批准的提案，根据工作关系行使保存原件（或复印件）的职能。

《美的集团公司分权手册》针对不同事业部会进行不同的权限设置。因为事业部的规模、成熟度和发展阶段不同，集团的投入也不同，所以要根据每个事业部的具体情况，进行分类、分级、分额度的设置。确定了的各个事项对应的权限，会纳入内部的IT系统，由系统进行自动管理。

每年美的都会对《美的集团公司分权手册》进行修订、完善，并配套建设各种规章制度。

3.2.2 清晰定位各个组织层级

不论是早期的"集团－事业部"两级架构，还是后来的"集团－二级产业集团－事业部"三级架构,美的都对各层级组织进行了清晰的定位。一些集团职能部门在各事业部均有对应的部门,进行垂直管理;同时在集团还设有相应的专门委员会,如战略与投资委员会、技术委员会、人力资源委员会、审计委员会等。不过,集团职能部门更加关注长远问题及具有广泛现实意义的问题,而相应的事业部职能部门则更加侧重于对政策、制度、流程等的运用。

我们以三级架构为例对各层级的定位进行说明。

(1)集团保留重大决策权。何享健对集团的定位不是纯粹的管理机构,不是费用主体,也不是投资主体,而是要实现价值增值的战略经营主体。集团主要负责:

- 整体战略规划的制定、控制和协调
- 重大政策与制度建设
- 大型投资项目的决策
- 集团整体财务预算和控制
- 职业经理人、二级产业集团高管的管理与考核
- 二级产业集团(战略业务单元)的经营绩效管理
- 其他重大集团性活动管理

总之,集团管理层的职责是决定哪些决策由总部做会产生更高的效率,哪些决策由事业部做能够产生更高的效率。

(2)二级产业集团则聚焦于资源的整合、共享与协同,并对经营单位实行"财务一体化""组织一体化"和"人员一体化"的专业指导、分析和监控。具体包括:

- 集团整体战略规划的实施和控制

- 二级产业集团的发展战略规划、监控实施与资源协调
- 二级产业集团的财务预算和控制
- 二级产业集团的人力资源发展、绩效评定和激励机制
- 各事业部高管的管理与考核
- 各事业部/经营单元的经营管理和控制

比如，作为产业经营平台和价值链运作协调、监管平台，制冷家电集团出台价值链运作的原则性规定，从定价模式与机制、产品战略规划与年度企划、计划模式与管理机制、仓储物流、资源创造使用与管理、价值链考核、价值链协同等几个方面关注营销环节与研发制造环节的协同、配合，共同面对市场。

（3）事业部则是经营的实施主体，主要负责：

- 实施二级产业集团的相关规划
- 制订并实施具体业务的年度计划与预算
- 事业部的生产、研发、销售、管理等经营活动
- 事业部业绩考核和激励机制设计

事业部高度自治，可以自行管理研发、生产、销售整个价值链上的所有环节，同时具有人事权。在初期事业部总经理甚至可以自行"组阁"，经上级集团批准即可。

在战略决策上，集团总部和各经营主体之间形成非常明确的权力分工体系：集团总部负责制定最高层企业战略，如未来三五年的发展方向；二级产业集团负责制定产业发展战略，如在产业层面如何布局、竞争；而事业部负责制定产品经营目标、实施竞争策略，如具体产品的竞争策略、市场定价等（见表3-3）。

表 3-3 美的各层级的组织定位

组织层级	价值定位	战略规划重点
集团总部	**资本经营，追求股东价值最大化** 企业文化（价值观）统一 集团价值最大化 基本经营规则制定 职业经理人团队建设	产业与资本战略 文化与品牌 组织分权与管控体系 资源协同与共享 职业经理人发展等
二级产业集团	**产业经营，追求产业领先地位** 产业的协同、整合与发展 追求市场地位领先 关注中长期利益 高级人才发展	产业发展战略 产业链协同与互动 产业技术发展 产业区域布局 营销体系变革 价值链协同机制等
事业部	**产品经营，追求市场竞争力** 发展产品与服务 建立竞争优势 人才培养	产品经营目标 产品竞争策略 价值链运营 人才梯队建设 资源投入与产出

3.2.3 明确划分权限的类型与级别

很多人误以为权限仅仅指工作权限，而忽视财务权限和人事权限以及这些权限背后的组织依据。管理需要资源，而在这些资源中最重要的就是财务资源和人力资源。比如，如果最接近业务的人不能掌握和运用资源，他们如何创造价值？如果分权只是划分工作权限，这样的分权根本没有意义。因此，美的对组织内权限的类型与级别都进行了明确划分。

美的将内部权限从高到低一共分为五个级别，分别对应相应的工作权限、财务权限和人事权限（见表3-4）。

表 3-4 美的内部权限分类及级别

权限级别	权限类型		
	工作权限 （有章可循的工作）	财务权限 （预算内）	人事权限 （人事制度范围内）
一级	否决权/更改权	…元及以上	任免权
二级	审批权/决策权/修正权	…至…元	调动权 分配权

(续)

权限级别	权限类型		
	工作权限 （有章可循的工作）	财务权限 （预算内）	人事权限 （人事制度范围内）
三级	设计权/处理权/改进权/报审权	…至…元	评估权 奖惩权
四级	拟定权/监督权/检查权/知情权	…至…元	建议权 提名权
五级	办理权/执行权/操作权/建议权	…元及以下	工作指挥权

为什么何享健不断提出具有挑战性的目标，而职业经理人对这样的高目标不但毫无怨言，还敢于冲锋陷阵？因为何享健在提出目标的同时也会赋予职业经理人足够的资源，包括财务资源和人力资源。因此，如果目标没有实现，职业经理人只会从自己身上寻找原因，不会归咎于组织。

分权的本质就是将特定的资源包括权力事先分配给特定的岗位，这样当特定的人和特定的岗位结合起来后，才有可能发生"化学反应"，创造巨大的价值。如果这种结合不能顺利实现，经理人很难创造价值，这种分权管理就是无效的。

比如，制冷家电集团对下属事业部的分权一般从宏观规划到职能管理再到业务运作，层层细化，分类、分条地明确决策层、管理层和执行层的相关权限和制约关系。2011年，在完成营销整合的前提下，为满足价值链协同管理的要求，制冷家电集团进一步细化和完善了分权体系（见表3-5）。

表3-5 制冷家电集团的分权体系

分权对象	大类	主要内容	分权规则
产品事业部	战略规划与投资管理	整体战略、专业职能战略、投资规划、基地建设、产权投资、公司设立等	制冷规划统一报集团审批，在此框架下，事业部战略由事业部审批，投资方面除新基地建设、年度规划、股权投资外全部下放事业部

（续）

分权对象	大类	主要内容	分权规则
产品事业部	经营管理	体制变革、责任制、分权手册、年度计划、公文及信息报送、内外函件、公关等	涉及原则性、框架性的权限，遵循分级管理、分级授权原则下放
	人力资源管理	组织调整、人事、薪酬、调岗、培训等	重点管控组织调整（分级授权），人事、薪酬、绩效、调岗等按财务/非财务、高层/中层/非中层等分级授权
	财务管理	预算、资金、会计、税收、资产风险管理等	框架性、制度性、原则性权限以管控为主，其他按金额逐级授权
	监察与法务	责任追究、重大纠纷、危机处理等	按事态级别重点管控，尤其是管委会及事业部第一责任人（责任追究）
	IT管理	架构、选型、合同等	重点管控架构、重大项目、协同采购，其他权力下放
	科技管理	重大技术项目、重大评奖优质资格	重点管控关键性、长期性项目和重大资格认证
营销事业部	市场管理	市场策略、产品规划、产销计划、价格、质量、包装变更等	权力基本下放给业务部门，管理部门备案，与价值链相关的要求前后端互审确认
	品牌管理	品牌战略、识别体系管理、推广预算、招标与合同等	
价值链	内销价值链	内部交易价格、包装变更、基础建设（包括物流、仓储等）	按前后端专业化与协同运作、考核与确认原则，明确会签和审批等规则
	外销价值链	技术规划、市场策略、产品规划、产销计划、价格、质量、包装变更等	

美的的分权是彻底的，做到了层层分权而非只有老板一个人放权。有些企业，虽然老板分权了，但权力并未一层层下放，造成权力"肠梗阻"，也产生了一系列的腐败与渎职问题。

3.2.4 划分职业经理人的经营层次

分权的核心是让权力从个人回归流程和岗位，使责权互相匹配，使管理效率得以提升。通过分权授权，美的建立起"内部企业家–职业经营者–专业管理者"三级职业经理人体系。

美的的职业经理人体系对现代职业经理人不论是角色分类，还是职责、职位，都有十分清楚的界定，具有很强的普适性（见表3-6）。

表3-6 美的职业经理人的分类定义

角色	职位	定位	职责
内部企业家	二级产业集团CEO	产业领袖	受托于股东，负责股东资产监督，以实现股东长期的价值增值为首要目标
职业经营者	各事业部、经营单位的负责人（总裁、总经理）	产品领头人	负责某一个（类）产品的经营管理，要为股东创造价值，对经营利润负直接责任。拥有较高的权力和丰富的资源，可以充分发挥其产品带领人的作用
专业管理者	集团、经营单位的副总裁/副总经理/总经理助理	专家顾问	负责某一职能的专业管理，为集团、经营单位提供专业支持服务，向集团、经营单位的第一负责人直接汇报

通过对各个层级进行定位，使《美的集团公司分权手册》和实际流程相匹配，美的对各个职权部门、职权事项、职权与业务流程规范等进行了详细规定。针对某一事项，谁提议、谁审核、谁审批均做出了明确规定，大到上亿元的项目投资、收购兼并，小到文件签发、会议安排、费用报销，都规定得清清楚楚。

这正是充分授权的最高境界——组织内的每个人都很清楚自己应该做什么，每个人都获得了方向感。整个企业因此处于一种"法治"而非"人治"的状态，不论其规模多么庞大，仍然以清晰、流畅、简单的方式高速运转。

更值得一提的是，这种职业经理人层级划分不但界定了各层级的工作范围和职责，还为职业经理人的发展规划出一条清晰的路径。

3.3 如何做到分而不乱

很多企业效仿美的进行事业部制改革，却使自己陷入混乱。其实，它们之所以失败,是因为事业部制改革很容易引导企业走向过度分权,从而失控。对此,何享健感触很深:"管理最难的就是这一点。不放做不大,放了,收不住,企业就要失控。"⊖

3.3.1 为何坚持分权管理

对很多企业家来说,大权旁落、被架空,是最可怕的事情之一。但何享健为什么坚持分权管理呢?

1. 权力不分出去,责任是分不出去的

何享健推动分权,是因为他对组织运营与企业持续经营有了透彻理解。他认为,经营企业靠个人是不可持续的,个人的生命是有限的,个人的能力是不足的,企业越来越大后,必然需要更多人来共同承担经营责任,因此把权力分出去是很有必要的。

"权力的背面是责任",权力不分出去,责任是分不出去的,这是美的很早就明白的理念。正因为如此,哪怕暂时出现了问题,美的也从未对分权有丝毫动摇,而是通过适当调整和完善制度建设来保证其有效实施。

2. 出现问题及时调整

何享健之所以能够做好分权,是因为他有一个坚定的动力:真的不想管,但是又不能出问题。正因为如此,他才会去找各种方法解决。

很多企业在失控之后,会把原因归结为事业部制有问题,并且马上回归旧模式。但美的没有这样做,这并不意味着美的在事业部制改革的过程中没有出现过问题,而是无论出现什么情况,何享健都始终坚持分权管理,他说:"开弓没有回头箭,我不会走回头路的……要做的是掌控住这个体系,必须靠

⊖ 黄治国. 静水流深:何享健的千亿历程[M]. 广州:广东经济出版社,2018.

财务制度、管理流程去管控、拿捏这个分寸。我每天要看现金流报表，二级平台一个月开一次经营分析会，事业部一个季度开一次。我要看结果，看数据，看财务指标。"

正因为如此，当分权管理出现问题时，美的不会像其他企业一样选择放弃，而是会在第一时间思考如何调整。

"老板是企业的天花板"，何享健深谙这一点，正因为如此，他始终坚持分权，用分权来打破这个天花板，让企业的发展超越边界。

3.3.2 分而不乱的逻辑

很多企业家都经历过"一分就乱、一收就死"的痛苦，他们不是没有认识到分权的重要性，而是不知道如何才能分而不乱。

何享健分权力度之大，简直让人瞠目。在美的，每次集团与事业部开会，何享健都会问事业部总经理：集团还有哪些权没有分？事业部还要哪些权？有一次，某事业部总经理回答说："事业部的权力已经够大了，反而觉得集团可以收一些权力回去。"如此放权，美的仍能保持井然有序，这是为什么呢？

其实，分而不乱的关键在于管得住。

为了对分权进行管理，美的在事前、事中和事后都建立起完善的全过程管控体系（见图3-1）。

1. 事前管理：中长期战略、年度经营计划、年度经营预算

事前管理分两个维度，一个维度是规则，提前制定好规则与标准，不要事事陷入日常的争论中；另一个维度就是事，即事先设定好发展轨道，从战略到执行按轨道进行管理，比如，美的的"5311"战略规划，即5年长期战略、3年滚动战略、1年经营计划与1年经营预算，还有每月的预算分解与经

营分析，将美的发展框定在一定的发展轨道之中。

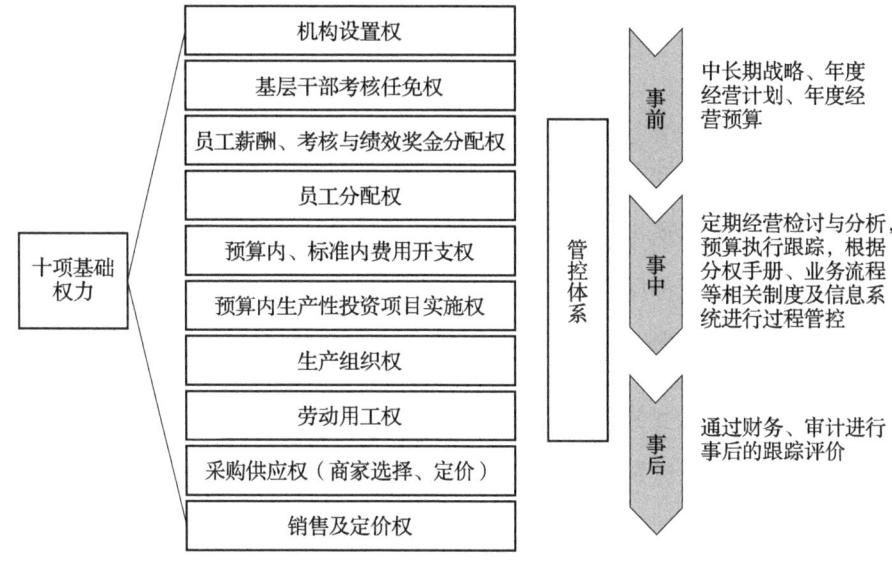

图 3-1　美的管控体系

很多企业家都经历过目标无法实现的痛苦，失败的重要原因是他们犯了一个严重的错误——把资源、人事以及工作方式的选择权看得很重，但是对目标设定的权力看得很轻。他们觉得目标需要下属根据实际情况来确定，这导致授权无法达成目标，甚至授权之后失控。但美的的分权制度截然不同，它有一个典型的特点是目标设定的权力不下放。美的各事业部的年度计划、投资项目、资金结算、总经理和财务负责人的任免权力由集团全面控制，以保证各事业部的经营决策不偏离集团的整体方向和发展战略。

在美的的"5311"战略规划中，5年长期战略目标是牵引美的发展的总目标，而3年滚动战略每年都会做，然后根据这些目标制定年度经营计划，再依据经营计划制定年度经营预算，最后进行月度分解。目标通常要分解到各个层级、各个部门，以确保各组织载体都有明确的、可量化的、与总目标保持一致的分目标。

这样做，一方面，可以通过总目标牵引美的向前发展，使美的整体保持目标一致，向一个方向发力。另一方面，年度经营计划与年度经营预算是对目标的拆解，避免了许多企业经常出现的问题：定总目标时拍胸脯，最后无法实现。

美的的每一个 5 年战略目标都不容易实现，从几百万元到 1 亿元、从 1 亿元到 100 亿元，再从 100 亿元到 1000 亿元、从 1000 亿元到 2000 亿元，每一个战略目标的实现都用了 10 年左右的时间。这些数字的实现，与何享健不断给职业经理人提出挑战性目标，又对目标的实现进行有效管理有很大关系。

美的以考核的方式来确保目标的实现。年度经营计划和年度经营预算做出来后，美的会据此设定绩效考核指标，并赋予相应的权重。一个年度下来，根据考核指标对业绩一一"打分"，什么样的业绩对应什么样的分数，一清二楚。而这个分数又跟团队的绩效奖金直接挂钩，经营情况一出来，考核分数一出来，管理团队的奖金也就算出来了。

同时，公司与各经营单位还会签订长达 3 年的经营目标责任书，以内部管理契约的形式明确规定公司与各经营单位的权利、义务、责任，使之成为各经营单位的奋斗目标。

在绩效考核中，美的选择抓大放小。"抓大"是指抓住经营单位的考核，"放小"是指放下对员工的考核。作为千亿级的企业，美的每年要发一笔巨额的奖金，但何享健只需要在最后的奖金发放表上签字即可。

2. 事中管理：定期经营分析、规范信息报送、制度执行与检查

美的的考核虽然是以年为单位进行的，但是每个月都会有月度经营分析会，对各项经营指标的完成情况进行认真分析。美的月度经营分析的核心是通过财务预算进行管控。

在美的，预算是企业经营管理的抓手，因此，每个单位都必须科学地编制财务预算，严格论证和审核，在预算的基础上制定严格的目标考核奖惩办法，考核指标以利润、销售额为主，还包括市场占有率、库存、资金运营效率、费用、人效等。

经营分析，一方面要与月度的预算目标进行比对，另一方面要与往年同月进行比较，同时还会与一些竞争对手进行对比、分析，目的是总结经验与不足并制订新的经营方案。

通常来说，如果连续几个月业绩不达标，事业部总经理就有可能"下课"，美的是不会等到一个年度结束时才对那些经营不力的团队进行问责的。何享健曾说："跨国企业的普遍做法是，经营单位两个季度未完成指标尚可原谅，第三个季度还未完成，职业经理人就要下课。以后我们也要形成这样一种文化，原则上不完成指标、不完成任务的就要承担责任。"⊖这是美的确保目标实现的关键点。

相比之下，在咨询实践中，我看到很多企业不开月度经营分析会，或者经营分析会的召开周期过长（季度或半年度），或者不对连续3个月（以上）未能实现预算目标的经营者进行处理。在当下日新月异的商业环境中，这必将给企业目标的达成带来负面影响。

此外，为了保证各事业部的运营信息能够及时准确地传递到集团总部，供后者分析、评价、监督其经营管理活动，美的建立起财务信息报告制度、经营管理信息报告制度、重大专项事项信息报告制度、重大突发事件报告制度和信息报告制度，并明确规定了信息传递的内容、渠道、方式、时限。

在信息报告的形式上，基础业务的权力体系基本实现了电子化，以保证

⊖ 黄治国. 静水流深：何享健的千亿历程 [M]. 广州：广东经济出版社，2018.

规范和效率，但重大事项的决策则采用了纸质报告和电子报告相结合的方式，并根据具体的决策事项灵活处理（见表 3-7）。

表 3-7　信息报告规范示例（节选）

信息报告名称	编报部门	周期	报告时间	报告形式	密级	收报者
集团月度经营简报	集团总裁办	月度	每月 5 日前	电子	绝密	集团管委会成员
集团月度重点工作计划	集团总裁办	月度	每月 3 日前	电子	秘密	集团管委会成员
集团下月重要会议与活动安排	集团总裁办	月度	每月 25 日前	电子	机密	集团管委会成员
集团各部门月度重点工作计划及上月工作完成情况	集团各部门	月度	每月 1 日前	电子/纸质	秘密	集团总裁办
集团经营联席会会议纪要	集团总裁办	月度	会后 3 日内	电子	秘密	集团管委会成员
总裁（总经理）办公会及会议纪要	集团总裁办	月度	会后 3 日内	电子	机密	集团总裁办
各产业集团经营分析会及会议纪要	集团总裁办	月度	会后 3 日内	电子	机密	集团总裁办
职业经理人下月工作安排	集团总裁办	月度	每月 25 日前	电子/纸质	秘密	集团董事长
重大投资项目月报	集团战略管理部	月度	每月 5 日前	纸质	机密	集团董事长
现金流量表	集团财务部	月度	每月 2 日前	纸质	机密	集团董事长
⋮						

信息报告规范是非常必要的，有些企业就因为未能在信息报告上建立规范而陷入危机，比如通用汽车公司。在杜兰特时期，总部对事业部没有清晰直接的汇报要求，无论是执行委员会还是财务委员会，对事业部都缺乏必要的了解和控制，这导致事业部在花钱时毫无规划，它们对额外拨款的请求也总能得到满足，日积月累，通用汽车公司就出现了财务危机。而美的通过信息化建设提高了企业内部的信息集成度和传递速度，简化了管理流程，使问题能得到及时反馈和快速解决。

3. 事后管理：财务管控、审计监督

将财务管控作为风险预警的重要工具，是美的内控的特色之一。监督和管控机制是企业分权的一个必要条件，否则分权注定是一场灾难。何享健曾说："没有一家企业因为发展速度慢一点而倒闭，只强调增长但又控制不住风险，企业才会出问题，甚至倒闭。"㊀管控要做的就是让人没有犯错误的机会，将风险控制在可控范围内。

何享健认为管控模式是一个关键课题，是一切工作得以实施的根本保证，管控机制不但不会影响集团的分权管理模式和工作效率，还有利于集团继续推进分权管理和授权经营，有利于调动经营积极性，提升经营效率。因此，美的应该向财务控制型的控股公司转型，建立决策权、经营权、监督权"三权分立"的管控模式。

早在2006年，何享健就批准集团财务管理部开展内控项目，支持美的集团管控模式转型，帮助集团对二级平台及二级平台对下属经营单位更好地进行管理与监控，帮助美的各经营单位实现规范化运作，防止舞弊，提升管理效率，规避经营风险。

美的的财务管理深入渗透企业经营管理的各个方面，涵盖预算管理、会计管理、资金管理、税务管理等。同时，美的财务管理也参与公司业务管理的各个环节，为其提供财务和风险管理辅助决策。比如，财务管理渗透企业整个业务价值链，涵盖了财务预算、产品定价、新品立项、成本变更、销售结构、价格政策等各个业务环节。而这些举措，都是为了实现美的财务管控的核心目标——通过财务监管手段"创造价值、监控风险"。

财务管控为美的提供了有效的经营评估手段，总部的管理者可以通过它

㊀ 黄治国. 静水流深：何享健的千亿历程 [M]. 广州：广东经济出版社，2018.

了解各分支机构经营者的经营状况，并基于事实对未来业务做出判断。

为了监控风险，美的还借助内外部审计的力量，建立了强有力的监控体系。通过建立三级审计制度（集团设立审计委员会，二级产业集团设立审计部，事业部设立审计科或专职审计员）强化对经济活动的审计监督。

监控体系的重点是关注财务信息是否真实、准确、完整，关注财务内部控制体系是否建立并有效运行，关注外部政策风险是否对企业有影响。比如，各事业部的目标责任完成情况必须经二级产业集团企划部初审、审计部审计，最后由集团审计委员会确认。

美的的管控体系是富有前瞻性的。比如，美的在刚刚跨入千亿级企业集团行列时，决策层就已经在思考达到1200亿元产值后如何管控企业，并实现了管控模式的转型。

3.3.3 分权的四大保障机制

美的的分权管理得到的坚实保障主要体现在四个方面：全面预算管理机制、经营责任制机制、信息报告机制和审计监察机制。

1. 全面预算管理机制

全面预算是实施分权授权的前提和依据。没有预算的保障，所有授权都会面临失控的风险。因此，在企业刚开始实施全面预算且预算准确性还不高的情况下，分权和授权的范围和金额不宜过大。而在全面预算体系完善的情况下，分权和授权的尺度可以逐步加大。美的分权就是在全面预算不断完善的情况下逐步进行的。

2. 经营责任制机制

经营责任制是实行分权授权的约束条件。每年预算确定之后，各级管理干部要签订《经营责任状》,其中规定了经营单位的各项经营指标、重点工作任务以及要达成的目标,同时也规定了经理人的一些红线标准,比如经营红线(竞业限制协议)、廉洁红线、品质红线等,体现了责权利的统一和对等。

3. 信息报告机制

信息报告机制是实行分权授权的过程保障。日常经营权下放,并不意味着对职业经理人放任不管,集团在很多方面要有知情权。这就要求各经营单位将其经营管理情况向集团定期报告。授权与受控都是为了维持正常的经营运转,集团总部对一切异常经营情况、例外事项都有知情权。

4. 审计监察机制

审计监察机制确保分权授权的有效执行。企业需要建立审计监察机制,审计不干预任何日常经营,却拥有对异常情况一查到底、追究责任的权力。特别是对一些关键人员、敏感岗位负责人的离任要进行离任审计,对经营单位要进行年度经营审计、项目投资审计,对供应商选择、广告投标等也要进行专项审计。

以上四大机制确保了分权授权的正常运行。有了这些配套机制,企业就能做到"分而不乱,授权受控"。

3.3.4 把握分权授权的度

很多企业做分权授权时,总想在集权与分权之间找到一个平衡,却不知道如何达到。其实,把集权和分权理解成一种平衡的艺术是失之偏颇的。因为一旦将分权授权视同"艺术",就会带有很强的偏见和个人色彩,不仅令人难以捉摸,而且难以形成制度,最终"艺术"很可能沦为一种"权术"。

回顾美的 20 多年来的集分权历程,美的既没有将其演变为一种"艺术",也没有将其演变成一种"权术",使其成为政治斗争的武器,而是利用这种管理方式建立了可以传承的组织管理制度。

而美的这种分权机制的关键点，在于把握好集权与分权之间的"度"，包含程度、高度、跨度三个维度。

1. 程度

不能只强调"分"而忽略"集"。集权的主要目的是管控风险，分权的主要目的是提高效率。所以，分权要先考虑"集"，再考虑"分"，如果不能保证风险可控，分权是毫无意义的。

集权主要管控的风险是控制权风险和亏损风险。美的通过对资本运作权、核心人事权、战略选择权三大权利的控制，降低了控制权风险；通过将资金权、经营班子考核权、重大投资权归集团所有，降低了亏损风险。通过集权的方式，美的将这六大权力进行集中管理，并且不断强化和完善。正是在这个基础上，美的才敢越来越大胆地分权，最终凭高效分权获得了高速发展。

2. 高度

不能只强调"权"而忽略"责"与"利"。集权分权机制的设计，一直被认为是企业的顶层设计，顶层设计不能遵循简单的二维思维，一定要有立体思维，即要做到责权利的统一和对等。所以，做分权在强调"权"的同时，也要强调"责"与"利"。

美的在赋予经营者较大权力的同时，也强调了经营者的两大经营责任，一是增长的责任，二是赢利的责任，这两个责任是经营者最核心的责任。有了这些责任，就必须给经营者匹配相应的利益，因为尽责与否的关键就在于"利"。如果得不到利益，很多人会习惯性地推卸责任，能尽责的时候也不会努力尽责了。

3. 跨度

不能只强调短期的细则而忽略基础的规则。归根结底,《美的集团公司分权手册》只是一个集分权的细则,要想持续发挥作用,企业就要从这份细则里跳出来,建立相应的基础规则。

所谓基础,是指要具备足够的跨度——横向的管理跨度和纵向的时间跨度。横向的管理跨度指的是要从使《美的集团公司分权手册》的细则能兼容并蓄,横跨到更多的管理规则上去。纵向的时间跨度是指要保持更新和迭代,使规划与组织的发展相适应。

何享健这样总结企业分权的四个必要条件:一是要有一支高素质的职业经理人队伍,能够独当一面;二是企业文化氛围的认同;三是企业原有的制度比较健全、规范;四是监督机制非常强势。⊖何享健说:"具备了这些条件,就不用怕分权。能走得到哪里去呢?总会有限度的。"⊖

—— 本章小结 ——

在分权授权的体系设计与运行中,企业创始人敢于划定自己的权力边界,进而对组织进行制度建设,是十分重要的。可以说这是分权授权的起点与基石,而何享健很好地做到了这一点。

《21世纪商业评论》杂志原主编吴伯凡在调研美的后写道:"正是通过授权、分权和经理人自我激励、自我管理的机制,何享健让日常的运营'沉底',让企业的经营和管理走向深处和低处。何享健和集团总部只保留战略制定、监控和投资的权力。在全国家电企业中,美的的总部是最安静的,在家

⊖ 黄治国. 静水流深:何享健的千亿历程 [M]. 广州:广东经济出版社,2018.
⊖ 何朝来. 中国的民营企业应当如何转型? [EB/OL]. (2019-08-19). https://new.qq.com/omn/20190819/20190819A0QEGW00.html.

电企业领导人中，何享健是最从容、最悠闲的。原因就在于，何享健为自己、为企业划定了一道道明确的边界。"⊖

通过分权，美的的组织决策效率大大提升，经营团队的积极性被充分激发出来，老板从具体经营事务中脱身，集中精力做好战略决策和选人用人。更重要的是，分权还加快了职业经理人团队的培养速度。因此，美的分权授权体系在业界广受赞誉，成了很多企业学习的对象。

虽然很多企业做出了类似美的的"分权手册"，却没有取得良好的效果。这是因为，学习任何一种成功的管理模式都要与企业自身的实际情况相结合，要做到"因企制宜"。分权手册并不能从根本上解决集权与分权的问题，企业需要遵循管理的底层逻辑，结合具体情况来把握分权授权，这样才能做到像美的一样有效分权，分而不乱。

⊖ 黄治国. 静水流深：何享健的千亿历程［M］. 广州：广东经济出版社，2018.

第 4 章

美的如何做经营绩效管理

> 事业是大家创造出来的,效益是大家挣的,应该大家去分享。对职业经理人要看结果,结果好就要给他好的回报。我们的激励机制好,但带来的压力也很大。他做不出成绩,干得不好,就要出局。⊖
>
> ——何享健(2007 年)

在人才、资金、技术等方面都不具备优势的情况下,美的从残酷的市场竞争中异军突起,从一个乡镇小厂发展成全球数一数二的家电企业。美的的发展历程是中国家电制造业由小变大、由弱到强的真实写照。

从 1997 年实施事业部制到 2021 年,这短短 25 年间美的营收从 20 多亿元增长到 3400 多亿元,事业边界也不断拓展,各个品类都取得了行业领先甚至全球第一的地位。与此同时,职业经理人队伍也不断发展壮大,成为美的的制胜王牌。

如此亮眼的成绩,与美的的绩效管理密切相关,尤其是其中的经营责任制。

⊖ 黄治国. 静水流深:何享健的千亿历程 [M]. 广州:广东经济出版社,2018.

美的的经营责任制既受我国家庭联产承包责任制的影响，也与西方的契约经营有关。它创造了一个行之有效的利益分享契约，充分调动了经营团队的积极性，使他们主动为美的创造卓越的经营业绩。

4.1 经营责任制的基本框架

4.1.1 经营责任制主要评价指标

美的对事业部的绩效评价一般按年度进行（对部分特殊的项目，可能会按两三年的周期进行评价，但也会分年度进行考核），在考核时，事业部、事业部总经理、事业部经营团队是"三位一体"的，即这三方共用一份经营责任制方案。

某事业部近年的一份经营绩效责任书对考核方式是这样描述的："聚焦规模、利润、现金流，实现内生式增长，全价值链卓越运营；坚持品质刚性，做好产品；改善渠道结构及效率，鼓励创造有质量的增长。"考核指标极其精简，仅有税前经营利润、不含税销售净收入、经营活动现金流三项（见表4-1）。

表 4-1 某事业部 201× 年的考核指标结构

指标类别	考核指标	单位	考核值	权重	考核部门
经营指标	税前经营利润	亿元	××	×%	集团财务部 集团人力部
	不含税销售净收入	亿元	××	×%	
	经营活动现金流	亿元	××	×%	
扣分项	品质等重大责任问责	分	不设上限		考核小组

注：上述指标与权重，不同经营单元存在差异。

美的的绩效考核指标之所以如此简单，一方面是因为美的有完善的全面预算管理，可以做到在不考核的情况下管理也不受影响，避免把管理指标全部纳入考核，造成考核指标过多、考核权重分散、考核负担过重等；另一方面，美的的经营考核也是不断进化、不断精简的。后文我们会对此进行详细介绍。

4.1.2 经营责任制主要指标说明

经营责任制代表集团对经营单元的业绩要求,其中各项指标都有详细定义。

(1)**考核指标**:指集团对事业部的考核维度,销售收入、利润、现金流是一定会考核的,有时会根据不同事业部的情况进行调整,有时会对这些指标提出更细化的要求。

(2)**考核值(目标值)**:指集团期望事业部达到的目标值,可以是绝对数额(如金额、数量、天数、排名等),也可以是相对比率(利润率、毛利率、周转率、百分比等)。

(3)**权重**:代表着这项指标在考核评价中的重要性,每个指标都被赋予一定的权重,权重越大则该指标越重要。根据不同事业部的具体情况,各项指标的权重有所不同。

(4)**扣分项**:指发生的重大责任事故,如质量责任、经营责任和危机事件责任等,根据轻重进行不同程度的扣分。

(5)**考核部门**:是指提供该数据的部门,它应对数据的准确性负责,做到取数准确、计算无误,不能存在歧义。

(6)**评分规则**:是指对各项指标进行评分的规则,根据实际达成结果和对应目标值进行计算。

某事业部201×年考核指标的说明如下:

1.计分项考核说明

(1)规模、利润、现金流计分规则。

当指标实际值≤考核值×70%,得分为0;

当指标实际值>考核值×70%时,得分值=实际值/考核值×100×权重。

当规模、利润实际完成值低于上两年平均值（存量）时，即便超额完成预算目标也不加分；盈利没有达到集团预算平均增幅的，利润超额完成不加分，超过预算平均增幅部分计算加分；毛利率没有改善的，销售超额完成不加分，规模增长低于标杆的按每低1% 扣 ×× 分。

经营活动净现金流按集团金融中心现汇口径计算（即不包括票据净现金流）。指标最高得分为权重分，考核值按年度经营净现金流预算金额与当年实际"税前利润＋折旧"孰高原则确定。1～11月按照年度预算经营净现金流收入比进行考核，月度不达标的扣 ×× 分，月度扣分不返还。

（2）**标杆考核**。对标 ×× 公司，数据来源为 ×× 公司年报。

①主营业务收入增长对比 =×× 事业部年收入同比增幅 – 标杆企业年收入同比增幅。

②如对标企业发生重大经营改变，经讨论，可对考核方案进行适当调整（剔除巨大变化因素影响）。

（3）**非有效销售**。境外公司及境内渠道期末若有超标库存，相应的发货收入与毛利从事业部责任制收入与利润中予以扣减。

①境外公司超标库存考核：设定库存周转天数目标（×× 天），超标库存 = 境外公司累计销售成本 ×（实际库存周转天数 – 目标库存周转天数）/365；收入扣减值 = 超标库存 /（1– 境外公司累计毛利率）；利润扣减值 = 超标库存 × 事业部对境外公司累计毛利率。

②境内渠道超标库存考核：收入扣减值 =201× 年年末实际库存 – 上年年末库存；利润扣减值 = 收入扣减值 × 事业部内销累计毛利率。

（4）**旗舰店销售**。事业部产品在旗舰店年度销售额（含税价）/年度销售目标 <90% 的（目标由用户与市场部另行核定发布），扣减责任制分 × 分。

（5）期权、限制性股票费用。各事业部按所分配的数量各自承担，作为管理费用计入责任制利润计算。

2. 扣分项考核说明

（1）重大质量责任。美的对产品品质有刚性要求，当事业部发生重大质量事故严重影响客户生命财产安全或对集团利益及美的品牌形象造成严重不利影响时，予以扣分和问责，扣分上不封顶，直至考核总分扣完（见表4-2）。

表4-2 某事业部201×年产品品质责任制指标

序号	考核维度		最高扣分	目标值
1	201×年生产的产品累计1年市场维修率		×	≤ ×%
2	上一年生产的产品累计2年市场维修率		×	≤ ×%
3	上两年生产的产品累计3年市场维修率		×	≤ ×%
4	满意度	电商差评率	×	≤ ×%
		快准率	×	≥ ×%
		售后服务满意度	×	≥ ×%
5	市场重大质量事故		不设上限	根据《××管理办法》扣对应的责任制分
6	内控合规性		不设上限	根据《××管理办法》扣对应的责任制分

（2）重大经营责任。事业部在经营管理过程中，因违反法律、法规或集团相关制度，或越权审批、擅自决策，或决策机制和程序不完备、决策草率不科学，或管理失控等，给集团造成重大经济损失（包括但不限于资金、投资、实物资产等）的，根据相关事项扣除相应考核分（见表4-3）。

表4-3 某事业部201×年重大经营责任扣分事项

序号	扣分事项	考核部门
1	当经营单位由于战略错误、投资失败、内部管理失控、非正常性经营等经营决策失误造成单起经济损失达××万元时，扣×分；造成单起经济损失达××万元时，扣×分	集团财务部 集团总裁办 集团审计部
2	以上各项经济损失每增加××万元，加扣×分	

（3）危机事件责任。事业部在经营管理过程中，发生严重损害企业声誉、品牌形象、企业权益，或严重影响企业生产经营活动和秩序，导致企业生产经营或产品销售等不能正常开展，需要利用行政、法律、公关等综合手段进行处理的事件时，根据相关事项扣除相应考核分（见表4-4），不过，对因重大产品质量问题而导致的危机事件，一般不累计扣分。

表4-4　某事业部201×年危机事件责任扣分事项

序号	扣分事项	扣分值	考核部门
1	发生严重威胁公司经营活动和形象的竞争对手恶意攻击，或消费者恶意投诉、诋毁事件，导致省级或以上媒体曝光或三五家媒体负面报道的	×分/起	集团财务部 集团用户与市场部 集团人力资源部
2	发生致使公司整体形象、产品形象或品牌形象严重受损事件，导致省级或以上媒体曝光或三五家媒体负面报道的	×分/起	
3	发生50人以上群体性劳资纠纷、工人罢工或重大工伤事故造成严重不良后果的	×分/起	
4	发生特别重大危机事件，被权威媒体曝光，对集团整体形象及品牌形象造成特别重大影响的，视情况加大扣分力度，最高可直接扣除10分		

3. 其他考核规定

责任制考核中会约定其他关键问题，如经营红线、品质红线、廉洁红线等。如某事业部的其他考核规定如下。

经营红线：当经营指标得分<80分时，单位奖金池=0。

品质红线：当平衡计分卡中的品质指标、品质问责事项触及考核红线时，单位奖金池=0。细则详见《品质责任制管理办法》。

通过这些量化并有明确计分规则的考核方式与计分扣分规则，一个经营年度下来，集团就可以对各个事业部的经营情况打分。

4.1.3　绩效奖金分配方式

美的一般采取"综合考核，利润计提"的方式进行绩效激励。

1. 绩效奖金计提方式

绩效奖金的计提，采用税前经营利润计提模式。具体的计算方式是：应计提绩效奖金 =（正常计提（A）+ 超额计提（B））× 考核系数（见表 4-5）。

表 4-5 某事业部绩效考核得分与奖金发放比例挂钩方式

正常计提	A= 年度预算利润 × 计提率
超额计提	B=（当年实际利润 – 年度预算利润）× 计提率 × 超额系数
超额系数	利润同比增幅≤集团平均增幅：系数为 ×
	利润同比增幅 > 集团平均增幅，且超过预算目标≤ 10%：系数为 ×
	利润同比增幅≥集团平均增幅，且超过预算目标 >10%：系数为 ×

注：当年实际利润低于预算目标时，正常计提基数取当年实际利润，且无超额计提。

2. 高层人员的计提率

计提方案中对事业部第一负责人与其他高层人员的计提率会进行具体说明（见表 4-6）。

表 4-6 某事业部经营团队绩效奖金考核比例表

责任主体	绩效奖金计提率	绩效奖金计提基数	应计提绩效奖金
单位整体计提率	R	税前经营利润	A+B
其中：第一责任人	R1		A1+B1
其他高层人员	R2		A2+B2

其中，财务负责人上述应计提绩效奖金与其个人年度绩效考核结果（包括所在单位及集团对其考核两部分）挂钩，具体挂钩方式详见《集团财务系统绩效考核管理办法》相关规定。

3. 绩效奖金计提系数

美的会根据考核分数设置考核系数，即绩效奖金发放的比例。事业部各被考核对象应计提的绩效奖金应与责任制考核结果挂钩，确定应发绩效奖金，具体挂钩方式见表 4-7。

表 4-7　某事业部绩效考核得分与绩效奖金发放比例挂钩方式

绩效考核得分	95 分（含）以上	80 ≤ 得分 <95 分	80 分以下
绩效奖金发放比例	100%	得分 /100 × 100%	0%

4. 长期激励挂钩方式

事业部的长期激励可兑现比例除与集团整体业绩达成情况挂钩外，还与其责任制考核结果挂钩，并确定兑现比例，公司的长期激励计划会明确规定具体挂钩方式。

5. 绩效奖金支付规则

（1）各事业部下属任何单位、部门、个人应发绩效奖金的总和，不得超过事业部整体应发绩效奖金。

（2）事业部管委会成员的绩效奖金分两年发放，第一年发放 60%，第二年发放 40%。

（3）事业部可根据部门/干部考核结果制订内部分配方案，经集团审批后执行。

6. 其他考核说明

（1）事业部根据集团下达的考核指标和预算，制订下属各经营单位的绩效考核方案，报集团审批后执行。其中事业部的管委会成员、其他高层人员的目标责任制方案，需报集团人力资源部备案。

（2）事业部的绩效考核数据和应发绩效奖金由集团审批，事业部第一责任人及高层人员对绩效考核结果和应发绩效奖金有异议的，可在三个工作日内以书面形式向上级主管部门提出，逾期未提出异议的，视为认可绩效考核结果和应发绩效奖金。

（3）事业部在经营活动中出现失控或重大失误时，集团有权对绩效考核方案进行修订或决定终止方案。

4.1.4 事业部内部的绩效管理

集团下发的经营责任制方案，就是对事业部的经营要求，各事业部要在内部各个部门、各个单元对这些要求进行层层分解，不同部门有不同的指标。

同时，针对各种内部管理指标（不只是这些考核指标），美的会用《经营指标定义表》进行详细定义（见表 4-8），并规定其计算方式、数据来源，以免产生歧义。

表 4-8　某事业部各部门经营指标定义表

部门	指标项目	权重	201×年目标值	201×年实际值	计算单位
国内营销公司	销售收入（不含税）	×%			亿元
	新产品销售收入（不含税）	×%			亿元
	内销价值链利润	×%			亿元
	新品上市成功率	×%			
	人均销售收入	×%			万元/人
	应收账款周转次数	扣分项			次
	库存周转次数	扣分项			次
	SKU 效率	×%			万元
	标杆考核	扣分项			按项目
	汇总得分	100%			
海外营销公司	销售收入（不含税）	×%			亿元
	大客户销售收入占比	×%			
	OBM①销售收入占比	×%			
	外销价值链利润	×%			亿元
	新品上市成功率	×%			
	人均销售收入	×%			万元/人
	应收账款周转次数	扣分项			次
	库存周转次数	扣分项			次
	SKU 效率	×%			万元
	标杆考核	扣分项			按项目
	汇总得分	100%			

（续）

部门	指标项目	权重	201×年目标值	201×年实际值	计算单位
集团用户与产品部	销售收入（不含税）	×%			亿元
	税前经营利润	×%			亿元
	新品上市成功率	×%			
	内销SKU效率	×%			万元
	外销SKU效率	×%			万元
	技术降本	×%			亿元
	维修率（维修+退换）	×%			PPM[②]
	电商差评率	×%			
	平台精简	扣分项			个
	设计品质事故	扣分项			单
	汇总得分	100%			
研发中心	三年技术规划落地	×%			
	创新技术转化应用	×%			
	产品领先科技体系指标	×%			
	创新项目设计品质事故（B级及以上）	扣分项			单
	创新项目产出产品数量	扣分项			个
	专利数量	加分项			项
	汇总得分	100%			
制造中心	（内外销）价值链利润	×%			亿元
	内销订单交付周期	×%			天
	外销订单交付周期	×%			天
	人均产值	×%			万元/人
	制造费用率	×%			
	材料损耗率	×%			
	品质合格率	×%			
	三年制造人才规划	扣分项			按项目
	一线工人流失率降幅	扣分项			
	品质事故（B级及以上）	扣分项			单
	汇总得分	100%			

（续）

部门	指标项目	权重	201×年目标值	201×年实际值	计算单位
供应链管理中心	采购降本	×%			
	备货周期	×%			天
	独家供货占比下降率	×%			
	来料批次不合格率	×%			
	价差损失率	×%			
	部件维修率（维修+退换）降幅	×%			
	品质事故（B级及以上）	扣分项			单
	汇总得分	100%			
计划运营中心	内销下达工厂计划准确率	×%			
	内销订单交付周期	×%			天
	外销订单按时完成率	×%			
	内销T+3客户订单占比	×%			
	库存收入比	×%			
	一线工人流失率降幅	扣分项			
	汇总得分	100%			
品质管理中心	产品维修率（维修+退换）	×%			
	电商差评率	×%			
	设计品质事故（B级及以上）	扣分项			单
	产品PL件数（不含不制冷）	扣分项			单
	内控及组织建设	扣分项			项
	汇总得分	100%			
集团财务部	销售收入（不含税）	×%			亿元
	税后经营利润	×%			亿元
	现金净流量	×%			亿元
	现金周期	×%			天
	战略落地（三年及201×年经营规划落地）	×%			
	全价值链费用率	×%			
	财务风险	扣分项			项
	汇总得分	100%			

(续)

部门	指标项目	权重	201×年目标值	201×年实际值	计算单位
集团人力资源部	销售收入（不含税）	×%			亿元
	税前经营利润	×%			亿元
	人工成本率（全员）	×%			
	人均销售收入	×%			万元/人
	人均利润	×%			万元
	数据化运营效果	×%			
	流程效率改善	×%			
	战略落地（三年及201×年经营规划落地）	×%			
	员工敬业度改善幅度	扣分项			
	汇总得分	100%			

注：1. 以上指标根据美的内部多个经营单元的考核指标进行整理，并不代表某个事业部内部的全部考核指标。

2. 各事业部的部门设置与职责可能存在区别，各事业部的发展阶段与主要任务也不一样，因此在选择指标时会根据具体情况进行调整。

3. 部分指标会制定计算与考核细则。

① OBM：代工厂经营自有品牌。

② PPM：表示"百万分之……"（parts per million）。

4.1.5 某销售部门绩效管理

事业部如何对内部各部门进行绩效管理？我们以某事业部对下属某销售部门的责任制考核为例来进行说明。

1. 考核原则与导向

销售部门是事业部的重中之重，每个考核年度，事业部会根据集团及事业部的战略规划与阶段性目标，设定销售部门的考核原则，指引其重点关注某些方面，如提高产品毛利率、重点突破某个市场、加快库存周转、提高SKU贡献率等。

比如某事业部对某销售部门确定的考核原则与导向⊖如下：

⊖ 这些原则与导向根据美的内部多个经营单元针对销售部门的指引整理而成，各事业部的发展阶段与主要任务不一样，因此其具体原则可能存在差别。——编者注

- 加速规模增长,在获得适度利润的前提下追求规模最大化
- 产品经营导向,提高产品命中率、提高单品销量、简单化经营
- 重点市场突破,缩小与竞争对手之间的差距,提升客户满意度
- 加强经营协同,重视价值链整体利益,加快订单交付
- 提高经营质量,不打资源消耗战,提高盈利能力
- 强调效率提升,提升人均销售收入,压缩经营管理流程节点

考核的原则与导向就像指南针一样,指引销售部门朝公司预定的方向努力。在这个过程中,事业部会给予销售部门更多的灵活性,只要在考核原则和导向允许的范围内,销售部门可以自主决定某些管理动作。

2. 某销售部门责任制考核目标

根据某经营年度事业部对销售部门的定位,后者承接事业部责任制目标的内容。除了销售收入和利润目标,事业部还需要在库存周转、市场拓展等方面对销售部门进行强化考核,这样才能确保销售部门对事业部整体经营目标的支撑(见表4-9)。

表4-9 某事业部某销售部门责任制考核指标及目标值

指标类别	考核指标	权重	目标值	说明	考核部门
经营指标	不含税净收入	××%	××万元	/	事业部下属财务部
	经营净利润	××%	××万元	/	事业部下属财务部
	重点产品突破	××%	××	××产品	事业部下属运营部
	重点市场突破	××%	××	××市场	事业部下属运营部
扣分项	存货周转率		××次	5分	事业部下属财务部
	计划准确率		××%	3分	事业部下属财务部(ERP数据)
	应收账款周转率		××次	5分	事业部下属财务部
	重大责任扣分项			不设上限	考核小组

3. 绩效达成与收入分配

这一部分约定了某销售部门第一负责人的薪酬结构、提成比例以及薪酬发放方式等。

（1）某销售部门第一责任人年度收入 = 基本年薪 + 销售提成。

（2）事业部根据岗位的重要性、承担的责任和个人能力确定某销售部门第一责任人的基本年薪，分 12 个月平均发放。

（3）销售提成 = 目标提成规划值 × 责任制考核得分 /100。经双方确认，其 201× 财年目标提成规划值为 ×× 万元；其销售提成按照年度责任制考核得分计发，每月按提成规划值的 5% 发放，年底统一根据年度责任制考核情况进行清算、发放。

4.2　经营责任制的演进过程

4.2.1　经营责任制的起源

改革开放初期，家庭联产承包责任制极大地激发了广大农民的经营主动性，并在全国各地推广开来。这种极具创新性的经营方式，对很多从乡镇起步的中国初创企业也造成了深刻的影响。

1986 年，美的将家庭联产承包责任制引入企业内部，在当时的海口分公司试点实行经营责任制。1989 年，美的又开始实行厂长任期目标责任制——工厂管理以厂长为经济责任中心。1991 年，美的进一步进行了职能制改革，构建了"公司 – 工厂 – 分厂（车间）分级管理体制"，正式构建了多层级的经营责任制管理框架。

1997 年实施事业部制后，这套框架得到进一步完善，并发挥出更大的威力。

何享健为什么能够想到将家庭联产承包责任制运用到企业经营管理当中？这既与国内热火朝天的承包制改革有关，也与他很早就接触了发达国家的企业管理理念有关。

由于从事出口业务，何享健自 20 世纪 80 年代就与很多国外企业打交道，了解到国外优秀企业的管理情况。这使他形成了契约经营的理念，认识到企业的经营不应该是"人治"，而应该是"法治"，管理的重点也要从"管人"转变到"建规则"。而这种契约经营理念的一项重要内容，就是如何有效分享经营成果。

4.2.2 经营责任制的发展

1997 年，何享健推动美的进行事业部制改革，事业部成为利润中心，对研发、生产、销售、财务及人事进行统一管理，独立经营、独立核算，集团不再管理具体经营事务，只承担资源协同、建立整体规则、管理重要人事等职责。这种事业部制组织架构为经营责任制在美的的实施提供了前提条件。

美的颁布的《2001 年集团目标责任制考核实施管理办法》（见图 4-1）详细规定了考核责任部门、考核内容、考核程序、考核结果运用及申诉等内容。

广东美的企业集团文件

广美集字(2001) 016 号　　签发人：何享健

2001 年集团目标责任制考核实施管理办法

第一章　总则

第一条　为对集团有关单位及人员的工作与贡献进行公正、客观的评价，特制订本管理办法。

第二条　本管理办法适用于 2001 年集团签订了目标责任制的总部职能部门与各经营单位及其第一责任人。

图 4-1　美的《2001 年集团目标责任制考核实施管理办法》

1. 考核内容（指标）的发展

2001年的这份文件，集团对事业部的考核指标包括经营指标和风险指标。

我们结合美的某经营单元2005年和2014年的经营考核方案来对考核指标进行阐述（见表4-10和表4-11）。

表4-10　某经营单元2005年的考核指标

指标类别	考核指标	目标值	权重	考核部门
经营指标（65分）	不含税内销收入	×× 亿元	25%	
	出口收入	×× 亿元	10%	
	经营利润率	××%	15%	
	净资产收益率	××%	15%	
营运能力指标（35分）	经营活动现金收入比率	××	10%	
	存货周转率（含发出商品）	××	15%	
	应收账款周转率	××	10%	
合计			100%	

表4-11　某经营单元2014年的考核指标

指标类别	考核指标	考核值	权重	考核部门
财务指标（62分）	不含税内销收入	×× 亿元	30%	
	税前经营利润额	×× 亿元	22%	
	经营活动现金收入比率	××%	10%	
运营指标（18分）	非资金资产周转率（次）	××	5%	
	高毛利产品销售占比	××%	13%	
	其中：内销	××%	8%	
	外销	××%	5%	
标杆考核（20分）	标杆对比考核		20%	见指标说明
扣分项	内销库存分销收入占比		见指标说明	
	售后服务提升			
	品质指标			
	重大品质事项问责	不设上限		
	重大责任事项问责			

通过这两张相距近10年的考核指标表可以看出，美的一直坚持对经营类目标和能力类目标进行评价考核。虽然不同事业部、不同时期的表述有所不同，比如经营类指标，在一张中叫"经营指标"（见表4-10），在另一张中叫"财务指标"（见表4-11）；再比如能力类指标，在一张中叫"营运能力指标"，在另一张中叫"运营指标"。一些指标的归类也不一样，如"经营活动现金收入比率"在不同事业部的归属不一样。

这也从侧面表明，美的的绩效管理方法是内部不断总结、优化的结果。而近些年，美的对事业部的考核只有三项指标，这不代表美的不再关注能力（效率）指标了，而是经过这么多年的重视与关注，企业在能力指标上的表现已经变得很好了，同时也在预算中进行了严格管控，不需要在事业部这个层级的经营责任制方案中体现了。

2. 考核结果与绩效奖金分配方式的发展

（1）总部职能部门。2001年，美的对总部职能部门的考核结果与被考核部门及个人的收益挂钩。部门目标责任制的考核实行百分制，得分结果分为六级，分别是：

- S级：95分以上
- A级：90～95分
- B级：80～90分
- C级：70～80分
- D级：60～70分
- E级：60分及以下

以上分数段中的分值包括上限，不包括下限。

最终的考核结果与其部门第一责任人及中高层管理人员奖励年薪的发放比例挂钩，挂钩办法如下（见表4-12）。

表4-12 职能部门第一责任人及中高层管理人员奖励年薪的发放比例

考核结果	S	A	B	C	D	E
奖励年薪发放比例	105%	100%	90%	80%	70%	0

（2）**事业部总体**。事业部总体的考核结果与事业部利润分成的发放比例挂钩（见表4-13）。

表4-13 事业部总体考核结果与事业部利润分成的发放比例

考核结果	>95分	90～95分（含95分）	80～90分（含90分）	≤80分
利润分成发放比例	100%	95%	90%	80%

（3）**事业部第一责任人**。事业部第一责任人（总经理）的考核得分为六级，分别是：

- S：100分以上
- A：90～100分
- B：80～90分
- C：70～80分
- D：60～70分
- E：60分及以下

以上分数段中的分值包括上限，不包括下限。

考核结果与总经理奖励年薪的发放比例挂钩，具体挂钩办法如下（见表4-14）。

表4-14 事业部第一责任人奖励年薪的发放比例

考核结果	S	A	B	C	D	E
奖励年薪发放比例	110%	100%	90%	80%	70%	0

挂钩后的总经理应发放奖励年薪如超过标准，超过部分由集团支付；如低于标准，节余部分由集团支配。

到了 2018 年，事业部采用税前经济利润计提模式，具体计提方式见表 4-5，高层人员计提率见表 4-6。

从上述发展变化来看，以前美的职业经理人的薪酬包含基本年薪（固定）和奖励年薪（浮动），根据考核结果按一定比例发放奖励年薪。后来，美的职业经理人的绩效奖励薪酬按"综合考核，利润计提"的方式发放，绩效考核的系数与计提率、利润额共同决定了事业部经营团队的年度绩效奖金。而且，在签订年度考核方案时就已经约定好利润计提比例和高层人员计提率，按最终的考核结果计算绩效奖金。

随着业务的不断发展，美的的绩效管理方式又进一步完善：对新兴业务在考核期无法产生利润，或者利润额较小无法以此为基数进行分配的经营单位，美的一般采用定额奖金包方式进行计算。

此外，责任制考核得分与奖励年薪的发放比例在不同时期有所不同。2010 年以前，只有考核分数在 60 分及以下的员工和部门才没有奖金，后来逐步提高到 75 分、80 分以上才享有绩效奖金。这与当时的预算准确性有一定关系，从侧面也体现了美的的全面预算水平在不断提高。只有预算与实际经营的偏差越小，考核中约定的经营指标出现巨大波动的可能性才越小，才能不断提高享有绩效奖金的考核得分基准。

值得一提的是，美的实行多层次的股权激励后，事业部经营团队的长期激励可兑现比例除与集团整体业绩达成情况挂钩外，也与自己的责任制考核结果挂钩。

3. 绩效奖金支付方式变化

为防止职业经理人的短视行为，美的后来在绩效奖金支付方面采取了延期支付的方式。比如，事业部负责人的奖金分三年兑付——经营审计结束后支付50%，其余50%分两次支付，在第二年兑现30%，第三年兑现20%。而且第二年、第三年的延期支付部分还要与当年的经营责任制考核结果挂钩，如果这一年的经营业绩不理想，那这部分奖金可能会缩水；如果完成得好，则这部分延期支付的奖金还会按内部贷款利率标准支付利息。而其他经营管理团队成员的奖金一般分两年支付，按60%和40%比例分批发放。

在整体上市实施股权激励后，美的又对绩效奖金支付方式进行了调整——不再采用分期递延支付的方式，而是改为股票分期兑现的方式。

4.2.3　经营责任制实现了低成本下的高激励

业界对美的经营激励的了解，更多的是从美的高管人员尤其是职业经理人的高收入而来。其实，不只是职业经理人，美的各级员工的年度收入都是行业领先的。但了解美的的薪酬支付成本后，我们会惊奇地发现：美的的人力成本其实并不高。

也就是说，经营责任制使美的实现了低成本下的高激励，真正起到了撬动人力资本的杠杆作用。

这正是美的绩效管理机制的厉害之处。美的通过综合考核、利润分享等方式，让各级干部参与到利润分配中来，而利润是从外部市场上获取的，这样一来，在美的，越是高层级的管理者、经营者，其年度收入中浮动部分的占比越高（见图4-2）。美的职业经理人的年度收入中，固定薪酬往往非常低，浮动薪酬才是其主要收入来源。

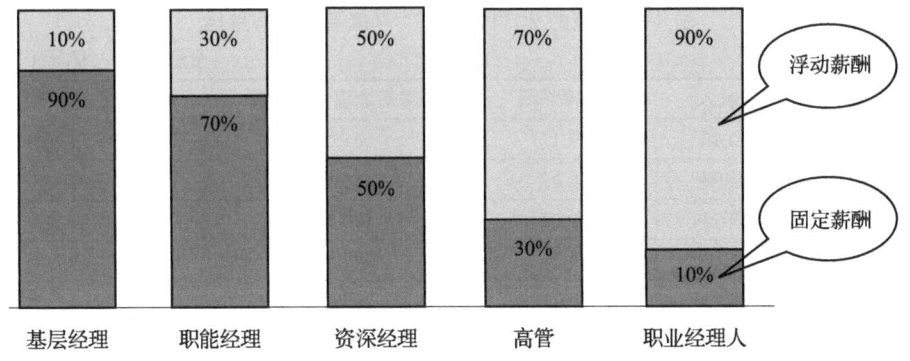

图 4-2　基于层级价值而匹配的薪酬结构

从投入角度来看,这种薪酬结构设计可以有效地控制薪酬成本;从产出角度来看,它能够激励高管创造更大的利润。

通过前文对美的经营责任制的介绍我们知道,美的以职业经理人为首的经营团队,对其取得什么样的经营成果就能拿到多少年度奖金,是事先就知道比例且在过程中可以掌控的。因此,经营者主动掌握着利益共享的主动性,而不是等着年底老板来发红包。

美的的绩效考核模式很简单,却契合了人性的需要,使老板与职业经理人形成利益共同体。职业经理人在高目标、高授权、高激励下,实现了快速成长,创造了更多的业绩,最终企业与职业经理人实现了双赢,企业家和经营者都获得了预期的(或者超出预期的)回报。

4.2.4　绩效管理推动业绩飞跃式增长

美的一直保持着健康、稳定、快速的增长,20世纪八九十年代,美的的年均增长速度约60%。2001～2010年,美的先是成为白色家电行业首家销售收入超过百亿元的企业,然后从105亿元一路攀升至1050亿元。2011～2021年,美的的营业收入从1340亿元增长到3412亿元,后者是前者的近3倍;利润从28亿元增长到286亿元,后者是前者的10倍多(见表4-15)。

表 4-15　美的 2011～2021 年度基本财务数据

（金额单位：亿元）

年度	营业收入	扣非净利润	经营活动现金流净额	净资产收益率（%）
2011	1 340.40	28.17	41.06	29.12
2012	1 025.98	30.27	80.89	23.92
2013	1 209.75	39.03	100.54	24.87
2014	1 416.68	94.76	247.88	29.49
2015	1 384.41	109.11	267.64	29.06
2016	1 590.44	134.92	266.95	26.88
2017	2 407.12	156.14	244.42	25.88
2018	2 596.44	200.58	278.61	25.66
2019	2 782.16	227.24	385.90	26.43
2020	2 842.21	246.14	295.57	24.95
2021	3 412.33	285.73	350.91	24.63

资料来源：美的集团历年发布的年度报告以及公开披露的经营数据。

不仅如此，20 多年来，美的各种经营指标都相当出色，经营质量也不断提升，实现了量利齐升的良好态势（见表 4-16）。

表 4-16　美的 2000 年、2010 年、2020 年年度经营相关数据

指标	2000 年	2010 年	2020 年
销售收入	105 亿元	1 050 亿元	2 800 亿元
利润率	约 4%	约 5%	约 10%
自有现金流	约 6 亿元	约 70 亿元	约 700 亿元
人数	约 1.5 万人	约 15 万人	约 13 万人
人均销售收入	70 万元	70 万元	230 万元
SKU 数量	—	20 万个	8 万个
产能利用率	—	60%	90% 以上
存货周转次数	3 次	5 次	8 次
综合市场占有率	—	约 21%	约 36%
市值	约 50 亿元	约 800 亿元	约 4 600 亿元
内外销比例	约 80%∶20%	约 70%∶30%	约 55%∶45%
流程节点	—	8 个	4 个
决策效率	—	5 天	1.5 天
生态链全球化	部分白色家电	全品类白色家电	白色家电 + 相关科技产业

资料来源：美的集团历年发布的年度报告以及公开披露的经营数据。

可以说，美的这 20 多年来的价值增长与其绩效管理机制是密不可分的。

古人云："重赏之下必有勇夫。"如果所有优秀的员工和部门都能得到及时、合理的奖励，就不愁没有人愿意努力工作了。所有人都会充分发挥自己的聪明才智，不断提升个人和组织的绩效，企业的业绩自然会迅猛增长，企业的发展也会进入良性循环。

4.3 绩效管理的保障措施

如同分权授权机制，绩效管理机制之所以能有效实施，也是因为美的采取了很多保障措施。

4.3.1 通过挑战性的战略目标牵引倒逼

美的每五年会制定相对长远的五年战略发展规划，每年会制定三年战略滚动发展规划，这些规划中都会设定挑战性的目标。比如，2000 年营收过 100 亿元时，美的提出了 2005 年营收过 500 亿元的目标；2005 年实现近 500 亿元营收时，美的又提出 2010 年营收过 1000 亿元的目标；到 2010 年美的真正成为千亿元企业时，集团又提出了"再造一个美的"（实现 2000 亿元营收）的目标。

这些挑战性的战略目标，激发了职业经理人对未来的想象力和创造力，使他们努力引导团队创造卓越绩效，同时倒逼美的内部的经营单元不断提升经营业绩。最终，实现了目标，创造了价值，职业经理人和经营团队也分享了利益。同时，战略目标的达成又为下一阶段更高目标的规划与实现创造了可能性。

在目标管理上，美的的经营目标一旦制定便绝不打折扣，不论市场是好是坏、是爆发还是骤降。从集团到各事业部，再到各层经营单元与部门，目标是层层分解、层层承接的，这种"目标刚性"也被传承了下来。这意味着摆在各级单位面前的只有一条路，那就是为实现目标而努力，绩效管理机制因此得以充分发挥作用。

4.3.2 全面预算管理保障

目标管理、指标设定并不是一件容易的事，难在如何有效地构建和取舍。指标太多，权重分散，会导致重点不突出、考核不到位；指标太少，又不能全面、合理地进行评价，容易顾此失彼。

美的利用全面预算很好地化解了这一常见的矛盾。美的的各级经营目标都会通过预算管理详尽分解，各经营单位也会形成各自的全面预算稿。这个周期非常长，但这意味着最终做出的预算方案可行性更强，同时经营团队也有足够的时间思考各个目标达成的可能性及其配套资源是否充足。

全面预算管理到位了，就可以做到不考核也能做好管理，考核负荷过重的问题也就迎刃而解了。

4.3.3 过程管理保障

虽然美的的经营责任制以年为单位，也按年度指标进行考核、计算，但这并不意味着要等到一个自然年结束后才能对经营单元和职业经理人进行评价。在日常运营中，绩效管理也有很多可行的方式。比如月度经营分析会，它使每个月都变成一个完整的经营周期，针对预算目标对事业部进行经营评价。月度经营分析会的召开给经营团队带来了巨大的压力——如果连续几个月经营业绩不好，他们的处境就非常危险，这将促使他们努力寻求解决方案。除此之外，以月度为单位，在经营过程中出现的问题不至于太大，也比较容易发现并解决，既可以避免混乱持续时间太长，也能保障不会严重偏离目标。

在经营过程中，美的的战略投资、运营管理部门也会对各个投资项目进行管理与跟踪，并针对重大项目与专项工作进行专项分析。而且，审计部门会不断通过经营审计、专项审计来检查经营执行情况。

4.3.4 让数据说话

美的对经营绩效的管理考核，都是以客观理性、逻辑清晰、上承下接的数据为输出方式的，而美的强大的财务管理机制与管控措施，使数据造假绝无可能。这样一来，美的内部的经营考核就变得非常简单，没有条条框框，没有潜规则，也不需要太多的请示汇报，只讲绩效，只摆数字。"业绩为王"几乎是所有美的干部尤其是职业经理人的共识，干得好就有奖励，干得不好就会被调整。

于是，集团与事业部、事业部与下属单位、企业家与职业经理人之间的关系也变得非常纯粹，这使得职业经理人有更多的时间和精力去管理业务，使得他们对目标更加专注。

4.3.5 严格的奖惩兑现

美的对经营团队的激励是很有吸引力的，但是管理和考核也非常严格。不论是年度经营评价还是月度经营分析，都如同把各经营单元、职业经理人放在火上烤。甚至在某些时期，某些单元还会进行各种月度排名，以业绩评价为依据落实奖惩、升降、轮岗、优化等工作。

在奖惩兑现方面，美的也非常严格，这使得职业经理人及经营团队对目标丝毫不敢怠慢。

比如，美的某事业部国内营销公司针对各分公司负责人制定了很多奖惩措施（见表4-17）。

表 4-17　某事业部国内营销公司对分公司负责人的奖惩措施

考核周期	考核应用
月度	1. **锦旗发放**：综合排名前 3 与后 3 的分公司分别发放红旗、黑旗，发放月度进步最快和退步最快旗
季度／半年度	2. **家属探亲**：综合排名前 3 且累计分销完成率不低于时间进度，给予分公司经理家属（妻、子，未婚者可为父母）以下探亲补贴标准［家人国内所在地—分公司经理工作地往返一次经济舱机票、住宿五星级酒店一间 ×5 晚（600 元／晚），直营分公司不参与奖励，若有直营排名前 5 的，奖励顺延］（分公司职业经理人均最多享受 1 次／季度） 3. **挂钩提成**：应发提成 = 当季目标／年度目标 × 考核系数 × 年浮动薪酬 　注：考核系数 = 考核得分 /100，系数上限 1.2 4. **晋升制度**：分销任务完成且考核排名前 10，优先推荐为远航学员 5. **淘汰制度**：半年度分销任务未达成且综合考核排名倒数前 3 的，根据具体情况采取调岗、降级、解聘。涉及淘汰的直营分公司冻结运营资源（到岗未满 6 个月免责）
年度	6. **年度评优**：年度综合排名作为年度优秀分公司评选依据 7. **年度淘汰**：年度分销任务未达成且综合考核排名倒数前 3 的，根据具体情况采取调岗、降级、解聘。涉及的直营分公司取消代理资格，并入对应分公司管理。（到岗未满 6 个月免责）

这种以价值衡量绩效、以绩效兑现收益的考核机制，大大激发了组织的活力和员工的干劲。

4.3.6　逐级分权、分责、分利

经营责任制是一个目标管理的框架，要实现它还需要配置各种资源，尤其是面向经营一线的决策权力。为确保经营的高效运转，美的对事业部、事业部对下属业务单位逐级分权、分责、分利，做到了权责利的统一，大大激发了职业经理人的工作热情和创造力。

—— 本章小结 ——

经营责任制关系到对绩效的全方位评价，也关系到许多人的"身家性命"，如何才能保证科学合理？

当责任制目标达不到时，那些一手提拔的"爱将"可能就要"下课"；而

当责任制完成得好时，激励额度可能是一个巨大的数字。这些能不能不打折扣地执行？

考核太多，难；考核太少，也难。如何在考核与管理中平衡？

经营过程中，管还是不管？

……

这些都是企业绩效管理要面对的重重考验。

经营责任制做得不好、落实不了、奖惩不兑现、过程管理中矛盾重重是常态，也是很多企业绩效管理失效的关键原因。比如目标与细则设置不合理，导致考核结果不公平；经营出现意外情况；优秀职业经理人得到的奖励太多，引起内部不平衡；可能存在假账的风险但又没有真凭实据；以各种"正确"的理由拒绝兑现，最终责任制变成了儿戏；等等。

美的经营责任制中各种目标和奖惩措施的制定也曾出过各种各样的差错，但是只要预算定下来、经营责任制方案签下来，美的上上下下就会严格执行。比如设置某个事业部预算目标时相对保守，实际业绩异常卓越，最终的奖金数字令人咋舌，尽管如此，何享健也不会食言，仍然按既定的规则计算，只是要求相关部门以后更科学、更合理地做预算、定目标，考虑更周全一些。经营责任制的神圣感，就是通过这种契约精神在潜移默化中形成的。

与此同时，美的的经营责任制也是很残酷的，如果不能实现经营目标，事业部总经理甚至经营团队可能就会被调整甚至淘汰。而且调整往往在过程中或刚过半年就会进行，不会等到年底。美的甚至有一个不成文的"规矩"——如果连续三四个月没有完成预期目标，负责人就要"下课"了。这也是市场压力向内传递的体现。

所以，美的的职业经理人从来都没有安全感，他们也不需要所谓的安全感，因为在美的有业绩就有安全感，没有业绩就没有安全感。

虽然经营责任制有些残酷，但因为美的建立了公平、公正、公开的机制，且通过规划、预算、分析让目标的制定在一个合理的框架内并且有相应资源的支持，而不是异想天开或者只给目标不给资源，因此职业经理人也愿意接受这种价值标准，因为它能帮助他们更快地成长，实现成为产业领导者的职业梦想，更何况还有巨大的物质激励。通过这种方式，美的在公司内部为职业经理人建立起一种信念——个人经济状况会与工作业绩同步提高，这也是美的职业经理人文化的基石。

正是在这样一种经营模式中，美的的职业经理人获得了飞速成长，他们往往有着类似的经历：出身平凡，从基层做起，不需要依靠人际关系，凭能力与业绩就能不断升迁，20多岁加入美的，30岁左右就担当重任，最终成为创造数十亿元、数百亿元业绩的高层经营人才。

—第 5 章—

美的如何交接班

> 在美的是没有接班人概念的……我觉得要讨论的不是谁接我的班的问题，而是要讨论制度建设、治理结构建设的问题。怎样让企业在没有大股东参与管理的情况下，一样做得很好。[一]
>
> ——何享健（2002 年）

改革开放 40 余年来，在下海经商潮、创新创业潮的推动下，中国涌现出了一大批民营企业，其中有相当比例的企业属于家族企业。《中国家族企业传承研究报告（2021）》的调查显示，中国的家族企业已经成为中国经济结构中最活跃、最富有创造力、最具竞争力的经济成分之一，它们已经走在中国经济发展方式转变的前列，成为中国经济面向世界的名片。《中国家族企业生态 40 年》中的数据也显示，中国的家族企业在民营企业中的比重已达到 80%，家族企业占 A 股上市私营企业的比例超过 50%。

中国大部分家族企业正处于代际传承的关键节点，《2018 中国企业家家族

[一] 黄治国. 静水流深：何享健的千亿历程［M］. 广州：广东经济出版社，2018.

传承白皮书》调查显示，第一代企业家的平均年龄为 55 岁，而到 2022 年时这一数字已经接近 60 岁。"富不过三代"似乎是家族企业的魔咒，这一魔咒往往令企业家们充满焦虑。

作为中国最早创立的民营企业之一，美的早在 10 年前就顺利完成了交接班。美的的交接班模式堪称中国民营企业管理史上的典范，值得无数企业借鉴。

5.1 千亿家族企业交给"外人"

5.1.1 低调而惊人的交接

2012 年 8 月 25 日，古稀之年的何享健做了一个创举：将自己一手创立的千亿级企业交班给职业经理人方洪波，由其担任美的集团董事长。从此之后，何享健彻底退出美的的日常经营管理。

何享健与方洪波的交接班，使美的成为中国打破"子承父业"传承模式的典范，铸就了中国商业史上的一段传奇。

退出美的后，何享健虽然仍是第一大股东，但在美的没有任何职务，也不参加任何会议，只在控股公司做一些战略研究，提供一些建议。曾经有人提议他参加一些会议，何享健说："你请我吃饭，我参加。有些东西很麻烦的，你去干预人家，人家在那个位置怎么做呢？讲什么话呢？……以后就称我'创始人'。"也有人建议他当个名誉董事长，他说："这样会产生误解，还要进一步解释。"他退出之后，就将自己定位为美的集团的创始人、美的控股公司董事长。

在中国企业界，很少有人能退得如此彻底。很多人都觉得不可思议：这么大的公司，怎么能交给"外人"呢？在深受"差序格局"影响的中国，"子承父业"往往被认为是理所当然的事,但何享健走了不一样的路,并且始终认为这是自己最正确的选择之一。

权杖传承对于任何一家企业来说都是大事,但美的非常低调,没有进行特殊的安排,就连何享健宣布退休的场合也只是内部高管会议。正因为如此,美的交接班的过程就多了几分神秘感,鲜少有人知晓个中细节。很多关注美的交接的人都想探究其中的奥秘,解开心中的诸多谜团:

为什么是方洪波而不是何享健之子何剑锋?

何享健是怎么样培养方洪波的?

他们到底是什么关系?

有些好奇的人甚至还演绎出了许多"传说",比如,何享健与方洪波是不是"情同父子"?方洪波是不是"逼宫"让何享健退位的?何享健是不是有什么难言之隐?是不是何享健的儿女能力不行?等等。

其实,为了这场交接班,何享健已经布局多年。

5.1.2 坚持"去家族化"

从 20 世纪 80 年代开始,何享健就遵循一个原则——不搞家族企业,坚持用职业经理人管理企业。因为一家企业单靠老板、讲感情不可能获得长久发展,只有靠好的公司治理机制、好的制度才能基业长青。

家族企业一直面临"富不过三代"的困境。仅仅在家庭成员中选择接班人会受到子女数量和能力的限制,潜在的候选人较少,最终的接班者很可能才能平平、难堪大任。尤其是当企业规模变得越来越大,经营越来越复杂时,这种限制会更加凸显。

要解决这一困境,需要将所有权与经营权分开传承。所有权与经营权的背后，其实是两个本质不同的问题——家族问题和企业问题，即所有权的传承是家族财富传承的问题，而经营权的更迭是企业持续经营的问题。

何享健花了近20年时间去思考这个问题，他看了很多书，也向很多欧美大企业取经。在这个过程中，他了解到欧美很多公司组建了股东会、董事会、管理层分立制衡的结构模式，很多公司的董事会甚至是由职业经理人组成的。于是，他慢慢找到了答案——美的应该学习欧美企业的管理方式，让企业在没有大股东参与管理、家族只是一个股东的情况下，一样能够做得很好，就像福特公司背后的福特家族，沃尔玛背后的沃尔顿家族，它们都不直接参与管理。

沃尔玛创始人并没有把企业交给家族内部人经营，而是聘请外部职业经理人，但是其家族却一直以股东身份享受着企业持续经营带来的滚滚财富。

在深思熟虑后，何享健决定在美的进行去家族化。他曾经明确表示："美的从来不是一个家族企业。我们一直在推进集团管控模式的转变……家族最终只是一个股东。"从1997年开始，何享健逐渐退出了日常经营管理，他的想法是为职业经理人创造一个干事业的环境，而不是自己一个人把所有事都干了。这是他对现代企业的认知。

何享健已经明确一点：接班人不一定要在家族里诞生，甚至到一定时候，大股东都可以不参加董事会。董事会将全部职业化，完全实现股东、董事会和管理层分立而治的格局。而这种家族只做股东的界定，明确了所有者和经营者的关系只是普通的委托代理关系，老板和职业经理人之间的关系就是简单的雇用关系，"老板就是老板，职业经理人就是职业经理人"。

2000年5月16日在接受采访时，何享健被问及"是否像有些企业那样将权力转交给自己的儿子？"他的回答是："至于将位子传给自己的儿子，我尚没有这样的想法。我的孩子 1994 年就已离开了美的。我虽然是美的的创立者，但美的现在已经是一个社会化的企业，不是我个人想把位子给谁就能做得到的。国际化企业的所有权与经营权都是分离的，谁能干就应该交给谁来经营。我之后的接班人安排将按这个原则来进行，至于什么时候交接，要看形势发展，等时机成熟了就可进行。"

2005 年 5 月 9 日，在美的电器 2004 年年度股东大会上，何享健又说："美的一直重视人才的培养。以人为本的观念从来都没有变过。美的要打造成一个'百年老店'，最重要的是企业的管理体制问题，要不断健全和完善企业文化以及管理结构等。我希望把美的建成一个现代化的企业集团。"⊖最后，他将接班人问题的答案归结为 4 个字："水到渠成"。

7 年后，何享健将美的集团的权杖交给方洪波。

5.1.3 老板与职业经理人互相成就

对现代企业治理的认知与践行不足，使许多中国企业的管理出现了重大问题与矛盾。在企业领导权交接的关口，这些矛盾表现得更为突出，由于家族权力斗争导致的"父子反目""兄弟阋墙""夫妻拆伙"，以及企业创始人与高管层之间"君臣失和"……比比皆是。但何享健聪明地跳出了这个旋涡。

何享健虽然学历不高，从乡镇作坊开始白手起家，但他是改革开放后最早"看世界"的一批企业家。20 世纪 80 年代，他就为美的立下"做世界的美的"的愿景，开始深入观察、研究全球企业，他尤其关注那些持续经营的全球企业，研究它们有什么秘诀，结论是它们都有一套现代化企业治理机制。

他经常将"做世界的美的"挂在嘴边，当时他没有对其进行具体的解释，

⊖ 何晓晴. 何享健：暂不想退休 [EB/OL]. (2005-05-10). http://finance.sina.com.cn/stock/s/20050510/13061574931.shtml.

但是美的的高管们都知道，他一直在打造一个开放、透明、共创、共享的经济组织。而企业创始人的格局与雄心、对经济组织运行本质的洞察与分析，让何享健清醒地认识到自己的能力是存在边界的，正因为如此，他不会因为自己是企业的老板、过去非常成功就认为自己无所不能，而是愿意放手让职业经理人去经营管理企业。

在2012年交接班的内部会议中，何享健这样描述交班原因："现在美的是个国际化的大集团，（管理者）没有足够的精力和能力，是绝对运营不好的，所以把经营权交给精力更充沛、更具国际化管理水平的职业经理人，是对企业负责。如果我还担任集团董事长，职业经理人的能力就不能完全发挥出来。所以我退下来，对职业经理人是件好事，他们可以放开手脚去经营。"⊖

美的的职业经理人也没有让何享健失望，他们不断拓宽了美的组织管理的边界，实现了美的的一个个梦想、一个个目标。1988年，美的规模不过1亿元左右，到2000年，美的规模已经达到100亿元，而到了2010年，这一数字达到1000亿元。尤其是1997年事业部制改革后的美的，没有让何享健操心太多就实现了数倍的业绩增长，也让何享健真正感受到了治理机制和职业经理人的力量。

一群出身平凡的普通人，在一个伟大的时代，依托一套优秀的机制，创造出了一家成功的企业。这就是美的老板与职业经理人的互相成就。

5.2 为什么是方洪波

5.2.1 何享健为什么选择方洪波

在美的内部人看来，方洪波接班是件自然而然的事，根本不像外界猜测

⊖ 黄治国. 静水流深：何享健的千亿历程 [M]. 广州：广东经济出版社，2018.

的那么复杂。何享健之所以选择方洪波，一个重要的原因是方洪波为美的创造了非凡的业绩。

2012年10月的一天，中欧国际工商学院的一名教授到访美的，专门就美的交接班访谈何享健。这位教授问：为什么选择方洪波做接班人？

何享健略加思索，说出了自己的理由：

- 年富力强，高学历，高素质
- 在美的20年，从一线做起来，对美的非常认同
- 做过营销，管理能力强，对财务管理也非常了解，能力全面
- 爱学习，有全球化视野
- 职业精神非常好、职业化程度高，严格要求自己
- 业绩有目共睹，多年连续完成预期目标
- 有魄力，大家对他也比较认同

从何享健的回答中，可以看出方洪波很优秀，并且经历了许多考验，尤其是业绩的考验。

在美的，职业经理人要想获得发展，秘诀非常简单，就是凭能力、凭业绩吃饭。正如何享健所说："我最烦的是给我开车门、提包擦鞋的人，最喜欢能创造业绩并给我提意见的人。"⊖因此，美的的每个高管都以业绩为导向，把全部精力用在提高业绩上，而不是跟老板搞好关系上。

美的每年都会与职业经理人签订《经营责任状》，目的就是给职业经理人明确目标、明确任务、施加压力，其中也会明确相应的激励措施。每个经营年度结束后，美的会以经营责任制考核得分论功行赏，职业经理人的奖金可以按照《经营责任状》上的规则计算出来，不必担心老板不给或者打折扣，

⊖ 彭剑锋. 第三条道路：美的的成功与挑战[J]. 销售与管理，2007.

也不必因为拿多了而感觉不好意思。至于那些未完成经营目标的职业经理人，轻则没有绩效奖金，重则直接"下课"。

这是一种典型的职业化治理方式。只要你有能力、有业绩，你的发展是没有天花板的。为了给职业经理人充分的发展空间，何享健早早就不让家族成员参与美的的日常事务了。这最大限度地激发了职业经理人的创业精神，方洪波成为美的集团董事长就是最好的证明。

如果不是采用这种模式，美的不会有这么多优秀的职业经理人，方洪波也不会脱颖而出。这种看似残酷的方式却构建了最为持久牢固的契约关系。这么多年，离开美的的职业经理人很多，但没有一个人对何享健有过半点抱怨，这是非常难得的。

5.2.2 水到渠成

很多人说方洪波是"坐飞机升上来的老总"，因为他在美的可谓平步青云。其实，回顾方洪波的晋升之路，我们会发现，他成为美的的掌舵者的确如何享健所说——水到渠成。

在很多人的记忆里，1992年是一个火热的年代，那一年，邓小平视察南方谈话在全国上下掀起了一股下海潮，无数人深受自由、市场、发展等词汇的鼓舞，毅然决然地打破"金饭碗"，南下淘金，方洪波就是其中之一。

当时的方洪波在《东风汽车报》已经工作了5年，过着朝九晚五、一成不变的日子，当时代的发展进入新篇章时，他按捺不住心中的激动，辞职南下寻找新的机会。当时深圳万科正在为其企业内刊《万科周刊》招才纳士，方洪波信心满满地去应聘，但结果他与万科有缘无分。

2016年5月18日，万科董事长郁亮带着高层管理团队到美的考察、交流，会上方洪波主动谈起了这段鲜为人知的往事。后来，万科人在公众号中感慨:"万科失去了一位优秀的内刊编辑,但美的获得了一位优秀的职业经理人。"

没能去成万科的方洪波偶遇了美的。当时,美的打算办一份内部报纸。由于地理位置比较偏僻,美的的招聘要求不像万科那么高,因此,方洪波成了美的的内刊编辑。从某种意义上来说,《美的简报》就是他创办的。

1. 从内刊编辑到市场部部长,操盘营销策划

当时,美的的规模还不像现在这么庞大,虽然只是一名内刊编辑,方洪波仍有机会接触何享健。素以"爱才、辨才、用才"著称的何享健,注意到了这个年轻人,不久之后,方洪波成了何享健的管理秘书。

成为管理秘书后,方洪波得到了更多展现自己才能的机会。因为文字功底扎实、文笔好,他参与了一些策划工作,策划能力展露无遗。1992年美的请巩俐做广告,方洪波便参与了广告策划。到1995年,美的再请巩俐做品牌传播时,方洪波已是广告经理,他操刀的广告语"美的生活,美的享受"响彻大江南北。

1996年,方洪波被任命为集团销售公司副总经理兼市场部部长。当时,美的采取的是大一统的销售模式,销售公司总经理是北滘本地人,在创业早期就加入了美的,为美的的市场拓展做出了很大的贡献,以"北滘农民"为班底的销售体系就是由他一手打造的。此人的性格非常霸道,在销售公司说一不二,生产、技术、财务等体系的人都非常不满,却敢怒不敢言。

在这种情况下,何享健把方洪波调去当副总,颇有几分冒险。方洪波承受的巨大压力不言而喻。尽管困难重重,方洪波却没有辜负何享健的信任与安排,不仅如此,此后在每一个岗位上,他都非常顺利而出色地完成了使命。

在一次接受记者采访时,当被问到在美的的工作与原来的工作有什么不同时，方洪波颇为感慨地说："我几乎把自己推上了一条不归路——我必须接受永无宁日的、旷日持久的竞争和挑战。近10年来，是美的集团的高速发展推动着我不断进步。"⊖

从稳定安逸的国企到充满竞争与挑战的民企，从笔写春秋的书生到杀伐决断的职业经理人，方洪波从此踏上了改变之路。

2. 从市场部部长到内销总经理，开启销售大变革

1996年，家电市场风云突变，以前行业惯用的统购统销、大代理的模式不再适应时代的发展，一向迅猛增长的家电企业陷入困局；而美的内部长期的产销矛盾与管理问题，也因增长乏力而彻底爆发。面对内忧外患，何享健主动求变，事业部制改革由此拉开了帷幕。

这场变革原本是为了打破经营困境，却无意中催生了美的第一批真正意义上的职业经理人，也奏响了美的人才队伍建设的序章。

在这次组织变革中，方洪波被委以重任——从市场部部长一跃成为空调事业部副总经理兼营销部（后来改为国内销售公司）总经理。从这一职位调整，足可见何享健对方洪波的信任与认可，要知道当时的空调事业部占据美的的半壁江山。

在别人看来这个岗位令人艳羡，但个中的艰辛与压力只有方洪波自己才知道。后来，方洪波在接受采访时说，这个岗位首先意味着责任，"美的空调这么大规模，最怕出现方向性的错误，面对激烈的竞争和快速的市场变化，我必须做出决策和选择，有时甚至感到没有任何人可以依靠。当今的竞争形势是前有虎狼后有追兵，这对个人的承受力是一个极大的考验。我的内心也常常陷入一种两难境地，常常对明天感到茫然，目标是什么？我在书中寻找，

⊖ 黄治国. 静水流深：何享健的千亿历程 [M]. 广州：广东经济出版社，2018.

在思想的巨匠间徘徊,每一个战略决策都经过无数的煎熬"。[○]

煎熬之后是大刀阔斧的改革,刚走马上任的方洪波对美的空调的销售体系进行了刮骨疗毒式的再造,几乎是推倒重来。

他向何享健提出了一个大胆的建议——裁撤顺德本地的那些不思进取的销售代理,建立更有战斗力的营销团队,重新寻找并培育优质客户。何享健是个敢想敢干的人,但这个提议让他沉默了。毕竟他也是土生土长的顺德人,方洪波想裁撤的人中,绝大多数都与他相识多年,有很深的交情。不过,最终何享健还是决定支持方洪波。

为了提高营销团队的整体素质,方洪波还决定在全国范围内招聘大学生做销售员。这种做法在现在再平常不过,但在20世纪90年代的小镇北滘可谓一项创举,很多人觉得方洪波是异想天开,就算有大学生愿意来美的也留不住。但方洪波没有因为外界的议论就改变主意,因为他清楚地认识到,靠低素质的营销人员是不可能使美的走上快速发展之路的。

1997年,美的空调总共招收了19批高学历营销人员,对这些人方洪波不但亲自面试,还亲自培训,美的的专业化营销队伍就这样组建了起来。事实证明,方洪波的人才引进计划为美的带来了新引擎——到1998年,这支经验并不丰富的营销队伍卖出了90万台美的空调,使销量一下子增长了近两倍,使美的重回行业前三名。

3. 从内销总经理到事业部总经理,走上全面经营之路

2001年,方洪波在职业经理人之路上向前迈出了一大步——他被任命为空调事业部总经理,年仅34岁的他开始肩负大任,掌舵一方。当时,美的空调的规模已近100亿元,掌管体量如此之大的空调事业部,对方洪波来说是

○ 陈红云. 方洪波:我思故我在 [J]. 赢周刊, 2002.

一个巨大的挑战。

很多人认为方洪波这么多年来一直主要负责营销，不具备整体经营能力，但方洪波用事实证明他是一个经营型的帅才。在他的带领下，美的空调以每年翻一番的速度发展，而优秀的业绩是由卓越的企业文化与管理理念带来的。

方洪波一直认为，企业的核心能力要落到"管理"两个字上。他说："管理说起来很虚，但它是看得见摸得着的。"2003年，在一次接受采访时他又提出了"管理是竞争力最根本的来源"的观点，"竞争力最根本的来源就是管理，2001年我当上事业部总经理之后开始抓管理，强调管理出效益，在成效方面，我们的利润大大增加，存货大为减少，这些是看得见摸得着的，所以美的现在的经营进入了非常良性的循环"。[○]

通过对美的空调事业部的经营与管理，方洪波还带出了一支支战斗力超强的团队。后来，美的空调体系为美的输出了大量的人才。

4. 从空调事业部总经理到制冷家电集团CEO，打开大局面

因为业绩出色，方洪波的职位不断变化，从空调事业部总经理晋升成为制冷家电集团CEO。在他的用心经营下，制冷家电集团展现出了蓬勃的活力。在这个过程中，方洪波经历了一次又一次的考验与挑战。

美的人对两三个月一次的变革早已习以为常，但这在被收购的企业中行不通。何享健在这过程中也告诉方洪波，要学会忍，哪怕有人你看不顺眼，只要他不影响关键目标，只要不会产生大破坏，你就容忍，不要去动他。方洪波就是在这种忍辱负重中，推动完成了对华凌、荣事达、小天鹅的深层次改造，让美的在冰箱、洗衣机两大白色家电中获得一席之地，进入市场前三。

○ 段传敏，谢丹. 美的方洪波：营销背后是管理 [J]. 南风窗·新营销，2003（6）.

从空调事业部到制冷家电集团,方洪波带来的不仅是规模的扩大,而且使制冷家电集团获得了两方面的全新跃升。

一是制冷家电集团是由空调事业部扩展而来的,是方洪波在美的这个平台上创业的结果。方洪波2001年出任空调事业部总经理时,整个事业部的销售规模不过50亿元左右。后来,方洪波带领着空调事业部向中央空调、冰箱、洗衣机领域扩张,制冷板块因此获得了蓬勃发展,营收和净利润逐年攀升,到2012年时,制冷家电集团(即美的电器)的年营收已达千亿元左右。所以,说美的大半壁江山都是方洪波打下来的也不为过。

二是深化了美的相关业务面向全球的经营。大家电的海外业务规模本就十分庞大,早已深入全球大多数国家和地区,与其他行业相比,全球化的结构更为均衡。而这些年,通过与美国开利公司在全球深入进行合资合作,以及2006年启动的越南基地建设,制冷家电集团在国际化的道路上越走越远。这都展现了方洪波领先于内部职业经理人,领先于国内同行的全球化经营能力。这种能力,对美的这样一个业务全球化的大型企业而言是不可或缺的。

一路走来,方洪波以全方位的优良业绩证明了自己。美的的高效周转与高速成长,也让方洪波在很短的时间里获得了充分的锻炼,积累了丰富的经验。到2012年8月,他接班,这件在外部看来可能有些惊世骇俗的事,在美的内部早已水到渠成了。

当然,在美的内部也有"一将功成万骨枯"的说法。如同方洪波一样,美的的其他职业经理人也必须经过重重考验与磨炼才能不断向上攀升,但并不是每个人都能走到最后。在方洪波脱颖而出的过程中,有许多职业经理人在一轮又一轮的考察中淘汰出局。这当中有许多个体的遗憾,却没有组织的损失。

5.2.3 传承创新，将变革进行到底

1. 不断创新，方洪波再次以优良业绩证明自己

方洪波从来都不是传统意义上的执行者，无论是接班之前还是接班之后，他都坚持创新、突破，他要做的是创造者。上任不久他就提出了三年目标：未来三年，美的集团将围绕产品领先、效率驱动、全球经营三大战略主轴，切实聚焦产业、做好产品、落实经营简单化、提升效率，经营好国内国际两个市场，构建顾客导向的敏捷型组织。到2015年，美的要实现"中国家电行业领导者，实现白色家电前三强"的战略愿景。

接班10年，他带领美的人一步步将这些目标和愿景变成现实。他用业绩证明了自己，也证明了何享健在接班人的人选上做出了正确的选择。

从美的2011年与2021年主要经济指标的对比（见表5-1）中我们可以看出，在方洪波带领下的10年，美的硕果累累。

表5-1 2011年与2021年美的主要经济指标对比

主要经济指标	2011年12月31日	2021年12月31日	2021年较2011年
营收（亿元）	1 341	3 434	+156%
净利润（亿元）	66	290	+339%
净利润率（%）	4.9	8.4	+71%
经营性净现金流（亿元）	41	351	+756%
人均销售（万元）	68.39	207.12	+203%
人均利润（万元）	3.39	17.49	+416%
市值（亿元）	414	5 165	+1 148%
净资产（亿元）	301	1 348	+348%

注：1. 数据来源：美的集团历年年度报告。

2. 市值一栏中，2011年的数据为当时的上市主体美的电器的市值数据，小家电、物流等业务并未包含在内。

这些数字令人惊叹：2021年，美的集团的营收规模较2011年增长了156%，净利润增长了339%，净利润率（从4.9%到8.4%）提高了3.5%，净

资产增长了348%，经营性净现金流增长了756%，人均销售增长了203%，人均利润增长了416%，市值更是增长了11.48倍！

2016年，美的成功进入《财富》杂志世界500强榜单，成为进入该榜单的首家中国家电企业。

2016年7月8日，方洪波作为民营企业的唯一代表受邀参加经济形势座谈会，并且就供给侧结构性改革和民营企业发展做主题发言。这足可见，在中国供给侧结构性改革的大背景下，美的已经成为转型升级成功的典范。

2. 持续推进管理变革，塑造一个美的、一个体系、一个标准

1997～2012年，美的事业部制模式实施了15个年头，帮助美的实现了从20亿元到千亿元的跨越。但是，在这个过程中也形成了一些积弊，当时美的有20多个产品事业部，它们协同困难。在美的内部流传一句话："远看美的，是一个美的；走近了仔细看，发现有无数个美的。"

方洪波再次以铁腕之力推动美的的变革与转型。"危机在堆积，我们能做什么？我们唯一能确保的就是变革。要练就否定自我和创新的速度，就是要敢试敢想敢干！"㊀在短短4个月内，方洪波就实施了一系列管理变革措施，包括砍掉二级产业集团、整合事业部和职能部门等，减少管理层级，实现扁平化管理，打造"小集团、大事业部"的管理模式。

组织架构快速完成重组之后，方洪波又自上而下在业务和流程端推动了一系列变革，如632项目、MBS、CDOC、T+3、美云销系统、渠道去中间化等，对业务流程、IT系统、精益管理、研发体系、产销模式、渠道等进行重塑，不断提升效率。

㊀ 方洪波. 志存高远, 静水深流 [EB/OL]. (2018-01-19). https://www.sohu.com/a/217820090_648407.

要知道，这些变革有不少是对何享健过去做法的否定，但方洪波从未因此而放弃。作为企业创始人的何享健，也给予了方洪波极大的空间，退就退得彻底，从不干预。

3. 推动美的从传统家电企业转型为全球科技集团

方洪波执掌美的多年来，不仅对家电板块进行了智能化改造，在更复杂的机器人与自动化领域也进行了深入布局（见图5-1）。

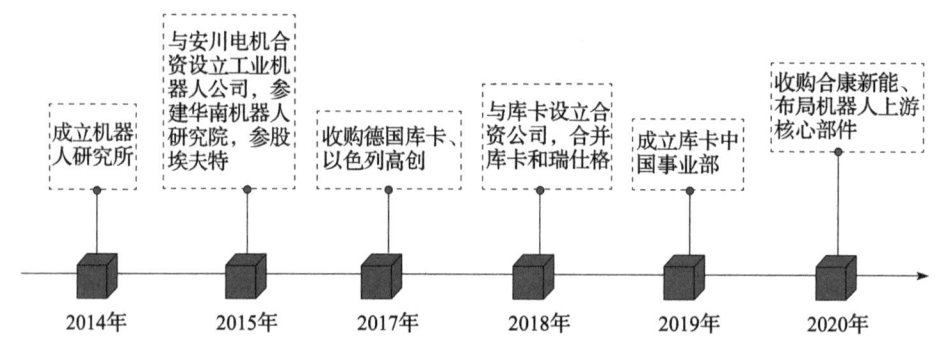

图 5-1　机器人产业布局时间表

通过收购德国库卡、以色列高创、合康新能等，美的在机器人和工业自动化领域占据了一席之地。而通过内部培育美云智数、安得智联，外部收购菱王电梯、万东医疗等，美的的产业触角又延伸到了智能楼宇、医疗、新能源汽车零部件、数字化创新服务等许多领域。

2020年美的海外营收占比达到42%，在2010年这一比例仅为28%。美的的成功不只体现在销售规模的增长上，更体现在美的自2015年以来真正实现了研发和制造的全球化布局，以及自主品牌业务的推广上，这是过去美的一直很难突破的地方。就此，美的全球化的布局进一步扩大。

2011年以前，美的的全球化业务基本是以中国制造基地为中心，通过OEM出口的方式卖到全世界。当时，美的的海外制造基地主要集中在印度、越南、泰国等国家。而现在，美的的海外制造基地已经多达17个，仅欧洲就有7个，还在亚洲、北美洲、南美洲、非洲都增设了制造基地。除此以外，还有28个研发中心分布在全球。

自有品牌业务则通过美的自有品牌的推动和收购东芝的白色家电业务（在海外市场获得东芝品牌40年的使用权）不断扩大。

4. 重塑新时代的美的企业文化

2018年10月19日，在美的50周年庆典上，方洪波宣布将以全新愿景、使命、价值观开启转型升级的美的新征程。

- 愿景：科技尽善，生活尽美
- 使命：联动人与万物，启迪美的世界
- 价值观：敢知未来

2021年7月21日，方洪波发出了《致美的人的一封信》，对美的价值观"敢知未来"进行了详细阐述，内容如下：

五十三年筚路蓝缕，正因为一代又一代美的人共同践行着先进的价值观，才让我们能一直走远路。从创业开始，我们坚持"开放、和谐、务实、创新"，它经历着时代的考验却历久弥新，镌刻在美的人的骨子里。

时钟指向2018年，正值美的50周年之际，新的价值观升级为"敢知未来"——始终对未知抱有孜孜不倦的探索精神。2021年四大战略主轴发布，五大商业板块重构；面向未来，我们更需要统一的价值理念和行为准则来指引每一位美的人为共同目标而奋斗。今天，我们对"敢知未来"的内涵做了新的诠释，希望与全体美的人分享并共勉。

第一，志存高远。从一个塑料瓶盖开始，美的人始终心怀梦想，坚持长期主义。正因如此，才能让1968年在顺德北滘创立的一个小作坊成长为一家世界五百强国际化企业。正如扬帆航海，前方尽是未知，纵然跌宕起伏，但只要坚信远方有闪亮的灯塔，我们终将能够抵达。

第二，客户至上。客户是我们的立身之本。坚持一切从用户视角出发、倾听用户的声音、重视客户的每一个反馈，至关重要。我们鼓励大家主动识别自己工作岗位中的"客户"，并始终站在用户角度思考问题、解决问题；鼓励大家直接聆听客户的反馈，并努力提升交付体验，做到把简单留给用户，把复杂留给自己。

第三，变革创新。走老路，永远无法到达新的彼岸。无论你身处什么部门、什么岗位，我们都希望你保持成长思维，打破边界。面对挫折坚持不懈，在批评中学习。大胆尝试承担风险。VUCA时代，我们更加需要这种勇于探索、拥抱变化的精神，来应对日益复杂的外部环境。

第四，包容共协。美的人分布在全球各地，你会与不同性别、年龄、性格、国籍的同事打交道。正因为大家所处的环境不同、背景不同，才得以碰撞出不同角度的精彩观点，让一个问题得到多个不同的答案。同时，我们倡导打破层级，坦诚沟通不唯上，不必因为自觉"人微言轻"而自我禁言。只有多元和包容，才能让组织迸发出生生不息的活力。

第五，务实奋进。居安思危，时刻进步，实事求是，说到做到。我们要继承美的务实奋进的优良传统，时刻保持忧患意识和危机感，在最好的时候主动求变。尊重事实对事不对人，坚守团队诚信，不夸夸其谈，拒绝没有思辨的执行，积极做问题的解决者。

价值观是什么？它是我们每天对待工作的方式，它是我们在面临决策时做出选择的理由，它是组织中大家共同遵守和践行的行为准则；价值观不仅仅是管理者的事，它与你有关，与我有关。认识它、认同它、践行它、捍卫它、传承它，应该是每位美的人的责任。我们坚信，共同的信仰和理念会让我们走得更稳健更遥远。从今天起，我们共同踏出新的一步，相逢在更高远的未来。

从铿锵有力的字里行间，我们可以感受到方洪波作为新一代企业家的格局、野心和魄力。或许，这正是何享健选择他的理由之一。

在交接班会议上，何享健说"我干不动了，也跟不上了"，这体现了他一贯谦虚低调的风格，但又何尝不是他洞察到商业变化之后，希望美的更进一步，选择方洪波来继承使命、开创新局的肺腑之言？而方洪波也证明了自己不是一个亦步亦趋、谨小慎微的产业继承人，而是一个永远充满激情的开拓者。

5.2.4　永不停歇的职业进化之路

方洪波是一个职业化的老板，这不仅体现在他对业绩孜孜不倦的追求上，还体现在他的职业道德、职业理念以及学习精神上。

方洪波的学习能力在美的内部是有口皆碑的。不论是 EMBA、CEO 培训班，还是营销管理培训等，他都是美的甚至国内较早参与和学习的人。一位曾在美的空调财务系统工作的资深人士给我讲过一个小故事：2001 年方洪波刚任空调事业部总经理时，需要和财务部门的同事开会沟通，当时，他们明显感觉到他对财务管理并不是很了解。但是仅仅一年后，当方洪波再与财务部门开会时，他们发现他的财务知识已经有了很深的积累。用那位同事的话说，"他已是全事业部最懂财务的人了"。原来，这一年方洪波一直在上课学习财务知识，遇到问题就积极地找财务同事请教和探讨。

在自我修炼的路上，方洪波从未停歇。他早就说过自己追求四种管理境界：第一是"全我"——全身心地投入工作，鞠躬尽瘁；第二是"有我"——体系建好之后"我"无处不在，人人都能感到我的威信和赋予他们的权力；第三是"忘我"——让体系自动运转，无论我身处何处，它都可以健康运转；第四是"无我"——个人从有所图到无所图。[⊖]

⊖　段传敏，谢丹. 美的方洪波：营销背后是管理［J］. 南风窗·新营销，2003（6）.

美的的企业文化一直是简单而务实的，而方洪波更是一股清流，如某个跟随他多年的事业部总经理所言，方洪波不会和他们"玩"在一块，他严格遵守着职业经理人的操守与规矩。

在方洪波看来，身为职业经理人，就必须经得起诱惑，耐得住寂寞，受得了孤独。而作为老板，在企业内部是不应该有朋友的，因为企业不能讲感情，而是要讲规则。如果老板和一部分人走得特别近，按亲疏远近把员工分为三六九等，那么其他人就会基于感情关系来看待你的管理行为，这将给企业带来无穷的麻烦，大大增加企业的内部沟通成本。

美的这种职业化、现代化的管理机制与文化，培育、催生了一批优秀的职业经理人，而这批优秀的职业经理人又让美的在职业化的道路上持续进化。

从职业经理人到企业家，从家电企业到科技集团，从中国制造到全球经营，从接班继承到创新突破，方洪波创造了一系列非凡的成就。但对于美的来说，方洪波是必然又是偶然。说是必然，是因为方洪波的业绩与能力无可非议，在那个关键点他是毫无悬念的第一选择；说是偶然，则是因为在美的这片沃土上，孕育了太多优秀的职业经理人，方洪波只是其中的一位代表。

5.3 交接班背后的治理逻辑

5.3.1 建立现代治理机制，让职业经理人走上前台

1993 年，美的子公司"粤美的 A"在深圳证券交易所上市，由此成为中国第一家改组上市的乡镇企业。要知道在当时大多数企业对上市心怀畏惧，在它们看来，上市不但会使公司成为受约束的公众公司，还不见得能募集到多少资金。

何享健却在那时就表现出了企业家的远见，对他来说，上市最主要的目

的不是筹集资金，而是借此形成规范的治理结构。他说："通过上市，企业的治理结构会更加健全，各项运作及监管制度会更加完善，方便管控，可以提高效率和效益。"⊖

因此，何享健积极地在美的推动股份制改革，美的由此建立了产权明晰的企业制度，并借此形成了企业所有权、经营权、监督权"三权分立"的现代治理结构。构建清晰的内部关系和决策机制，实现企业的市场化、科学化和高效率经营。美的之所以能运转良好并获得今时今日的发展，这种现代治理结构发挥了至关重要的作用。

因为采用了现代治理结构，美的内部管理团队之间、部门之间、上下级之间、经营单位之间的关系都非常简单，内外部的沟通因此变得非常顺畅，企业氛围也非常和谐。

不仅如此，所有权和经营权的分离使美的的职业经理人走到了前台，充分参与企业经营管理，为企业的发展贡献更大的力量。而身为董事长何享健主动退位，让职业经理人获得了施展自己才华的巨大空间。

何享健曾说："我希望美的能像欧美大企业那样，即使经营上没有大股东的参与，企业也能健康运作。到一定时候，我连董事会都可以不参加，让董事会、经营层全部实现职业化运作。"⊖如他所愿，现在美的的董事会、经营层已经完全实现职业化，在中国民营企业中美的是为数不多的实现董事会职业化运作的企业。

5.3.2 产权改革，真正实现市场化经营

美的虽然是由何享健创立的，但不论是在创业早期的 1968 年，还是在进入家电行业的 1980 年，其属性都是北滘镇的地方集体企业。

⊖⊖ 黄治国. 静水流深：何享健的千亿历程［M］. 广州：广东经济出版社，2018.

1992年进行股份制改造时，因为受到了社会环境的影响，美的并未给创业时的出资人——23名自然人做产权认定，而是遵循当时惯用的做法，将企业产权界定为集体公有产权。这种做法给美的造成了一个历史遗留问题——产权不清。

从美的年报可以看出，1993年上市时，何享健并非名义上的控制人，美的的第一大股东是顺德区北滘经济发展总公司——由北滘镇人民政府出资设立并授权管理部分镇属公有资产的法人机构，但它并未实际出资。在这点上，美的明显有别于欧美家族企业，有其自身的特殊性。

产权不清导致企业很难按照市场方式经营管理，很难为人才提供施展才华的广阔空间。这是中国很多第一代企业所面临的共同问题，春兰、长虹、科龙等企业的兴衰也与此有很大的关系。

2000年，当何享健看到有关管理层收购（Management Buyout，MBO）的报道时，他便敏锐地意识到了这可能是一个可行的解决方法。他的这一想法与当地政府不谋而合。当时的顺德区政府很开明，在全国率先开始产权改革。而北滘镇镇政府也意识到股权对企业的特殊作用，愿意进行股权转让。

从2000年开始，何享健便开始推行经营者（层）持股计划，具体做法是，由公司高层管理人员和工会共同出资组建顺德市美托投资公司，受让原政府的股权而成为第一大股东，而何享健则是顺德市美托投资有限公司的绝对控制人（占股55%）。

经营者（层）持股计划极大地促进了美的的发展，它使美的治理结构和产权结构得到进一步明晰和完善，产权正确归位，美的职业经理人与公司由此成为命运共同体，股东权益、员工利益和社会效益三者实现了统一，经营者（层）的主动性和创造性被充分调动了起来。何享健成为美的真正意义上的控制人，为更大胆的市场化经营开辟了通道。

日后何享健回忆道："家电行业竞争最激烈，如果企业薪酬制度我都完全做不了主，我怎么管理，怎样留住人才？所以，我极力推动美的的产权改革，动员政府把股份退出来，让市场来调节企业运营行为。现在看，美的很幸运，得到了当时开明政府的支持，顺利实现了企业产权改革。如若没有完成产权改革，就难以调动有价值的人才的积极性。"⊖

当然，这个现在看来利益巨大的正确举动，在当时充满了巨大的不确定性——何享健向银行贷了巨款才完成对政府股权的收购。可想而知，要是管理层收购后经营不成功，今天我们看到的美的故事就是另一个版本了。

产权明晰后，美的彻底放开经营，从2000年的100亿元发展到2010年突破1000亿元。若没有这种产权制度上的调整，这样的飞跃恐怕是不可能实现的。可以说，这是时代给予美的的又一次机遇，而美的凭借自己的努力把机遇变成了战略转折点，进而变成了红利。

5.3.3　整体上市，解决何享健的后顾之忧

"家族只做一个股东"是何享健的终极经营目标，这一目标通过2013年美的集团的整体上市得以实现。

2013年，美的集团通过换股的方式吸收合并美的电器，当时，美的集团和美的电器的换股比例为0.3447∶1，即每1股美的电器参与换股股份可换取0.3447股美的集团的股份。换股后，美的电器终止上市并摘牌，美的集团以一个整体上市。

整体上市后，美的控股对美的集团的控股比例由24.645%上升到41.668%，

⊖ 黄治国. 静水流深：何享健的千亿历程 [M]. 广州：广东经济出版社，2018.

董事长方洪波、总裁黄健等职业经理人持股约 11.27%，方洪波成为最大的自然人股东。

清晰的产权结构解决了集团内上市公司与非上市公司间业务关系错综复杂的难题。在治理层面，美的形成实际控制人、战略投资者及高级管理层共同持股的多元化股权结构，各方利益被紧紧地捆绑在一起。

整体上市还有一个好处：资本市场相当于一种外部治理机制，它能对职业经理人的行为起到监督与制约作用，这也是何享健要推动美的整体上市的原因之一。他曾经在交接班会议上说过，上市公司的经营要稳健很多，因为有股东大会制约和市场监督，不能乱投资，要向投资者负责。如果不整体上市，非上市业务部分仅仅依靠家族来监督是很困难的，在这种情况下，何享健又如何放心将企业交给职业经理人？

今天我们看到，何享健为美的规划的治理模式已经超越了很多西方发达国家家族企业的治理模式。何氏家族传承的只是其持有的股权而非经营权，支撑美的未来发展的是一套完善的制度体系和优秀的职业经理人团队，而非家族内外的某一个人。通过"家族只做一个股东"的方式，何享健将家族问题从企业中分离出来，转化为企业外的问题，从而避免了家族与经营者之间的冲突，使家族问题不会对企业发展造成不利影响，让更多有能力的人拥有发挥才能的空间。

彼得·德鲁克在《为成果而管理》中曾揭示："我们有希望看到的，最多是帮助企业摆脱对其取得成果的能力的限制。"美的的经验，充分证明了清晰产权和治理结构对于解决创始人能力受限的问题有着至关重要的作用。

从这个角度来说，何享健的人才观念比国内其他企业家更进一步。人才自然重要，但是美的发展靠制度不靠个人。何享健 40 多年来一直在做一件事——完善美的的企业制度，不管是实行股份制改造还是其后的上市、管理层收购，都是为了构建完善的治理机制，实行事业部制改革是为了打造现代化的企业经营体系，辞任美的电器董事局主席是为了进一步推进职业化经营。

实现现代治理，并非一朝一夕的事，何享健从创立美的到2012年退出美的交班给职业经理人，为打造现代治理结构进行了一系列长期的、环环相扣的安排。很多民营企业有比美的更好的治理基础——早已不存在产权的障碍，但依旧没有解决接班问题，或许它们应该认真学习美的交接班背后的治理逻辑。

── 本章小结 ──

中国的优秀企业有很多，但论及企业交接班，美的应该是完成得极为成功的企业之一；论及培养和善用职业经理人，美的也是商界一流。

其实，"接班人"是一个伪命题，任正非曾说过："接班人是广义的，不是高层领导下台就产生个接班人，（交接班）是每时每刻都在发生的过程，每件事、每个岗位、每条流程都有这种交替行为。"他还说："公司交接班是文化的交接班、制度的交接班，不是人传人封建式的交接班。……在这个问题上，华为要强调的交接班是要建立一个文化、制度、流程的交接班，而不是要交接给某一个人。"⊖

著名经济学家钟朋荣对家族企业持续观察十多年，他认为："家族控股，着力培养子女作为接班人无可厚非，如果聘请职业经理人，那么企业家需要具备广阔的心胸，优化股权，建立完善的约束和激励机制。"他给浙商提建议："如果浙商能够把中国古代优秀商帮的管理经验和西方现代企业管理制度结合起来，中西合璧，选择适合自己企业发展的方式，浙商也许就不需要再

⊖ 黄治国. 静水流深：何享健的千亿历程 [M]. 广州：广东经济出版社，2018.

为儿子不愿接班的事情而烦恼了。"

何享健选择的正是这种中西合璧的方式。他所设想的美的治理机制是这样的："像西方的大企业那样，没有大股东在也能运作得很好。等到一定时候，股东可以不参与董事会，董事会都是职业化的。"我们看到，这正是美的今天的样子。

有知名企业家慕名前往美的向何享健学习并由衷感叹："何老板能够这么放手，他是有多年沉淀的，不是今天说放就放的。美的在体系建设、制度建设和核心人才的团队建设方面，通过这么多年已经打下一个很好的基础。这是他能够放手的一个很重要的前提，也跟他个人的胸怀和理念有很大关系。"

何享健对待职业经理人既包容又严格，既分权又适度掌控，他像经营企业一样培育职业经理人，真正使职业经理人这一企业内顶级的人力资本发挥出了巨大的价值。在这种机制下，美的的职业经理人既能共享企业快速发展的业绩，也能在此过程中真正锻炼出极高的个人能力。后者的巨大价值，让他们哪怕离开美的也拥有不断攀升的市场价值，这种能力为职业经理人带来了最大的职业安全感，也让美的系职业经理人不会过于追求安全感，而是敢于放手一搏。

中国企业家的庞大数量与创新创业精神，在全球商业界都是罕见的，也是中国经济一路高歌的秘诀。与此相比，优秀职业经理人的数量实在是太少了。希望越来越多的企业家认识到职业经理人的价值，在企业内部打造完善的机制，积极搭建成长舞台，用心培育并用好优秀的职业经理人，通过他们不断推动企业的可持续发展。

― 第 6 章 ―

美的如何发展职业经理人

我们不仅是在从事经营产品的事业，同时也是在从事培养造就人才的事业，我们始终视员工为企业最宝贵的财富，尊重员工，努力使员工伴随企业共同发展，注重培养员工的归属感、协作精神和企业使命感。[一]

——何享健（1998 年）

2019 年 10 月，《界面新闻》发布了"中国上市公司年度职业经理人"榜单，共评选出 50 位优秀的上市公司职业经理人。

这是中国第一份评价职业经理人的榜单，在这份榜单中，美的系经理人占据 4 席：分别是美的集团董事长兼总裁方洪波（排名第 5）、盈峰环境董事长兼总裁马刚（排名第 27，美的生活电器原营销总经理）、美的置业董事长兼总裁郝恒乐（排名第 41）、顾家家居总裁李东来（排名第 48，美的制冷家电集团原高管）。

除了这四位上榜代表，还有众多从美的出来的优秀职业经理人分布在各

[一] 黄治国. 静水流深：何享健的千亿历程 [M]. 广州：广东经济出版社，2018.

行各业，美的内部的职业经理人群体则更为壮观。近年来，美的"良将如潮"的现象备受关注，有人甚至将美的称为家电行业的"黄埔军校"。

6.1 走职业化管理之路

美的是从顺德区北滘这个南方小镇成长起来的。今天，北滘以"家电之乡""千亿大镇"而闻名遐迩，但在20世纪80年代前，这里不过是一个普通小镇，论产业、人才、资金，均难与大城市相提并论。因此，坐落在此的美的很少得到优秀人才的眷顾，美的的职业经理人出身通常也并不是多么好。

可能很多人并不相信这一点。但看看美的最具代表性的两位职业经理人方洪波（现美的集团董事长兼总裁，美的原制冷家电集团总裁）、黄健（美的集团原董事兼总裁、美的日电集团原总裁）就明白了。方洪波1992年南下找工作，一开始应聘的公司是万科，但未被录用，后来辗转入职美的。黄健1992年南下找工作，最先去面试的是当时更著名的科龙，也是机缘巧合之下才入职美的。

还有很多在美的成长起来的职业经理人，当初是以应届毕业生的身份加入美的的，而且大多是普通大学的毕业生，因为在相当长的一段时间里，美的很难招到一流大学的优秀毕业生。

为什么在这样"贫瘠"的环境中，美的却打造出了这么多优秀的职业经理人？尤其是在舆论时不时"妖魔化"职业经理人的商业环境中，美的却让他们绽放出了不一样的光彩，秘诀是什么？

6.1.1 营造职业化的环境与氛围

1. 现代治理，构建职业化的基础环境

职业经理人的成长与发展需要现代化的治理环境。从本质上来说，现代

治理结构是培养职业化经营人才的体制基础,没有现代治理结构,职业经理人不可能从天而降,也不可能茁壮成长,更难发挥出其应有的作用。

一直以来,最让何享健骄傲的是,美的没有像很多企业一样搞家族化企业,而是走上了一条现代化、规范化的治理之路,这为职业经理人的成长与发展营造了职业化的环境。

20世纪90年代,何享健就看到了现代企业治理的重要性。他对现代治理的理解非常独到。一方面,要建立所有权与经营权分离、能做到有效监督的现代企业治理体系,实现企业的市场化、科学化和高效率经营。另一方面,要处理好两层关系,一是外部关系,即与政府、上下游供应链、消费者、传播媒体、股东等之间的公共关系;二是内部关系,即处理好经营单位之间、管理团队之间、部门之间、上下级之间的关系,以此保证内外部沟通顺畅,营造和谐氛围。

上市后,美的就建立起了科学有效的现代治理结构。为了进一步完善治理结构,2001年美的又引入了独立董事,比如,长江商学院创办院长项兵等人曾陆续出任美的电器独立董事,这给美的带来了新的决策机制和更广阔的视野。

此外,在现代治理结构的基础上,美的还逐步形成了股东大会、董事会、监事会结合的三会运作模式,并独立运作,实现投票权、决策权和监督权的分离,使治理更加规范、透明。

2. 元老退出,为职业经理人腾出空间

近些年来,美的不仅为家电家居行业,还为其他行业输送了不少高层人才。这些人才在离开美的之后依然取得了很好的业绩,他们的职业化程度之高,也往往被新单位称道。

"职业化"不是最低标准，而是最高要求。这种职业化的形成，一定与其工作环境有关。

为了给职业经理人创造一个良好的环境，何享健采取了一系列举措，比如梳理公司内部的裙带关系，劝退不合适的干部，甚至创业元老。

1997年，美的实施了事业部制改革，在这次改革中，何享健安排大部分创业元老退居幕后，有的直接退休，有的负责行政后勤等事务，有的转为公司顾问，有的在集团层面担任副职但不负责具体经营……取而代之的是一大批年轻干部，职业经理人第一次走上了美的前台。到了世纪之交的2000年，美的"创一代"几乎全部退出历史舞台，方洪波等年轻一代成为新的主角。

同时，何享健还在美的推进战略规划、经营预算、绩效考核等一系列规范化运作方式，建立并完善内部规章制度与流程，让一切管理动作在既定轨道上运行。

很多人离开美的到了新单位后，会将两者的工作氛围进行比较，他们有一个很直接的感受：在美的工作起来很简单，而其他的一些企业相对复杂。

美的很早就坚持打造职业化的内部管理文化，这在中国企业里是十分少见的。尽管这些年来，外界对职业经理人有一些负面评价甚至妖魔化的描述，但在美的，"职业经理人"永远是一个正面的称呼，也是所有美的人共同奋斗的目标。在美的，职业经理人可以名正言顺地当家做主。

3. 审计监察，解决信任与放任的难题

在美的，审计并不是一件敏感的事。无论哪个部门、哪个项目、哪个干部被审计，都不代表出现了什么异常，因为内部审计早已成为美的的一种常态化机制。

美的的审计体系并不针对职业经理人，但是对职业经理人的管理起到了

很重要的保护作用，也让创始人与职业经理人之间的关系超越了信任与怀疑、忠诚与背叛这些传统的评价标准。

比如离任审计，到了一定级别的干部，其岗位的变化（不论是晋升还是调动）必然伴随离任审计。如方洪波在美的曾先后调任多个高层岗位，每次都会接受离任审计。这类审计也是对职业经理人的综合评价。

比如经营绩效审计，每年三四月份，美的都会做经营绩效审计，审计部门会非常严格地全方位地对经营绩效进行审计。

比如各项专业审计，在采购、渠道返利、广告费、工程建设、设备等敏感环节，美的会进行很多专项审计，这类审计不针对职业经理人，但会警示职业经理人不得违规介入。

比如监察，美的的监察体系会处理各种举报，当然也包括对职业经理人的举报。但如果是无中生有、打击报复等恶意举报，监察部门会在审计调查后还原真相、及时披露，坚定地维护职业经理人的权利与权威。

6.1.2 严格约束职业经理人的行为

对于职业经理人，美的虽然给予了充分的尊重、激励和驱动，但他们没有特权，同样要受到严格的约束。美的构建了完善的约束机制，形成了严谨的制度体系，让职业经理人的一切行为有章可循、有据可依、有迹可查。

1. 职业经理人行为准则

美的创造了一个包容的环境，但包容也是有底线的，这个底线就是职业道德底线。2004年，美的出台了《职业经理人基本行为规范》，以制度的形式确立了对职业经理人的约束和激励机制，明确了美的培养职业经理人的文化、理念，对职业经理人的行为进行了严格规范，比如不得有违规的投资行为、直系亲属不得在美的任职等,从制度上保证了美的职业经理人团队的健康成长。这些规范概括起来是"八提倡、八反对"(见表6-1)。

表6-1 职业经理人的"八提倡、八反对"

第一条	提倡诚信廉洁	反对徇私舞弊
第二条	提倡业绩导向	反对纸上谈兵
第三条	提倡勇担责任	反对敷衍推诿
第四条	提倡务实稳健	反对浮躁冒进
第五条	提倡持续经营	反对短期行为
第六条	提倡开拓创新	反对故步自封
第七条	提倡团队协作	反对个人主义
第八条	提倡谦虚学习	反对妄自尊大

此外,美的还制定了《职业经理人行为准则》,明确规定了"六条红线",如有违反会被一票否决。

- 红线一:做假账欺骗股东
- 红线二:利用职权为自己或亲友谋取利益
- 红线三:未经许可投资与公司构成竞争或配套关系的产业
- 红线四:超越权限行使职权致公司利益严重受损
- 红线五:泄露公司商业机密或内部敏感消息
- 红线六:阻碍正常监督审查或包庇违法乱纪行为

这些行为规范与准则,对职业经理人的职务行为与个人行为进行了有效制约,是职业经理人的职业道德底线,谁碰谁就出局。对于违法违纪的职业经理人,美的在处理时绝不含糊,绝不会因怕"出家丑"而姑息放纵。

2. "三要""三给""三看"

总体来说,美的的氛围既严格又包容,既清晰又灵活,既激励又约束。何享健对待职业经理人非常大方,但永远规则在前,并且配有合理、清晰的管理目标与手段。他对职业经理人的要求，可以概括为"三要""三给""三看"。

（1）"三要"就是既要、又要、还要。既要收入，又要利润，还要经营质量。这三者代表着全面经营能力与经营质量，职业经理人做得到，企业才会有更好的未来。这在美的对事业部、对职业经理人的绩效评价、任免管理中都能体现出来。也正因如此，美的大多数职业经理人的综合经营素质都很高，绝对不只是单方面的业务能力强。

在美的，数据说话、结果导向、业绩为王的文化深入人心，职业经理人既是人才体系中的最高层，也是指标考核的最终承受者。因此，对他们最大的约束其实是业绩约束。

业绩约束首先来自高目标，其次来自高质量完成，再次来自高频率考核。美的不是一年看一次业绩，而是每个月都会对职业经理人的业绩进行评价，这对职业经理人起到了巨大的鞭策作用。

如果经营业绩不理想，职业经理人的压力就会很大。如果连续几个月没有完成预算，很有可能就会被调整。美的对业绩不佳的干部的调整是极其果断的，不会受人情的牵绊，比如，美的某事业部曾经在16年内换了8任总经理。因此，职业经理人代表的从来不是荣誉、地位，而是责任、目标。这种"能者上、庸者下"的用人机制，既是巨大的动力，也是巨大的压力。

（2）"三给"就是给资源、给权力、给激励。给资源指的是集团会根据战略规划进行投入与布局，不会只给职业经理人压担子而让他们做无米之炊。美的在规模化发展时期的产能大规模扩张，在市场开拓与品牌建设上的投入以及接二连三的收购兼并，就是给资源的充分表现，每一次大投入都为职业经理人搭起了大舞台。

给权力指的是向职业经理人下放全面的经营权，使他们在拥有更大决策空间的同时必须做出决策，从而得到充分的锻炼。当然，职业经理人的权力再大也要受到管控。在美的，手握重权的职业经理人虽然也会存在本位主义，会用自己熟悉的、原体系的人马，但由于各种约束机制的存在，山头主义、独立王国的现象是不会出现的。

给激励指的是给职业经理人丰厚的业绩回报，使他们既有面子也有里子。不论是早期的利润分享，还是后期的股权激励，都将职业经理人的收入与业绩牢牢地捆绑在一起。

这三者的融合，使职业经理人真正成为创业者。

（3）"三看"就是看市场、看结果、看团队。首先是看市场。何享健很少干预职业经理人的日常经营，但这不代表做"甩手掌柜"。他对市场非常敏感，每年几次国内外市场走访是雷打不动的，通过对外部市场的调研，他对职业经理人的表现有了更深入的了解。他一般不直接干预一线的经营，但是若在市场考察中发现异常信息，就会安排相关高层一起做研讨，然后解决问题。

其次是看结果。何享健通过看数据、看报表而非日常管控来看经营结果，而且他有一套分析方法，通过数据来掌握职业经理人的经营情况与能力表现。

最后是看团队。何享健不会干预职业经理人的用人，也不会越级指挥，但是会关注经营团队的表现。比如，二级产业集团总裁由他直接管理，但他会找事业部总经理聊天，在一些会议上也会有意无意地询问其他经营团队的看法，这实际上都是在考察二级产业集团经营团队是否称职，考察职业经理人是不是能真正用好团队的力量。

在这种机制下，美的的经营十分成熟、高效而优质，何享健对美的的管理机制与团队也很有信心。有了这种机制以及不断形成的文化氛围，职业经理人梯队就慢慢建立起来了。

在美的，做职业经理人既容易，又不容易。说容易，是他们很容易就被提拔起来，而且被提拔之后往往都干得不错；说不容易，是因为职业经理人总是被放在业绩这座火山上烤，需要取得多方面的成果，即使职位再高都没有绝对的安全感可言。在这种情况下，不论是交接班还是内部的职位更替，或是组织重组与业务整合，都不会因为某个人而出现什么大问题。

6.1.3 老板也要职业化

很多人对职业化有一个误区，认为职业化是对职业道德的一种要求，老板因天生不存在背叛企业的可能而不受此限。有人甚至认为，职业经理人天生可能存在不忠行为需要监管，而老板因为是大股东而天然对公司负责，因此后者的所有行为都是应该被尊重的。这其实是把企业视同于私器，把控股者视同于所有者，而没有认识到企业首先是一个社会组织。

其实，在企业中，老板也要职业化。没有职业化的老板，企业就不可能拥有职业化的环境，自然不可能培养出职业化的人才。

美的为什么能为职业经理人创造高度职业化的环境？原因正是有何享健这样一个职业化的老板。

所谓"职业化的老板"，其职业化不是言行举止、工作状态的职业化，也不是遵守规章制度、勤勉工作意义上的职业化，而是能将企业打造成一个讲科学、讲规则的组织。这种职业化，来自对企业这个组织的理性认知，来自对管理行为的科学规划，来自对内部各项标准制度流程的建设。

何享健是一个极其职业化的老板，他把自己放在流程与制度之中，时时讲制度、建机制，不谋求也不使用超流程的权力，不会因为自己是老板而想干什么就干什么,更不会因为自己是出资人、大老板、企业控制人就唯我独尊。

有这样一个职业化的老板,美的的职业经理人无须战战兢兢、如履薄冰,无须对老板察言观色(谈个事情还要提前打探老板的心情),也无须把胸脯拍得震天响,只需要考虑如何完成业绩,不辜负老板的信任与要求。如果对老板的决策有不同想法,也完全可以据理力争,甚至有些时候,在和职业经理人沟通时,何享健还会主动让步。他曾说:"美的职业经理人素质这么高、这么位高权重,带这么大的队伍,老板要给他们面子的,作为老板不能想训就训,要尊重他们。哪怕明明知道他们不对,也不能讲太难听的话。有些决定明明是我可以做,交由他们(职业经理人)执行就可以的,但是我也要和他们商量、让他们发表意见,要让他们感觉到这是我们一起做出的决定。他们这么高层次,不会愿意做一个简单机械的执行者的。"○

他还说:"美的的成功,对我个人来说,就是要有开放、创新的观念。因为企业的外部环境是时刻变化的。企业内部人员的素质提高了,企业大了,管理决策者就要转变观念,跟上时代,不断研究,不断思考。"○

职业经理人水平高了,也会倒逼老板提高水平,何享健曾说:"我的'书本'是堆积如山的文件,要熟读,要批复,学了不少东西。"○

企业老板可以认真想一想自己企业的职业经理人水平如何,有没有让自己也感到有压力的时候。如果老板总是感觉职业经理人完全不如自己,那最应该反思的恰恰是老板自己。

美的的职业经理人也不断地从何享健身上汲取着营养。这些年来,何享健极具智慧而使众人行,洞察分明而大智若愚,目标坚毅而低调务实,胸怀

○○○ 黄治国. 静水流深:何享健的千亿历程 [M]. 广州:广东经济出版社,2018.

宽广而不图虚名。这些行事准则使美的的职业经理人得到了最好的言传身教。

回望 1992 年美的推行股份制改造以来的经营历程，何享健在机制与人情方面都表现出对职业经理人足够的理解与尊重。企业实力不强不要紧，企业基础薄弱不要紧，对现代企业治理的工具掌握不全也不要紧，只要愿意走上职业化管理之路，只要愿意为职业经理人提供舞台和空间，就有机会像美的一样从一个乡镇小厂成长为千亿企业。

6.2 打造人力资本驱动的高绩效组织

美的发展职业经理人的重要路径，是将企业打造成人力资本驱动的高绩效组织。

什么样的组织是人力资本驱动的高绩效组织？它应该具备一个核心、两个关键、三个统一、四大保障机制（见图 6-1）。

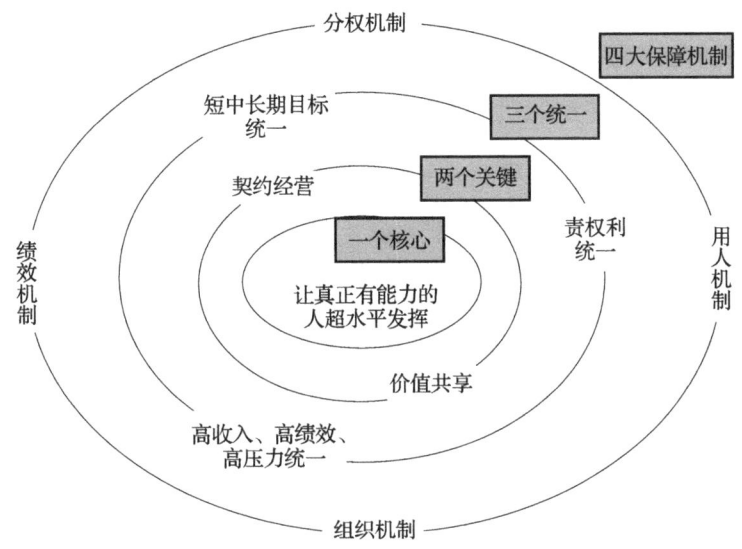

图 6-1　打造高绩效组织的"一二三四"

6.2.1 一个核心

"让真正有能力的人超水平发挥"是美的高绩效组织的衡量标准,也是美的用人的核心诉求。

这里有两个关键词,一是"真正有能力",二是"超水平发挥"。

所谓"真正有能力",指的不是浮于表面的东西,而是指个人有能用结果、业绩来证明自己的真本事。美的有以结果为导向的文化和系统评价的标准,只要你能够完成岗位责任指标,就代表你是有能力的。

这个真本事还要以数据为证。能力一定要用客观的绩效数字来证明,这就是美的的组织绩效文化。在选拔任用经营人才的时候,这一点尤为重要,也是一条易于操作的标准。有一件事可能出乎所有人的意料:美的做到几千亿元的体量,几乎没有做过干部述职,但干部管理仍然做得很到位。为什么?因为月度经营分析和层层考核评价,已经是最好的述职了。

"真正有能力"还不行,能力还要发挥出来,而且要"超水平发挥"。这个超水平如何体现呢?在美的,管理层会不断提出更高的目标,职业经理人必须通过自己的努力去一次次实现这些挑战性的目标。

6.2.2 两个关键

契约经营和价值共享是美的打造人力资本驱动的高绩效组织的两个关键。

1. 契约经营

契约经营就是委托代理,即企业家提供资源与平台,职业经理人按照约定的规则进行经营,最后按经营业绩进行考核。契约包括两方面,一是内部的各项规章制度,这对老板和职业经理人都是一种约束,老板不会朝令夕改,职业经理人也要按规矩来,因此双方都不必担心发生不可控的变化;二是经营预算与经营责任制的目标契约，在本书第 4 章有详细说明。

具体来说，美的会通过 3～5 年的战略规划，对各个经营单元提出长远的战略目标，并在此基础上共同确定下一年度的经营目标。绩效考评的指标，既有短期经营指标，也有长期能力指标，最终根据经营结果进行评价打分。可以说，这个目标就是职业经理人存在的理由，也是其能否完成契约并继续受聘的依据。

2. 价值共享

价值共享又叫利益共享，指的是职业经理人、经营团队可以按其创造的价值来与企业分享成果。自从 1997 年进行事业部制改革后，美的就开始实施这种利益共享机制，远远地走在中国企业的前列。

在价值共享方面，何享健不但有格局、有胸怀，愿意与职业经理人分享企业的成果，还设计了一系列规则，确保职业经理人获得合理的利益。在美的，职业经理人可以预估自己做到什么程度能拿到什么样的奖励，还可以根据自己创造的利润、经营考核结果和对应的奖金计提率，计算出绩效奖金。这种明确的计算方法、前置的激励政策，给职业经理人带来了很大的动力。

此外，职业经理人在美的还能获得事业价值。何享健从来不把美的当成家族企业或私有财产，相反，他通过各种举措，让职业经理人感觉美的是属于每个美的人的，是大家共建的事业平台，是实现其职业梦想的舞台。在美的，职业经理人是在为自己的事业而奋斗，这使他们全心投入、全力以赴。

6.2.3 三个统一

所谓"三个统一"，指的是责权利统一，高收入、高绩效、高压力统一和短中长期目标统一。

1. 责权利统一

责权利统一指的是职业经理人的责任、权力和利益应该是高度匹配的，其中任何一方不匹配都会出问题：

- 有责任、有权力，没利益，很可能出现内部腐败、用脚投票、劣币驱逐良币的现象
- 有责任、有利益，没权力，很难实现既定目标，要么实现速度非常慢，要么激励代价非常大
- 有权力、有利益，没责任，不利于制定远大目标、引领企业长期发展

任何企业都不要心存幻想：给职业经理人毫无竞争力的薪酬与激励，就让他为企业创造很大的价值；或者不给权力与利益，却指望他完成挑战性的战略目标。这些都是行不通的。

在美的，职业经理人有很大的权力，同时要承担全部的经营责任，最终可以获得巨大的利益回报，这种责权利的统一让职业经理人能够真正发挥主人翁的精神。

2. 高收入、高绩效、高压力统一

职业经理人理应有高收入，否则就算不上职场精英，也不能作为榜样激励其他人。要想拿到高收入，创造高绩效是前提条件，也就是说这种高收入不是源于老板的大方，而是源于创造价值之后职业经理人的收获。

高压力说的是美的给予职业经理人的目标从来都不是能轻松实现的。多年来，美的内部一直流传着这样一个说法——"30%以下的增长都不能叫增长，只能叫改善"。这种高目标不是随便制定一个收入或者利润指标，而是需要通过预算进行详细的设定；也不是只在年底进行一次年度考核，而是在执行过程中每个月都会通过经营分析会进行检验。在这种情况下，职

业经理人必须每月"交粮食",承受的压力很大。但以月度为单位的经营节奏划分,让职业经理人能够更清晰地找到经营节奏,也更能促进他们的成长与成才。

3. 短中长期目标统一

打造高绩效组织,短中长期目标必须保持统一。战略目标与经营计划在其中发挥着重要的作用,它们既设定了经营目标,也设定了能力目标,既包含了短期要求,也包含了中长期要求。在目标实现的过程中,美的会通过三年战略滚动发展规划,不断调整与优化战略目标,确保企业一直走在正确的道路上。

美的每年都会制定面向未来三年的战略滚动发展规划,也就是说,每一个"下一年",都不是今年的延续,而是未来三年的开端。这个很不一样的定义,意味着美的的经营动作至少是往后看三年的。我在做企业咨询时经常看到许多企业陷入"死结",原因就在于其没有长远眼光,总是走一步看一步。没有战略目标的倒逼,等问题暴露时往往已经积重难返。

同时,绩效奖金发放也要做到短中长期匹配,不能全是短期激励,也不能一次性发放。在美的,职业经理人的绩效奖金会分两三年递延支付。有了股权激励后,长期激励性质的股票、期权也会根据经营达成情况分年授予,授予条件原则上是连续经营业绩达标与个人业绩达标,这样做可以避免职业经理人为了一些短期利益而损害中长期利益。

6.2.4 四大保障机制

彭剑锋教授在《第三条道路:美的的成功与挑战》一文中指出:"一个企业成功的关键在于人才的质量与数量,而激活人才的关键在于机制与制度建设。"从更广泛的意义来说,美的的职业经理人是美的保障机制的产物。

1. 分权机制让职业经理人能决策

许多人都有这样的疑惑，何享健作为一个出生于顺德北滘的普通人，没受过太多教育，怎么会打造出这么多优秀的职业经理人？我的回答是，何享健是真的不想管事，不以掌握这家公司为荣，没有权力的欲望。他的确一直秉承"不想管而要管好"的理念，有了这种格局，方法是一定能够找到的，那就是分权机制。

在分权经营的理念下，美的的职业经理人能够获得相应的人、财、物的处置权，也能够调整资源，让自己的施政过程更有效。

分权机制还让职业经理人能决策。一个没有使用过权力的人，是不可能成为合格的职业经理人的。一个职业经理人若没有经历过决策，是不可能成长的。职业经理人必备的一项能力，就是做决策的能力。美的通过流程化、标准化、制度化，不断推进内部管理的规范化与效率提升，让职业经理人真正拥有经营权，参与企业的经营管理与决策，并且能够对一些重大事情拍板、下定论。也许，在决策的时候职业经理人会出错，但这又何尝不是一种历练？职业经理人好比参天大树，在温室里是长不出来的。而且，优秀的职业经理人是需要一些血性的，没有过使用权力的历练，这种果断的品质是出不来的，再好的素质也会被磨灭掉。

2. 绩效机制让职业经理人有动力

绩效机制不只是为了分配奖金，更重要的是促使职业经理人自我驱动。在美的，职业经理人根据绩效结果可获取相应的回报。这种政策前置、规则透明且以数据来衡量、以结果论回报的绩效机制，有效地把职业经理人的积极性调动了起来。

尊重人才，既要提要求，也要给回报，要给钱给权给空间。何享健正是这样做的,他一直遵循"财散人聚、财聚人散"的理念,早在30多年前就敢给高薪,敢与员工分钱,他一直认为财富是大家创造的,钱也要一起分。他曾说:"我们要用更多的资源去支撑更好的薪酬激励制度。我们要创新,我们要国际化,我们要加大力度激励。"○

正因为如此,美的很早就出现了百万年薪职业经理人,股权激励计划实施后又出现了千万年薪职业经理人。到2013年美的集团整体上市时,方洪波等多位核心高管持有的股份约11.27%,对应的市场价值最高时达300亿元以上。

当然,何享健并不是视金钱为粪土,也不是无原则地散财,他是真正理解投入与产出,并因此找到了企业用人的"杠杆"——绩效机制,通过这个机制让职业经理人以更高效的创造力,努力在市场竞争中帮助企业获得更大的价值回报。

何享健的"给钱"有着明确的标准与规则,职业经理人必须达到目标才能分享企业的经营成果。美的职业经理人的年度收入中,固定薪酬(按月发放)的占比是很小的,绝大部分(甚至可能高达90%)是浮动薪酬(来自业绩奖金)。因此,如果经营业绩不理想、责任制考核分数低,其奖金就很低,甚至会被淘汰。

为了避免出现这种结局,也为了获得更高的收益,职业经理人就会自我驱动,为企业创造价值。凭借绩效机制这个小小的杠杆,美的真正撬动了人力资本。

3. 组织机制让职业经理人有支撑

自1997年事业部制改革以来,美的一直坚定地以事业部为经营主体。尽

○ 黄治国. 静水流深:何享健的千亿历程[M]. 广州:广东经济出版社,2018.

管这些年来，美的经历了很多风风雨雨，但这一点始终不变。这意味着，职业经理人在经营中唱主角的规则也一直没有变化。

在事业部制的大框架下，美的一直在深化、完善内部的组织架构与运作体系，建立了非常清晰的层级结构，并不断地强化流程化、制度化、体系化、信息化建设。由此，企业成了职业经理人施展才能的舞台，在这里，他们不需要凭借强大的个人能力去运转、去创造，只要融入机制中去运筹帷幄，指挥下属冲锋陷阵即可。

比如，在美的，各事业部有非常完善的生产、研发和销售，以及人力、财务和运营等职能部门，于是，事业部总经理有许多"帮手"（事业部总经理也具有"组阁"的权力，能够配置合适的人员），他们会在各个层面帮助事业部总经理做决策、做执行、做检查。在本书有关美的实施经营绩效考核的内容中，我们可以看到，事业部总经理承载的经营指标会通过各个部门的指标体系贯彻下去。在本书有关全面预算、经营分析的内容中，我们也可以看到，财务部门会给予事业部总经理巨大的支持。

4. 用人机制让职业经理人有梯队

何享健有一个关于美的用人的经典说法："20世纪60年代用北滘人，70年代用顺德人，80年代用广东人，90年代用全国人，21世纪要用全世界的人才。"[①]可见他早就想好了，事业的边界拓展到哪里，用人范围就要扩展到哪里。只用小范围的人才，是不可能将事业拓展到更大范围的。

这种开放而有效的用人机制与文化，让美的人从基层开始就没有任何隔阂与藩篱，这不仅提高了职业经理人成长成才的可能性，同时也让他们有人可用。这种人才梯队是美的发展的源泉。

---

① 黄治国. 静水流深：何享健的千亿历程 [M]. 广州：广东经济出版社，2018.

6.3 打造人才供应链

6.3.1 开放用人，尊重人才

1."爱才如命"的何享健

何享健"礼贤下士、爱才如命"是出了名的，一位对美的比较了解的东芝原高管曾说，何享健是"穿西装的刘备"，这一说法在美的内部深受认同。

因为很早就认识到人才的价值，何享健对人才的尊重是发自内心的，并且竭尽所能网罗人才。因此，在用人方面，美的一直走在行业的前列：早在20世纪80年代，由于没有人才愿意到乡镇企业工作，何享健就去广州聘请"星期六工程师"㊀；20世纪90年代初期，美的抓住了人才南下的机会，聘用了一大批优质人才；20世纪90年代中期，美的又率先开展校园招聘；进入21世纪后，随着国际化的不断推进，美的再次加大了高素质人才的招聘力度，并且不断引进日韩专家。

在2007年接受《21世纪商业评论》的采访时，何享健表示："目前是美的发展最好的时期，不仅就经营团队的能力、心态、工作经验、理念、定位来说是最好的时期，而且就团队的数量、素质、人格、品德、专业水平、国际化理念、结构来说也是最好的时期，这是美的价值的体现，是美的最大的无形资产，也是美的发展的信心所在，这样优秀的经营团队对我本人也是很大的鼓舞。"㊁他的确把经营团队看作美的最大的财富。

何享健给优秀职业经理人的回报是巨大的，重要前提就是他一直视人才为资本而非成本。正因为如此，何享健敢于用高人、给高薪，这与任正非在

㊀ 20世纪八九十年代，顺德的乡镇企业快速发展，但工业技术人才严重缺乏，于是美的等顺德企业就从广州的国有企业里请技术人员来助力。技术员利用周末休息时间到顺德工厂提供服务，因此被称为"星期六工程师"。——编者注

㊁ 何享健. 宁愿走慢一两步，不能走错半步［J］. 21世纪商业评论，2007（06）：64.

创业之初就敢给员工高工资如出一辙。

老板必须将员工工资视为基础投入，使其充分体现人力资本的价值。不过，给予高薪之后，老板也要敢于提出高要求，这样才能共同创造高回报。所以，这么多年来，美的的员工待遇很好，但总体的人工成本率一直保持着低位。低人工成本投入、高人均收入、高经济产出，这就是激励的杠杆效应。

2. 给职业经理人足够的空间

在美的，职业经理人相当于"老板"，美的内部对职业经理人有一个独特的称呼："内部企业家"。

的确，美的的职业经理人拥有老板一样的权力，却不必承担老板那么大的压力。何享健虽然有很高的威望，但他从来没有在职业经理人面前表现出盛气凌人的态度，甚至在一些场合，反而出现过职业经理人因为有情绪把他晾在一边的情形。试问有几个企业家能够如此包容？

美的给职业经理人的空间不仅足够大，还非常自由，不设考勤，不用过多请示汇报，开会的次数也不多。何享健说："我们不能对这么高位置、高压力的人，还像小学生一样管得死死的。"⊖

比如，在产能扩张方面，美的的事业部总经理拥有几千万元的投资审批权。起初，有些人觉得数目过大，经常去找何享健请示，何享健都会回答说："这在你的权限范围内，你自己决定吧。"

3. 打破血缘、地缘、亲缘

在美的，很早就有打破"三缘"（血缘、地缘、亲缘）不拘一格用人才的说法。20世纪八九十年代，美的就开始大批引进各地人才，尤其是1992年南

⊖ 黄治国. 静水流深：何享健的千亿历程 [M]. 广州：广东经济出版社，2018.

下的人才，方洪波、黄健等人就是在这个阶段加盟美的的。

开放用人的出发点与何享健一直追求的"大概率事件"是一致的，在他看来，更广泛的用人空间意味着更大的成功概率。当然，开放用人并不等于对本地人有偏见，更不代表什么人都用。何享健曾阐述过自己对人才的理解："必须是能够不断对企业进行改革，使企业不断发展的人。首先，必须年轻、思路敏捷、有专门知识。其次，必须能够经常否定自己，把握住新时代发展潮流。最后，个人的私人空间固然重要，但必须要有为了公司的发展牺牲部分个人空间的心理准备。"⊖

由此，我们可以将美的的用人观总结为"五用""五不用"（见表6-2）。

表 6-2 用人观

五用	五不用
用品德好的人	不重用不熟悉业务的人
用执行力强的人	不重用不会做小事的人
用以团队为主的人	不重用不服从大局的人
用善于学习的人	不重用不培养下属的人
用勇担责任的人	不重用不善于变革的人

美的对人才的要求是很高的，优胜劣汰更是从不打折扣。这样一种用人文化，不仅大大打破了美的用人的局限，而且早早确立了美的制度化用人的框架。

6.3.2 战略牵引，激发创业精神

1. 使命必达，激发创业精神

俗话说："宰相必起于州部，猛将必发于卒伍。"一个人如果没有丰富的

⊖ 黄治国. 静水流深：何享健的千亿历程 [M]. 广州：广东经济出版社，2018.

经历，不可能成长为职业经理人。在美的，职业经理人往往都经历了全方位的锻炼，这是美的的战略规划和目标牵引出来的机会。

从1991年开始，美的参照国家五年规划在内部制定五年战略发展规划。美的每一个五年战略发展规划都会提出挑战性目标，例如，1991年美的营收还只有3亿元左右，便提出到1995年实现工业产值超过10亿元；2000年，美的突破了100亿元规模，何享健马上为团队制定出更大的目标：2005年要做到500亿元，以此来引领团队不断向上攀升。在大目标、高要求的鞭策下，美的职业经理人的思考强度和工作强度远远高于同行。正因如此，美的的干部虽然年轻，但一个30岁左右的干部所经历的锻炼相当于许多企业40岁以上的干部。

当然，战略牵引不只是提出几个规模、利润上的大目标，而是要使职业经理人"以创造完美的事业为使命，以创造完美的产品为责任，以创造完美的人生为追求，为社会创造更多的财富，为国家创造更多的税收，为企业创造更多的效益，为自己创造更多的机会"。

"做世界的美的"，不只是挂在墙上的标语，而是真正的使命。在这个使命的鼓舞下，职业经理人的创业精神被充分激发出来。

2. 选拔制，赛马不相马，提升人才自驱力

何享健爱惜人才，但他从来不认为员工要对企业无限忠诚，同样企业也不必对员工做出终身承诺，一切以能力、绩效为准。对他来说，决定是否聘用要以工作业绩为标准："要不断地把机会给予那些有能力的人才。"也因此，虽然美的有成熟的育人体系，但美的的职业经理人并不是刻意培训、培养出来的，而是"赛"出来的。

美的以业绩、结果为导向，这意味着人才在美的会经历一轮轮筛选，在

这个过程中，优秀的人才会脱颖而出，而达不到要求的人会被淘汰，这与任正非所说的华为人才培养"是选拔制而非培养制"如出一辙。

人是有潜能的，以结果倒逼，可以极大地激发人才的潜能。美的的战略目标、经营目标都是有挑战性的，财务的管控也十分严格，人才只能凭真刀真枪干出来，弄虚作假是不可能蒙混过关的。在这种情况下，优秀的人才不断被筛选出来，而优秀的职业经理人也越来越多。

6.3.3 组织裂变，不断为经营创造机会

回顾美的职业经理人的发展历史，会发现一个很有意思的现象，那就是在1997年、2001年、2002年～2003年、2007年、2012年这几个时间节点上，有更多的人才涌现出来。这些时间节点正是美的推进组织变革的重大时期。

1997年，美的进行事业部制改革，形成了5个事业部，也产生了5个总经理、5个经营管理团队。

2001年，美的实施"三分开"，从一个集团总部裂变为"一个集团总部＋两个管理平台"，涌现了一大批高管。

2002～2003年，美的对原家庭电器事业部和厨具事业部进行分拆，两个事业部裂变为8个事业部（经营单元），这就意味着多出6套经营班子。

2007年、2012年美的都进行了重要人事与组织的更替，相应也出现了较大的人事变化。

在内部改革与组织裂变的过程中，许多年轻人走上了更高的岗位。从这个角度来说，美的的职业经理人是"拆出来"的。

裂变的组织、蓬勃发展的职业经理人队伍给美的带来了跨越式发展。美

的的各个经营单元通过孵化产品又不断分裂出新的经营单元,让更多人得到机会。在美的,大事业部的副总降薪去做小经营单元的总经理丝毫不会有心理落差,因为他看到的是独当一面、做大做强的事业机会。

6.3.4 高效运营,加速人才成长

1. 敢于用人,让年轻人看到机会

与其他企业不同的是,美的敢用年轻人。翻阅美的诸多优秀职业经理人的履历,我们会看到,他们基本上在 30 岁左右就担当大任。如方洪波 2012 年接替何享健时只有 45 岁,而他在 30 岁时就成为美的空调事业部副总经理兼营销部总经理,34 岁成为美的空调事业部总经理,40 岁成为美的上市主体"美的电器"的董事长。美的置业董事长兼总裁郝恒乐,36 岁就主政美的地产板块,此前他是美的集团的法务部部长,并没有地产行业的专业经验,但他带领美的地产一改此前十多年的颓势,进入了崭新的发展阶段。现任顾家家居总裁的李东来,在不到 30 岁时就出任美的收购荣事达后组建的合资公司的总裁,30 岁出头就从冰箱事业部总经理晋升为空调事业部总经理,掌管几百亿元的业务。

美的为什么敢用年轻人?

其一,与何享健的用人理念有关。他认为:"年轻人的思维活跃,具有很强的学习精神、突破精神,他们对新事物、新时代把握得很快、学得很快、反应很快。尤其是现在社会变得太快了,信息时代、网络时代,年轻人能很快反应过来,而且年轻人没有什么顾虑,善于打破常规,敢于否定自己。"⊖

其二,与美的组织机制有关。美的通过机制的建设,降低了对人才的要求,也就降低了用人难度。所以何享健说:"对人有五成把握就可以用。"美

⊖ 黄治国. 静水流深:何享健的千亿历程[M]. 广州:广东经济出版社,2018.

的正是这样做的,"边观察、边培养""先提拔、再考核"。

美的激活了众多年轻人的斗志与潜能,一个组织一旦能够让有志青年看到源源不断的机会,其发展潜力就是巨大的。

2. 高效运转,让人才更快成长

一个令人赞叹的事实是,从 1998 年至今,美的的新任经理平均年龄基本保持在 26 岁左右,也就是大学生毕业三四年后就能在美的走上经理岗位。在美的,大学毕业三四年能够做中层,毕业五六年就能做到部门负责人,八九年就有机会做高层。这个晋升节奏比一般企业要快许多。

用年轻人并不难,难的是他们能胜任。美的并不是故意拔高年轻人,也不是为了打压"老人",而是因为美的年轻人的成长速度很快。人才成长从低到高,要经历能力与经验积累的过程,在美的这些经历一样也没有少。这背后其实是美的让年轻人用更短的时间实现了更大的积累,因此能够获得更快的成长。

美的的经营节奏快,工作效率高,产出也高,年轻人会得到很大的锻炼。在美的工作一年,可能比在某些企业工作几年积累的经验更丰富。同时,业绩压力也促使年轻人不断提升自己,因为做不好就有可能掉队。这一方面驱动了人才的高速运转,人才"产出"的速度自然就快,质量自然就高;另一方面也加速了人才队伍的新陈代谢。

6.3.5 校园招聘,持续提升人才密度

把校园招聘放到这一章来讲,是因为应届毕业生是美的职业经理人的一大来源。而"学生兵"体系加上美的的内部培养与机制建设,也让美的职业经理人的职业化路径从一开始就得到了很好的保障。

公司随着经营规模的扩大变得越来越复杂,组织也日益臃肿的现象并不

少见。如果管理层不愿或不敢对原有人员进行淘汰、调整，导致新人进不来，或者进来后由于得不到发展的机会而离开，组织就会逐渐老化，慢慢地，人才密度就会越来越低。这是很多企业共同的痛点。

美的通过校园招聘的方式持续提升人才密度。在美的，人才的最大来源是校园招聘，无论是何享健还是方洪波，对校园招聘都是十分重视的。从招聘到培训再到发展，美的已经实现了毕业生一级带一级的良性循环。据不完全统计，现在美的的事业部总经理群体和各级高管，80%以上是通过校园招聘进入美的的。

内部晋升的人才通道，加之美的简单、高效的管理逻辑、管理文化、人际关系，使毕业生进入美的后成长非常快。通过持续的人才补充，美的的人才密度越来越高，用人的空间越来越大，人才梯队建设也越来越完善。

— 本章小结 —

机制与人才是决定一家企业能否持续经营的两个关键因素，其中，机制可能还会弥补一部分人才短板，而且，机制完善的企业往往人才也会比较充分，因为机制本身会造就良好的人才梯队。

多年来，美的人才流失率并不低，但是美的的高速发展从未停止，很多企业家都看不明白：为什么美的走了那么多职业经理人，企业的发展却不受任何影响？其实，机制与制度是企业的人才代谢系统，会为企业源源不断地培育高质量的人才。何享健说："人的寿命是有限的，时候到了一切都随之结束，而制度是长期的，具有延续性的。"[一]

很多人关注的只是某个具体的"人"，而美的通过机制的建设，把具体的

[一] 黄治国. 静水流深：何享健的千亿历程[M]. 广州：广东经济出版社，2018.

"人"变成了制度化、流程化、标准化的"岗位"。"人"或许会离开公司,但"岗位"一直在,未来会有更多的人才站到这个岗位上。

这不仅使人才流失问题迎刃而解,还把公司变成了一个创业平台,充分激发职业经理人的潜能,让他们自我驱动,让他们的成长与业绩增长同步。由此,职业经理人的培育也就成了水到渠成的事。

这激励着更多的年轻人为实现职业经理人梦想而努力。

— 第 7 章 —

美的如何做全面预算管理

财务管理是企业管理的主线，一家企业要想经营好，做好财务工作非常重要。我要求每个单位都严格科学地制定财务预算，严格审核，以制定预算为企业转型升级的手段。在制定好预算后，对企业高层管理者的考核指标也就相应出台了。一般来说，作为最硬的指标：第一肯定是利润；第二是销售规模增长；第三是控制好项目投放，对新上项目应严格考核，保证不失败一个项目，不允许一个产品亏本，尤其不能跟风，一哄而上。⊖

——何享健（2001 年）

一直以来，美的以战略执行能力强、经营授权空间大、绩效激励力度大等闻名于行业内外。很多人会好奇：美的如何保障战略执行的有效性，如何做到在管理中放而不乱，又如何设计激励机制。这涉及一个重要的管理手段——全面预算管理。全面预算管理是沉淀在经营管理中的基本功，外界往往少有人关注，美的人也很少提及，但它的确对美的的持续发展做出了巨大的贡献。

⊖ 黄治国. 静水流深：何享健的千亿历程 [M]. 广州：广东经济出版社，2018.

7.1 认识美的全面预算管理

7.1.1 美的全面预算管理的起源与脉络

美的全面预算管理源于 20 世纪 80 年代末期建立并延续至今的年度经营责任制。美的创始人何享健良好的科学管理意识与敏感的财务思维，是全面预算管理在美的能推行并收到良好成效的重要原因。

1997 年的事业部制改革，是美的全面预算管理进一步强化与完善的新起点。何享健发现，以前管理一两家公司时，靠个人的把控就能做好，但随着事业部越来越多，发展目标越来越大，竞争形势越来越复杂，再加上各个事业部虽然同处家电行业，所在细分领域却不一样，其发展态势、经营重点、市场竞争格局也就不同，因此过去那种由集团总部实施大一统管理的方式越来越行不通。于是，美的实施了分权体制改革，使经营单元成为完全独立的经营主体，赋予它们很大的权力。这时新的问题涌现出来：如何对这些经营单元进行有效管控，怎么评价其绩效？显然不能靠信任来进行管控，靠拍脑袋来决定绩效。于是，预算管理应运而生。

作为管理工具，预算管理并非美的首创，但美的实实在在地把全面预算管理用好、用活了。

首先，在美的，按照利润表的逻辑，各层经营单元都要被纳入预算管理的范畴，将自身经营的全过程进行量化。可以说，经营涉及哪些领域，预算就要做到哪些领域；经营单元设置到哪个层级，预算就要做到哪个层级。这样，预算与经营就真正匹配起来了。

其次，"预"的重点是由销售部门牵头对下一年度的销售工作进行详细分析与规划，同时，预算部门还要对产品、供应、采购等部门提出相应的要求，在此基础上做出明确的销售预测。销售体系是龙头，但其龙头作用主要体现在准确的预测与预算上,以此牵引各个部门进行全面思考、周密部署与充分保障。

在此基础上,财务部门配合进行统筹测算,看预算是否匹配预期经营目标。如果出现偏差,则检视哪些部门的哪些工作需要调整,这样就通过财务这条线对经营工作进行了科学梳理,并以利润表、现金流量表、资产负债表的形式进行了直观的呈现。

最后,做预算不是走过场,完成预算编制不是预算工作的结束,而恰恰是预算管理的开始。管理者通过目标管控、经营分析与绩效考核,及时监控预算的执行情况,其中,月度经营分析会是重中之重。此外,各个层级都会针对预算执行情况进行绩效考核,如果出现较大的经营偏差,还会对经营人员做出调整。在这些管理举措的推动下,经营团队就能向着预算的目标努力。

虽然美的的业务规模、组织规模不断扩大,但其经营管理一直比较简单,作为决策者的何享健似乎也并未因此而更加劳累,其中一个重要原因就是美的通过预算管理把经营管理框架搭好了,规模越大,人效越高,产生了规模效应。

7.1.2　全面预算管理的作用

全面预算管理在美的的经营管理中发挥了重要的作用,主要体现在以下三个方面。

1. 提前验证经营逻辑

美的通过全面预算管理,按照财务管理的逻辑,用财务语言把企业发展战略、年度经营计划这些重要的工作进行了详细的推演,包括目标的层层分解、资源的详细配置,解码下一年的经营计划并以数字的方式呈现,比如:

- 制定什么样的收入、利润目标更合适

- 要采取什么样的经营策略以及这些策略是否有效
- 需要进行哪些资产性投入以扩大产能
- 经营质量是否有所改善，需要多少运营资金
- 如何控制成本，哪些成本可以下降，哪些成本的下降会带来利润的增长及现金流的改善
- 如何评估订单的合理性、有效性，如何合理定价
- 哪些单元、哪些板块、哪些科目存在重大风险
- 综合测算现金流、资产负债的情况

以上问题必须通过严格的测算才能判断。从这个角度来说，美的做预算的过程就是基于现实的经营模拟，美的的经营计划因此变得更加具体、更可量化，也更可控。

2. 事先规划，确保目标的达成

预算最终以利润表、现金流量表、资产负债表的形式呈现，从某种程度上来说，这相当于提前一年做出了下一年度的财务报表。这种事先规划，使美的在接下来的一个经营年度内，可以围绕预算目标来推进、监控各个环节的关键动作，并根据预算目标设定相应的绩效考核方案。经营团队可以清楚地知道只要做出什么样的经营结果，就会得到什么样的考核结果，从而获得什么样的奖励或惩罚。

其中，最重要的是对利润进行事先规划。在美的的预算管理理念中，利润也是可以规划的，因为企业的各项投入与产出之间有必然的逻辑关系，可以计算出各项要素的变化会对利润产生什么样的影响。

以美的某经营单元为例，它计划五年内将净利润率从 5% 提升到 10%，这 5% 的净利润率提升是通过不同的项目一步一步实现的，如通过扩大销售规模、增加高毛利产品销量、降低采购成本和管理费用率等（见图 7-1）。

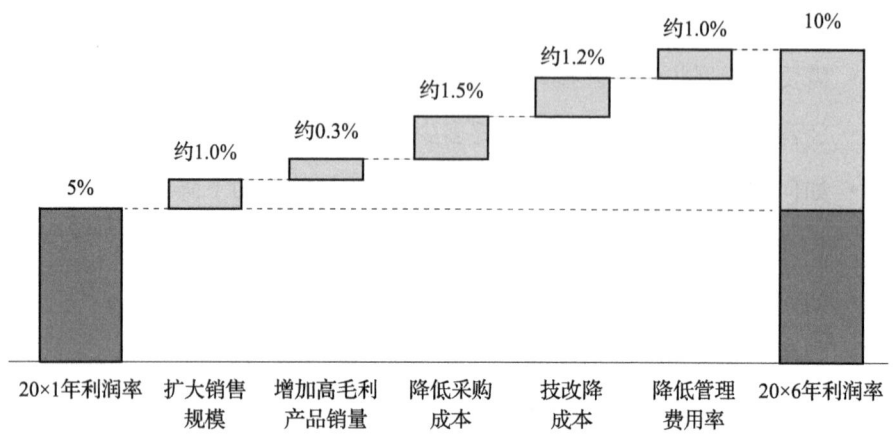

图 7-1　某经营单元 5 年净利润率变化过程

对美的来说,这不是事后的自然统计结果,而是事先就要做好的规划,甚至是在战略规划、经营计划中就会确定的方向。虽然事先规划不可能如事后统计一般精确,但是通过预算各项要素都能更加细化。如表 7-1 所示,要通过扩大销售规模提升 1.0% 的净利润率,那么在 5 年内就需要将销售规模扩大 11.1%;而要通过产品结构优化来提高 0.3% 的净利润率,就需要将高毛利产品如新产品(毛利率比老产品高 3.0%)在销量中的占比提高到 10%;而如果降低采购成本 3.0%,则净利润率也会上升 1.5%。

表 7-1　某事业部 5 年利润变化表

序号	利润规划项目	变动	利润率贡献	说明
1	扩大销售规模	11.1%	约 1.0%	扩大销售规模会带来综合成本及费用的下降
2	增加高毛利产品销量(产品结构优化)	10.0%	约 0.3%	新产品毛利率较老产品高 3.0%,新产品占比由 0 提升至 10.0%,综合提升利润率 0.3%
3	降低采购成本	−3.0%	约 1.5%	材料成本占总营业收入的 50%
4	技改降成本	−3.0%	约 1.2%	材料替代、工艺改善
5	降低管理费用率	−1.0%	约 1.0%	
6	合计		5.0%	

注:为了便于理解,表中表达的是简化的逻辑过程,即考虑一个因素变动时,假定其他因素不变。

3. 帮助企业更好地应对危机

在面对环境的不确定性时，全面预算管理能够帮助企业未雨绸缪，更好地应对危机。

举个例子，由于2008年发生了金融危机，美的某二级产业集团在编制2009年年度预算时，很难确定新一年全球经济形势的变化会给企业带来什么样的影响，于是，美的除了按正常的战略规划路径做预算外，还按可能出现的三个风险等级（销售不增长、销售下滑约10%、销售下滑约20%）做了三套预案以对冲可能出现的风险，表7-2是其中某事业部的三套预案。

表 7-2 某事业部的三套预案（示例）

项目	一级预案	二级预案	三级预案
营销策略	坚持市场定价，对价格敏感性高的产品主动降价抢订单；大力发展专业工程商，争取销售增长2 340万元	在一级预案的基础上集中资源推进大机、多联机等主流产品；加大分销商返利力度，刺激终端出货，争取销售增长2 106万元	在二级预案的基础上增加低端产品销售比重；下放定价权，各营销中心针对竞品全力抢单，争取销售增长1 872万元
成本控制	采购成本较预算基准成本下降15%；通过设计优化降低成本1.5%～2%，重点机型设计成本下降5%～10%。成本总额低13 656万元	采购成本较预算基准成本下降18%；制造损耗率较2008年下降20%；通过设计优化降低成本2%～3%。加大2009年重点产品降本力度。成本总额降低18 967万元	采购成本较预算基准成本下降20%～22%；制造损耗率较2008年下降30%；交货周期缩短10%；通过设计优化降低成本2%～3%。成本总额降低22 281万元

通过这些预案我们可以看到，美的是从可能造成的财务结果出发，而不是只考虑经济形势的宏观变化来进行战略调整的。宏观经济形势很难判断，但财务结果是可以预估的。

将上述经营举措最终汇总到经营预算中进行测算，就可以看到，在各种不利的情况下，经营单元的销售、利润、现金流会是什么样的（见表7-3）。特别是，当销售收入不增长时，经营利润和经营活动净现金流同比也会面临很大幅度的下降（见表7-3最后一行），这主要是因为投入是前置的，而且一些成本费用是刚性支出。

表 7-3 经营预案核心指标测算（示例）

（金额单位：亿元）

项目	一级预案			二级预案			三级预案		
	销售收入	经营利润	经营活动净现金流	销售收入	经营利润	经营活动净现金流	销售收入	经营利润	经营活动净现金流
×× 国内	147.1	3.2	6.1	132.4	1.3	5.5	117.6	-0.1	4.9
×× 国际	101.1	3.1	3.5	89.9	1.6	2.9	78.9	-0.2	1.2
×× 事业部	45.2	4.8	5.3	40.6	4.0	4.4	36.3	3.0	3.4
×× 事业部	52.6	2.0	3.6	47.3	1.4	3.0	42.1	0.5	2.1
×× 事业部	52.4	2.4	1.5	47.2	1.6	1.3	41.9	1.1	0.2
×× 事业部	55.5	5.1	4.0	50.4	4.4	3.0	44.3	3.7	2.0
×× 集团合并	453.9	20.6	24.0	407.8	14.3	20.1	361.1	8.0	13.8
现金利润比	—	—	1.2	—	—	1.4	—	—	1.7
同比增长	持平	-3%	-43%	-10%	-33%	-52%	-20%	-63%	-67%

通过预算管理，美的对收入、成本、利润等各项指标都做到心中有数，对价值点、风险点也有了更清晰的了解。这样就可以提前制定各种预案，一旦危机出现，各个经营单元就可以迅速启动相应的应急预案，规避危机可能带来的损失。

7.2 全面预算编制的流程

7.2.1 战略规划是全面预算的起点

美的十分重视战略，何享健曾经说过："如果有一天美的出现了危机，绝对不会是竞争对手把我们打垮了，真正的原因可能是美的在战略上出现了重大的失误。"[一] 美的的全面预算也是以战略规划为起点的。

[一] 黄治国. 静水流深：何享健的千亿历程 [M]. 广州：广东经济出版社，2018.

在完成三年滚动规划后，美的会启动下一年经营计划的制订，针对如何落实三年滚动规划，明确未来一年的具体经营目标和策略。年度经营计划是美的全面预算的起点和基础，它会分解出详细的销售计划、产品计划、生产计划、采购计划、人力资源计划、资金计划、固定资产投资计划等，以此牵引全面预算的开展。

7.2.2 上下结合、全面周密的预算编制过程

美的的预算工作启动得较早，每年9月，在战略规划与经营计划出台后，美的就会启动下一年度的预算编制工作，一直持续到当年12月。

预算工作由财务部门统筹。财务部门下发年度预算编制文件，提出预算编制的要求，各业务部门、职能部门配合执行，从上到下、从下到上要进行多轮编制与评审。这个过程一般分为四个阶段（见图7-2）。

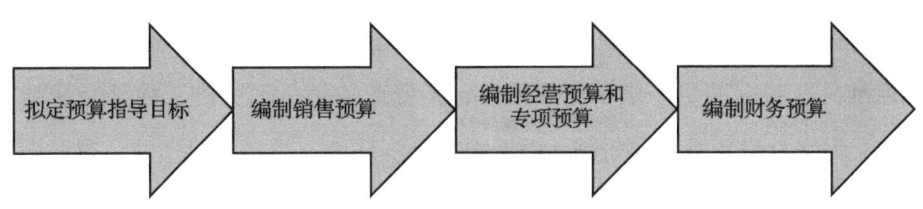

图 7-2　预算编制过程

（1）拟定预算指导目标。集团会在战略规划中明确下一年度的主要经营目标，因此，在启动预算编制时，财务部门会同战略、运营等部门一起按照利润表的逻辑，细化经营目标。以此类推，各主要经营单元也会确立下一年度的基本经营目标，销售部门率先进行预测，然后各预算单位进行年度经营目标预测，逐级审核汇总至集团。集团预算管理办公室根据集团战略发展规划及投资计划等测算集团年度整体预测目标，结合各单位提交的预测目标，提出建议并提交集团管委会审议，集团管委会审议后确定集团预算指导目标。

（2）编制销售预算。总体预算指导目标逐级分解下达后，各个单位根据下达的预算指导目标率先启动销售预测与销售预算的编制，这个过程需要不断地讨论与深化。

（3）编制经营预算和专项预算。各事业部销售预算基本定稿后，就可以根据销售预算完成内部的分解与优化，并编制经营预算与专项预算，报集团审批；经营预算与专项预算经集团批准后生效，同时，三级单位年度经营预算应报集团财务管理部备案。

（4）编制财务预算。最终，财务部门汇总各单位、各板块的年度经营预算，进一步完成财务预算，也就是编制出各单位下一年度的利润表、现金流量表、资产负债表，在此基础上，编制年度资金预算、年度税务预算等。

7.3 全面预算的编制标准

为保证全面预算的顺利编制，美的制定了很多具体标准。相比于外部会计标准，这些标准更严格、更细致，包括资产摊销折旧标准、内部交易结算标准、大宗材料预算指导价格（根据宏观经济环境、供需情况预估，遵循谨慎性原则）、公共费用分摊标准（总部职能部门费用、品牌建设费用、商标使用费用、IT费用等）、外币汇率标准、资产风险计提标准等。

过去，美的总是给外界留下"冒进"和"大胆"的印象，其实，何享健非常重视经营风险，他经常说："没有一家企业会因为发展速度慢一点而倒闭，只强调增长但又控制不住风险，企业才会出问题，甚至倒闭。"⊖然而，美的并没有因此而缩手缩脚，因为它通过严格的全面预算对风险进行了有效识别和管控。

一方面，美的通过预算对各类经营项目进行严格监控；另一方面，美的

⊖ 黄治国. 静水流深：何享健的千亿历程 [M]. 广州：广东经济出版社，2018.

重点关注资产的质量,对经营中的风险项目,如应收账款、存货等,建立了一套远高于外部会计标准的风险准备金计提标准。

如应收账款,只要逾期就会计提风险准备金,最低为10%,最高为100%。在两种情况下会100%计提风险准备金:应收账款逾期181天以上和货款回收存在较大风险。货款回收存在较大风险的,不管逾期与否都会计提风险准备金。在渠道上的铺货也需要计提风险准备金,只是要求相对不那么严格,有30～60天的逾期期限(见表7-4)。

表7-4 美的应收账款风险准备金计提标准

类别	资产状况	计提标准	备注
逾期	逾期1～30天	10%	(1)内销逾期:渠道经销商铺底期限最长不超过30天,渠道连锁综合类经销商最长不超过45天。事业部直营连锁终端铺底期限最长不超过60天,中间产品铺底期限最长不超过60天。签订铺底协议的,按铺底协议到期时间计算,铺底延期视同逾期管理;未签订铺底协议的,从发货之日起算 (2)出口逾期:指应收账款超过外销应收账款到期日。外销应收账款到期日根据结算方式确认 (3)计提风险准备金的应收账款不含集团内部单位、关联单位 (4)质量保证金按合同约定的收款期开始计算逾期账龄
	逾期31～90天	30%	
	逾期91～180天	50%	
	逾期181天以上	100%	
不良(包括未到期和逾期)	已有情况表明债务人资信状况恶化,货款回收存在较大风险	100%	对拟进入或已进入司法程序的债权,有保全的债权应扣除保全价值的50%后计算

美的需要计提风险准备金的存货主要分为三类:材料、总部成品和渠道库存。原则上库龄超过90天的物料/成品都会计提风险准备金,计提率5%～90%,只有停产机型会100%计提。对渠道库存进行风险准备金计提,可以加强对渠道的管理,提高渠道的运营效率。美的对中间产品的库存要求比终端产品的库存要求高,例如,如果库龄在91～180天,终端产品按5%计提,中间产品则按10%计提(见表7-5)。

表 7-5　美的存货风险准备金计提标准

类别		资产状况	计提标准	备注
材料	常规物料（含在制品、委外加工材料）	库龄 91～180 天	5%	在制品视同库存物料，委外加工材料、寄存在采购中心的委托代理采购物料视同自有物料，根据实际库龄计提风险准备金，纳入责任制考核范围
		库龄 181～365 天	30%	
		库龄 365 天以上	80%	
	呆滞物料	因技术革新、工艺调整、生产计划变更等原因经技术判定不再需要的材料	80%	
	废料	毁损、变质，使用价值完全丧失，不能用于生产的材料	90%	
总部成品	正品	库龄 91～180 天	终端产品按 5%　中间产品按 10%	不含已做应收账款处理的发出的商品
		库龄 181～365 天	30%	
		库龄 365 天以上	终端产品按 60%　中间产品按 80%	
	等外品、处理品	产品经返修后仍未达到正品要求但不妨碍使用的；试产产品、测试样品	80%	
	残次品	不能正常出售的毁损或变质产品	90%	指毁损、变质以及使用价值完全丧失或部分丧失，经技术判定不能出售的产品库存
	样机（非实体样机）	库龄 1～90 天	10%	指不能作为正品销售的样机，实体样机（可作为正品销售）视同正品计提风险准备金
		库龄 91～180 天	50%	
		库龄 181 天以上	90%	
	停产机型		100%	自停产之日起 6 个月内清理完毕。逾期未清理完毕，100% 计提风险准备金，冲减当年利润，后期不得冲回
渠道库存	正品	生产时间 1～2 年（在产产品）	30%	纳入责任制考核，冲减当年利润，后期不得冲回
		生产时间 2 年以上（在产产品）	50%	
		停产机型	100%	自停产之日起 12 个月内清理完毕。逾期未清理完毕，100% 计提风险准备金，冲减当年利润，后期不得冲回
	残次品	不能正常使用或出售的渠道产品	80%	

为了提高资产的使用效率，美的对固定资产、在建工程、模具等的要求比较高，闲置 180 天以上的固定资产、在建工程、模具需计提风险准备金，计提标准为 40%～100%（见表 7-6）。

表 7-6 美的其他资产风险准备金计提标准

项目	类别	资产状况	计提标准
固定资产	不良	闲置 181～365 天	40%
		闲置 1～2 年	60%
		闲置 2 年以上	80%
		破损或已无使用价值	95%
在建工程	不良	因工艺变革或产品更新等原因而不再施工的在建工程或损毁的在建工程	95%
		停工 1 年以上的账面在建工程	90%
模具	不良	闲置 181～365 天	80%
		闲置 1 年以上	95%
		破损或报废模具	100%

注：表内标准既需要在预算时进行警示，也会在内部责任制利润核算时体现；不同单位在不同时期会根据经营需要对上述标准进行调整。

在美的内部，资产折旧标准相比外部会计标准要严格。美的的资产折旧没有按照法定使用寿命来判断，而是根据设备的物理寿命、经济寿命，确定自主使用寿命。这至少有两个原因：第一，即便是精心养护，设备实际使用寿命也会远远低于法定使用寿命，尤其是很多企业大多是 24 小时连续使用设备；第二，技术发展速度很快，设备更新换代的速度也随之加快，往往设备还没有用到物理报废就需要更新换代了。

这套严格的全面预算编制标准要求经营单位在编制预算时全面预测下一年的进销存情况，并预估风险，以将风险控制在合理范围内。美的遵循这些标准编制出来的预算是一份高质量的财务报表，日后在执行过程中只需要重点关注经营管理是否按预算的要求与节奏进行即可。

7.4 全面预算的编制内容

美的全面预算包括经营预算、专项预算和财务预算三个部分（见图 7-3）。

接下来，我们详细介绍这三种预算。

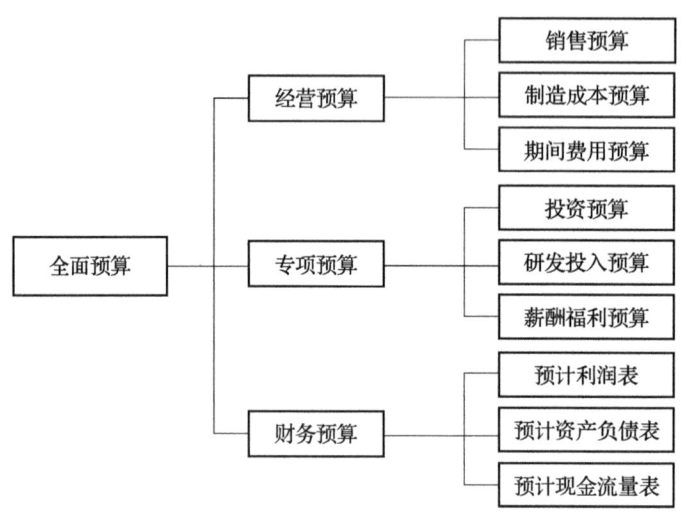

图 7-3　预算编制的内容框架

7.4.1　经营预算

经营预算是指与企业日常经营活动直接相关的经营业务的各种预算，如销售预算、制造成本预算、期间费用预算等。

1. 销售预算

销售预算包括销售目标分解、产销存预算、销售成本和毛利率预算。

（1）**销售目标分解**。销售的大目标是从战略目标中来的，3～5 年的战略规划中下一年度的销售目标可以直接用到预算中，除非出现大的市场变化，否则不会进行调整。

具体要做的是对（年度）销售目标进行分解，一般分产品、分部门、分区域进行分解，要分解到月，这里指的不是把年度指标和任务平均分到 12 个月中，而是要结合月度的产品准备情况、销售规律、产品上市节奏、市场促销安排等经营活动，做好月度预算分解。如表 7-7 所示，可以看到 2 月预算较少，因为 2 月通常是一年中市场最淡的月份。

表 7-7　年度销售预算分解到月示例

(金额单位：亿元)

产品分类	本年实际													下年预测												
	1月	2月	3月	4月	5月	6月	7月	8月	9月	10月	11月	12月	合计	1月	2月	3月	4月	5月	6月	7月	8月	9月	10月	11月	12月	合计
A	15	6	12	27	30	33	39	39	30	27	24	18	300	19	7	15	33	37	41	48	48	37	33	30	22	370
B	8	3	6	14	16	18	21	21	16	14	13	10	160	10	4	8	18	20	22	26	26	20	18	16	12	200
C	10	4	8	18	20	22	26	26	20	18	16	12	200	12	5	10	22	24	26	31	31	24	22	19	14	240
D	8	3	6	14	15	17	20	20	15	14	12	9	150	9	3	7	15	17	19	22	22	17	15	14	10	170
内销小计	41	16	32	73	81	90	106	106	81	73	65	49	810	50	19	40	88	98	108	127	127	98	88	79	58	980
A	14	6	11	25	28	31	36	36	28	25	22	17	280	17	7	13	30	33	36	43	43	33	30	26	20	330
B	10	4	8	18	20	22	26	26	20	18	16	12	200	12	5	9	21	23	25	30	30	23	21	18	14	230
C	9	4	7	16	18	20	23	23	18	16	14	11	180	11	4	8	19	21	23	27	27	21	19	17	13	210
D	7	3	5	12	13	14	17	17	13	12	10	8	130	8	3	6	14	16	18	21	21	16	14	13	10	160
外销小计	40	17	31	71	79	87	102	102	79	71	62	48	790	48	19	36	84	93	102	121	121	93	84	74	57	930
合计	81	33	63	144	160	177	208	208	160	144	127	97	1600	98	38	76	172	191	210	248	248	191	172	153	115	1910

（2）产销存预算。产销存预算是指基于当期库存数据和下年度销售计划编制下年度成品库存表（见表 7-8），这个表一般由内外销部门财务协同销售、仓库管理部门编制。

库存控制是美的精细化管理的重点，因为库存的背后是产销衔接的问题。成品库存的责任单位为内外销部门，所以它们必须清楚当期的成品库存，以及下年度结束后可能产生的库存。

（3）销售成本和毛利率预算。毛利率预算是指基于每一款产品的销量、销售单价和销售成本计算出每类产品的毛利率（见表 7-9）。毛利率预算的价值在于督促销售部门制定合理的销售单价，加大高毛利产品的销售力度，提高高毛利产品的销售占比，或者以目标毛利率倒逼研发、供应链部门降低成本，从而为企业内的其他经营活动预留空间。

最终，由内外销财务人员统筹，按预算程序讨论、审批后，完成销售预算表，销售预算表也是企业内其他预算的指南。

2. 制造成本预算

制造成本预算是指基于上年度的单位直接材料、直接人工和制造费用以及本年度产量，结合各项降本项目的目标值，预算下一年度的制造总成本。

（1）单位制造成本预算。美的要求单位制造成本必须保持逐年下降的趋势，如表 7-10 所示，下年预算中的"料工费"都是比本年预计有所下降的。

（2）制造费用预算。制造费用预算是指对生产活动中所有支出进行预算，包括工人及车间管理人员薪酬福利、固定资产摊销折旧、水电费等（见表 7-11），这是单位制造费用预算的基础。

表 7-8 产销存预算示例

产品分类	期初库存			本期生产			本期销售			期末库存		
	数量（万台）	单价（万元）	产值（亿元）	数量（万台）	单价（万元）	产值（亿元）	数量（万台）	单价（万元）	产值（亿元）	数量（万台）	单价（万元）	产值（亿元）
A	154	0.15	23	2 489	0.15	373	2 467	0.15	370	176	0.15	26
B	20	0.8	16	253	0.8	202	250	0.8	200	23	0.8	18
C	53	0.25	13	967	0.25	242	960	0.25	240	60	0.25	15
D	104	0.08	8	2 133	0.08	171	2 125	0.08	170	112	0.08	9
内销小计	331	—	60	5 842	—	988	5 802	—	980	371	—	68
A	311	0.15	47	2 203	0.15	330	2 200	0.15	330	314	0.15	47
B	114	0.25	29	921	0.25	230	920	0.25	230	115	0.25	29
C	375	0.08	30	2 625	0.08	210	2 625	0.08	210	375	0.08	30
D	325	0.02	7	8 056	0.02	161	8 000	0.02	160	381	0.02	8
外销小计	1 125	—	113	13 805	—	931	13 745	—	930	1 185	—	114
合计	1 456	—	173	19 647	—	1 919	19 547	—	1 910	1 556	—	182

表 7-9 销售成本与毛利率预算

产品分类	本年预计							下年预算							差异				
	销量(万台)	销售单价(万元)	单位成本(万元)	销售收入(亿元)	销售成本(亿元)	毛利额(亿元)	毛利率	销量(万台)	销售单价(万元)	单位成本(万元)	销售收入(亿元)	销售成本(亿元)	毛利额(亿元)	毛利率	销量(万台)	销售单价(万元)	单位成本(万元)	毛利额(亿元)	毛利率
内销 A	2 000	0.150	0.120	300	240	60	20.0%	2 467	0.150	0.116	370	286	84	22.7%	467	0	−0.004	24	2.7%
内销 B	200	0.800	0.650	160	130	30	18.8%	250	0.800	0.640	200	160	40	20.0%	50	0	−0.010	10	1.3%
内销 C	800	0.250	0.200	200	160	40	20.0%	960	0.250	0.200	240	192	48	20.0%	160	0	0.000	8	0.0%
内销 D	1 875	0.080	0.050	150	94	56	37.5%	2 125	0.080	0.046	170	98	72	42.5%	250	0	−0.004	16	5.0%
内销小计	4 875	—	—	810	624	186	23.0%	5 802	—	—	980	736	244	24.9%	927	—	—	58	1.9%
外销 A	1 867	0.150	0.120	280	224	56	20.0%	2 200	0.150	0.116	330	255	75	22.7%	333	0	−0.004	19	2.7%
外销 B	800	0.250	0.200	200	160	40	20.0%	920	0.250	0.200	230	184	46	20.0%	120	0	0.000	6	0.0%
外销 C	2 250	0.080	0.050	180	113	68	37.5%	2 625	0.080	0.046	210	121	89	42.5%	375	0	−0.004	22	5.0%
外销 D	6 500	0.020	0.012	130	78	52	40.0%	8 000	0.020	0.011	160	88	72	45.0%	1 500	0	−0.001	20	5.0%
外销小计	11 417	—	—	790	575	216	27.3%	13 745	—	—	930	648	282	30.3%	2 328	—	—	67	3.0%
合计	16 292	—	—	1 600	1 199	401	25.1%	19 547	—	—	1 910	1 384	526	27.5%	3 255	—	—	125	2.4%

注：表中本年数据是预计值而非实际值，主要是因为美的一般在每年 9 月启动下一年的预算编制，此时 2022 年的实际数据尚未完全出来，只能将 9 月以前的实际值加上 9 月以后的预测值，比如 2022 年 9 月开始编制 2023 年的预算，这时 2022 年的实际数据尚未完全出来，只能将 9 月以前的实际值加上 9 月以后的预测值，统称为"本年预计"。

表 7-10 单位制造成本预算

产品名称	本年预计									下年预算								
	产量(万台)	单位制造成本（元）				总制造成本（亿元）				产量(万台)	单位制造成本（元）				总制造成本（亿元）			
		料	工	费	合计	料	工	费	合计		料	工	费	合计	料	工	费	合计
A	2 000	1 000	50	150	1 200	200	10	30	240	2 489	985	42	133	1 160	245	10	33	289
B	200	5 430	325	745	6 500	109	7	15	130	253	5 399	298	703	6 400	136	8	18	162
C	800	1 380	216	404	2 000	110	17	32	160	967	1 380	216	404	2 000	133	21	39	193
D	1 875	346	43	111	500	65	8	21	94	2 133	320	39	101	460	68	8	22	98
内销小计	4 875	—	—	—	—	484	42	98	624	5 842	—	—	—	—	582	47	111	742
A	1 867	1 000	50	150	1 200	187	9	28	224	2 203	985	42	133	1 160	217	9	29	256
B	800	1 380	216	404	2 000	110	17	32	160	921	1 380	216	404	2 000	127	20	37	184
C	2 250	346	43	111	500	78	10	25	113	2 625	320	39	101	460	84	10	27	121
D	6 500	95	10	15	120	62	7	10	78	8 056	89	9	12	110	72	7	10	89
外销小计	11 417	—	—	—	—	437	43	95	575	13 805	—	—	—	—	500	46	103	650
合计	16 292	—	—	—	—	921	85	193	1 199	19 647	—	—	—	—	1 082	93	215	1 392

表 7-11 制造费用预算

(金额单位：亿元)

项目	费用属性	内销价值链			外销价值链			事业部合计		
		本年预计	下年预算	增长率	本年预计	下年预算	增长率	本年预计	下年预算	增长率
工资	50%固定	37.06	41.13	10.98%	35.45	37.89	6.90%	72.51	79.02	9.00%
福利费	50%固定	7.84	9.14	16.50%	7.60	8.21	8.00%	15.44	17.35	12.40%
折旧	固定	29.12	33.44	14.80%	28.13	30.80	9.50%	57.25	64.24	12.20%
低耗品摊销	变动	6.86	7.80	13.70%	6.56	6.06	-7.60%	13.42	13.86	3.30%
模具摊销	固定	9.02	11.03	22.40%	8.55	10.17	18.80%	17.57	21.20	20.60%
物料消耗	变动	1.18	1.23	4.20%	1.14	1.13	-1.00%	2.32	2.36	1.70%
水电气费	变动	2.94	3.23	9.90%	2.85	2.98	4.40%	5.79	6.21	7.20%
检验鉴定费	变动	0.10	0.22	127.40%	1.43	1.64	15.20%	1.53	1.86	22.50%
办公费	变动	0.20	0.22	13.70%	0.29	0.21	-28.00%	0.49	0.43	-11.00%
其他	固定	3.71	4.02	8.36%	3.05	3.59	17.70%	6.76	7.61	12.41%
合计	—	98.03	111.46	13.70%	95.05	102.68	8.00%	193.08	214.14	10.91%

（3）采购成本预算。采购成本预算是指根据销售预算、生产预算来预测所有物料的采购量，并基于本年平均采购单价（或当前执行的采购单价）、供应商管理进展等情况，预算下年度采购量与采购单价，从而预算下年采购额（见表 7-12）。

表 7-12 采购成本预算

材料类别	下年计划采购量（万台）	本年平均采购单价（元）	按本年价格计算的采购额（亿元）	下年预算采购单价（元）	下年预算采购额（亿元）	单价降低（元）	总额降低（亿元）	降低率
A	1 413	2 191	309.6	2 300	325.0	−109	−15.4	−5.0%
B	52	35 160	183.8	37 300	194.0	−2 140	−11.1	−6.1%
C	311	8 834	274.7	8 699	270.5	135	4.2	1.5%
D	9 025	49	44.2	48	43.3	1	0.9	2.0%
E	67 689	35	236.9	32	216.6	3	20.3	8.6%
F	16 245	21	34.1	20	32.5	1	1.6	4.8%
合计	94 735	—	1 082.4	—	1 081.9	—	0.5	持平

采购成本预算表由成本管理部门协同采购部门编制，采购单价预算是核心，原则上采购单价必须保持下降趋势（要基于行业趋势变化对大宗原材料的价格进行合理预测，可适时采取战略备货、期货交易等方式来控制采购成本）。

3. 期间费用预算

期间费用预算主要包括销售费用预算、管理费用预算和财务费用预算。美的对期间费用有总体要求，并且预算需细化到每一个详细的项目，不明确的其他项目的费用预算金额不得超过总预算金额的 3%。

（1）销售费用预算。销售费用是指基于年度销售活动的各类费用支出，包括销售人员工资、职工福利费、差旅费、广告费等。销售费用预算表（见

表7-13）由销售部门财务人员统筹销售各部门负责人编制，对总额超过10万元的支出，都需要进行专项说明。

表7-13 销售费用预算表　　　　　　（金额单位：亿元）

项目	本年预计	下年预算			
		合计	固定	变动	同比增长
费用合计	176.0	206.3	67.1	139.2	17.2%
五项费用小计	31.0	33.0	7.4	25.6	6.5%
办公费	3.0	3.0	2.8	0.2	0.0%
邮政通信费	4.7	5.4	2.0	3.4	14.9%
差旅费	7.1	8.7	1.1	7.6	22.5%
汽车费	1.2	1.5	1.5	0.0	25.0%
业务招待费	15.0	14.4	0.0	14.4	-4.0%
销售人员费用小计	46.0	57.0	35.0	22.0	23.9%
销售人员工资	17.2	21.6	31.6	-10.0	25.6%
职工福利费	2.2	2.3	2.3	0.0	4.5%
销售提成	19.1	23.7	0.0	23.7	24.1%
其他销售佣金	7.5	9.4	1.1	8.3	25.3%
市场费用小计	88.0	101.0	15.0	86.0	14.8%
广告费	15.9	19.1	10.0	9.1	20.1%
促销及物料费	20.6	22.0	4.3	17.7	6.8%
运输及装卸费	27.1	31.8	—	31.8	17.3%
安装费	11.2	12.5	—	12.5	11.6%
返利	12.0	14.8	—	14.8	23.3%
其他市场费用	1.2	0.8	0.7	0.1	-33.3%
其他费用小计	11.0	15.3	9.7	5.6	39.1%

（2）**管理费用预算**。管理费用预算是指对管理人员工资福利、房租、水电、五项费用等进行预算（见表7-14），五项费用是指办公费、邮政通信费、

差旅费、汽车费、业务招待费。

表 7-14 管理费用预算表　　　（金额单位：亿元）

项目	本年预计	下年预算			
		合计	固定	变动	同比增长
费用合计	**96.0**	**112.7**	**105.3**	**7.4**	**17.4%**
五项费用小计	**8.8**	**10.2**	**8.5**	**1.7**	**15.9%**
办公费	2.0	2.1	2.1	0.0	5.0%
邮政通信费	2.6	3.4	2.8	0.6	30.8%
差旅费	2.0	2.1	1.5	0.6	5.0%
汽车费	0.8	0.9	0.9	0.0	12.5%
业务招待费	1.4	1.7	1.2	0.5	21.4%
管理人员费用小计	**61.0**	**73.0**	**68.0**	**5.0**	**19.7%**
工资	58.0	70.0	65.0	5.0	20.7%
职工福利费	2.1	2.5	2.5	0.0	19.0%
其他管理人员费用	0.9	0.5	0.5	0.0	−44.4%
专项费用小计	**7.7**	**8.3**	**7.8**	**0.5**	**7.8%**
培训费	2.3	2.8	2.8	0.0	21.7%
咨询费	4.1	3.9	3.9	0.0	−4.9%
其他专项费用	1.3	1.6	1.1	0.5	23.1%
其他费用小计	**18.5**	**21.2**	**21.0**	**0.2**	**14.6%**
低值易耗品摊销	2.1	1.9	1.9	0.0	−9.5%
水电费	1.2	1.4	1.4	0.0	16.7%
租赁费	5.3	6.7	6.7	0.0	26.4%
折旧	6.6	7.4	7.4	0.0	12.1%
其他	3.3	3.8	3.6	0.2	15.2%

（3）**财务费用预算**。财务费用预算是指对利息收入和支出、汇兑损益、银行手续费等进行预算（见表 7-15）。

表 7-15　财务费用预算表　　　　　　（金额单位：万元）

费用项目	内销价值链			外销价值链			事业部合计		
	本年预计	下年预算	增长率	本年预计	下年预算	增长率	本年预计	下年预算	增长率
财务费用—利息收入	120	200	66.7%	102	105	2.9%	222	305	37.4%
其中：内部利息收入	0	0	0.0%	0	0	0.0%	0	0	0.0%
银行存款利息收入	120	200	66.7%	102	105	2.9%	222	305	37.4%
其他	0	0	0	0	0	0	0	0	0
财务费用—利息支出	1 477	1 700	15.1%	1 259	1 460	16.0%	2 736	3 160	15.5%
其中：内部利息支出	453	500	10.4%	534	560	4.9%	987	1 060	7.4%
银行贷款利息支出	1 024	1 200	17.2%	449	450	0.2%	1 473	1 650	12.0%
贸易融资利息支出	0	0	0	276	450	63.0%	276	450	63.0%
其他	0	0	0	0	0	0	0	0	0
财务费用—汇兑损益	−221	−103	−53.4%	−3 272	−2 200	−32.8%	−3 493	−2 303	−34.1%
其中：已实现汇兑损益	−98	−73	−25.5%	−1 352	−1 200	−11.2%	−1 450	−1 273	−12.2%
未实现汇兑损益	−123	−30	−75.6%	−1 920	−1 000	−47.9%	−2 043	−1 030	−49.6%
财务费用—银行手续费	34	43	26.5%	76	92	21.1%	110	135	22.7%
财务费用—其他	0	0	0	0	0	0	0	0	0
合计	1 170	1 440	23.1%	−2 039	−753	—	−869	687	—

7.4.2 专项预算

专项预算包括投资预算、研发投入预算、薪酬福利预算等需要重点关注的专项事务预算。

1. 投资预算

投资预算是指根据发展战略对下年度并购及固定资产投资的项目进行预算，同时也要列出本期递延在下年度实施的项目，包括投资项目预算和投资资金支付预算。

（1）投资项目预算。投资项目预算（见表 7-16）应列出为支持战略目标落地、年度经营目标实现而需要开展的投资项目。美的每年的投资额少则数十亿元，多则数百亿元，因此战略投资部门每年都会制定专项的投资预算。美的对固定资产投资有专门的投资管理流程和具体操作方法，以确保资产投资效益。投资项目类别包括生产扩能（土地、厂房、设备）、研发测试、IT 系统及办公资产购置等。

表 7-16 投资项目预算表　　　（金额单位：万元）

类别	项目名称	审批预算	项目内容	项目投资目标	最新进展
递延重大投资项目	Aa	12 000	×× 土地	—	已支付 3 000 万元，余下的 9 000 万 20×3 年 7 月支付
新增重大投资项目	Xa	5 000	×号生产线自动化改造	—	20×3 年 3 月前完成招标，9 月前完成改造
合计		17 000	—	—	—

（2）**投资资金支付预算**。投资资金支付预算是指根据项目的进度，明确每个项目的资金支付计划（见表 7-17），这对事业部及集团测算资金需求、控制资金成本非常重要。

表 7-17 投资资金支付预算表　　　（金额单位：万元）

| 项目名称 | 项目内容 | 项目预算 | 本年资金支付计划 | | | | | 递延至×年支付 |
			一季度	二季度	三季度	四季度	合计	
Aa	×× 土地	12 000	0	0	9 000	0	9 000	—
Xa	×号生产线自动化改造	5 000	1 500	2 500	750	0	4 750	250
合计		17 000	1 500	2 500	9 750	0	13 750	250

2. 研发投入预算

研发投入预算是指对研发活动的各项支出如科技人员工资及福利、研究开发费用、测试认证费、新增固定资产投入等的预算（见表 7-18）。在上市公司财报中，单独列出研发费用投入是最近几年的事情，但美的从 2008 年就开始推行研发投入专项预算，以确保各事业部对研发的投入。美的集团鼓励各事业部提高研发投入，对部分研发投入实施资本化考核激励政策（仅限于内部经营责任制考核）。

表 7-18 研发投入预算表　　　　　　（金额单位：亿元）

序号	项目	明细项目	本年预计	下年预算	增长率	说明	归口部门
一	科技人员工资及福利	—	31.31	38.68	23.50%	科技人员包括以下职群中的专业人才（P类）和管理人才（M类）：研发职群、品质职群中品质改善人员	人力资源部
二	研究开发费用	五项费用	4.22	4.51	6.90%	仅含研发部门的五项费用	技术研究和产品开发部门
		各项目专项费用（10万元以上的需列出项目明细）	14.36	20.61	43.50%	研发部门的各项专项费用，如样机购置费、样机试验费、技术引进费、委外设计费、物料消耗、包装材料费等	
		小计	18.58	25.12	35.20%		
三	测试认证费	委外测试费	5.20	3.40	−34.60%	委外测试费、检验鉴定费	各部门
		产品认证	0.33	0.50	51.50%	进行 UL、3C 等认证发生的所有费用	
		能源动力费	0.60	1.19	98.30%	研发测试部门的水电气消耗	
		小计	6.13	5.09	−17.00%		
四	新增固定资产投入	—	7.11	11.20	57.50%	研发测试部门的场地建设、维护，研发测试设备仪器	投资管理部门
五	新增 IT 投入	—	0.80	0.82	2.50%	研发测试用 IT 软硬件投入	IT 管理部门
六	其他	培训费	0.15	0.36	140.00%	研发测试部门的专项培训	人力资源部
		科技奖励	1.01	1.50	48.50%	各类研发专项奖励	科技管理部
		其他	0.03	0.32	966.70%		
		小计	1.19	2.18	83.20%		
	合计		65.12	83.09	27.60%		

3. 薪酬福利预算

薪酬预算是指对经营发展需要的营销工资、管理工资、直接工资、战略工资进行预算（见表 7-19），由人力资源部门组织进行专项编制。

表 7-19　薪酬福利预算表　　　　（金额单位：亿元）

工资类别	本年预计					下年预算				预算同比增长或上升			
	销售收入	实际人数	应计提工资总额	预计实发	工资率	销售收入	预算人数	工资总额	工资率	销售收入	预算人数	工资总额	工资率
营销工资		3 576	11	9	0.69%		3 934	13	0.68%		10.01%	18.18%	-0.01%
管理工资		10 602	11	9	0.69%		11 132	12	0.63%		5.00%	9.09%	-0.06%
直接工资	1 600	82 240	82	70	5.13%	1 910	84 254	97	5.08%	19.38%	2.45%	18.29%	-0.05%
战略工资		51	13	11	0.81%		85	15	0.79%		66.67%	15.38%	-0.03%
小计		96 469	117	99	7.31%		99 405	137	7.17%		3.04%	17.09%	-0.14%

需要注意的是，在财务逻辑中，人力与薪酬费用会分列在直接人工、制造费用、销售费用、管理费用、研发费用等多个项目中。但美的的预算对人均效率的要求非常严格，预算时需要进行人效测算、人均薪酬测算，原则上有三个刚性要求，即人均销售、产值、利润刚性上升，人均薪酬刚性上升，人工成本率刚性下降。也就是说，必须增加人员的产出、提高人员的收入，实现良性循环。因此，人力资源部门在这个过程中需要充分发挥专业性，综合考虑公司人效改善目标与各部门为达成年度计划对人员的需求，当目标与需求存在冲突时，要组织业务部门对部门年度工作与人员结构进行分析、优化，最终确定各部门的人员编制与薪酬标准，提交财务部门汇总到各部门的费用预算中。

在表 7-19 中，下年预算的工资率较本年预计的工资率有 0.14% 的下调，但预算的人员数和工资总额分别有 3.04% 和 17.09% 的增长，这意味着经营单位或整个集团在销售收入上要有更好的结果才能实现。

有一些基于重大战略实施需要的战略工资支出，可能存在提前开支而收益延后的现象，一般不受刚性原则限制，但是需要单列并说明情况。

福利预算是对员工各项补贴、劳动保护、社保等费用的预算。美的集团为提升对科技人员的重视，给予研发人员额外补贴，如住房补贴、汽车补贴、工龄补贴等。

7.4.3 财务预算

在完成各项经营预算、专项预算后，财务部门预算管理人员会统筹进行财务预算，汇总编制利润表、现金流量表、资产负债表。在这三张表中，经营团队重点关注利润表（反映团队经营成果），财务与决策者则更关注现金流量表（反映资金运营安全）和资产负债表（反映组织财务状况和资产结构）。

1. 利润表

利润表是"收入 – 成本费用 = 利润"这一朴素逻辑的报表呈现，预算得出的利润表主要揭示下一年的经营计划可能带来的经营成果。经营预算完成后，报表结构中的各项内容基本都能够直接获取，我们就能知道下一年的经营计划能否实现我们的经营目标，如收入目标、利润目标等。

在美的，因为不同事业部的经营重心不同，它们利润表的结构也略有差异。

2. 现金流量表

预算得出的现金流量表反映了经营单元预计的现金流入和流出情况，它可以帮助企业判断经营单元下一年的资金运用情况，初步掌握经营单元在资金使用上的主要脉络，对资金筹措和内部调配提供参考，这就达到了预算的基本目的。

完成现金流量表的预算之后，还需要回过头来将现金流指标与收入、利润指标进行对照，审视收入、利润指标的质量。

3. 资产负债表

资产负债表的结构相对较为复杂，很多项目在经营预算中并未直接涉及，编制起来有一定难度，因此，一般以抓住主要矛盾为原则，将经营预算涉及的部分，如货币资金、存货、应收账款、长期股权投资、投资性房地产、固定资产、无形资产、在建工程、应付账款、职工薪酬、长短期贷款、未分配利润等，在期初资产负债表的基础上，计算并确定相关报表项目的期末余额，其他项目暂维持期初数据不变，分项或打包成一个项目列示。

7.5 全面预算的过程管理

7.5.1 全面预算编制的检验

在完成所有预算编制后，尤其是财务预算的编制后，美的会对预算合理性进行检验，如表 7-20 所示，美的完成某年的预算编制后，将其与上一年的情况进行了对比。检验重点包括销售能力、盈利能力、经营效率、现金流量、人力资本等几个方面，其核心是看经营目标的达成逻辑是否合理，经营效率、经营质量有无提升。

表 7-20 全面预算检验重点

项目	本年预计	下年预算	变化幅度[①]
销售能力指标			
销售净收入（亿元）	1 600	1 910	19.38%
内销净收入（亿元）	810	980	20.99%

（续）

项目	本年预计	下年预算	变化幅度①
销售能力指标			
外销净收入（亿美元）	127	150	18.11%
销售量（万台）	16 292	19 547	19.98%
销售量 – 内销	4 875	5 802	19.02%
销售量 – 外销	11 417	13 745	20.39%
可比产品售价变动率	-3.30%	-2.00%	1.30%
可比产品售价变动率 – 内销	-5.00%	-3.50%	1.50%
可比产品售价变动率 – 外销	-2.10%	-2.00%	0.10%
新品收入比例	23.70%	25.00%	1.30%
产销率	99.32%	99.50%	0.18%
供销率	99.57%	99.80%	0.23%
市场占有率	27.75%	29.00%	1.25%
国内市场占有率	33.26%	35.00%	1.74%
外销市场占有率	23.94%	25.00%	1.06%
促销投入比	1.29%	1.15%	-0.14%
科技投入比	4.07%	4.35%	0.28%
产品维修率	0.18%	0.15%	-0.03%
产品投诉率	0.11%	0.10%	-0.01%
盈利能力指标			
经营利润（亿元）	129.84	207.13	59.53%
经营利润率	8.11%	10.84%	2.73%
销售净利率	7.30%	9.87%	2.57%
销售毛利率	25.11%	27.55%	2.44%
销售毛利率 – 内销	22.99%	24.91%	1.92%
销售毛利率 – 外销	27.28%	30.33%	3.05%
期间费用率	16.99%	16.70%	-0.29%
管理费用率	6.00%	5.90%	-0.10%
销售费用率	11.00%	10.80%	-0.20%
财务费用率	-0.005%	0.00%	0.01%
边际贡献率	24.83%	26.60%	1.77%

（续）

项目	本年预计	下年预算	变化幅度[①]
盈利能力指标			
边际贡献率－内销	23.64%	25.07%	1.43%
边际贡献率－外销	26.06%	28.21%	2.15%
净资产收益率	22.38%	25.83%	3.45%
经营效率指标			
应收账款周转率（次/年）	14.12	14.40	1.98%
内销应收账款周转率	23.75	25.00	5.26%
外销应收账款周转率	10.99	12.00	9.19%
存货周转率（次/年）	8.36	8.85	5.86%
成品周转率（次/年）	14.98	15.34	2.40%
材料周转率（次/年）	32.13	35	8.93%
可比材料采购价降低率	0.77%	0.04%	−0.73%
制造成本降低率	5.12%	3.74%	−1.38%
材料成本降低率	5.44%	2.44%	−3.00%
直接人工降低率	3.08%	8.08%	5.00%
制造费用降低率	2.03%	8.03%	6.00%
现金流量指标			
销售回款率	98.42%	98.50%	0.08%
经营性净现金流量（亿元）	146.07	245.03	67.75%
经营活动净现金收入比率	9.13%	12.83%	3.70%
人力资本指标			
人均营业收入（万元）	160	166	3.75%
人均利润（万元）	12.98	18	38.65%
人均营运成本（万元）	119.83	120.89	0.89%
人工投入产出比（倍）	8.97	9.9	10.37%
人均产值（万元）	161	166.83	3.62%
人力资本投资回报率	72.77%	107.31%	34.54%
人工成本支出比	11.15%	10.11%	−1.04%
百元管理工资利润率	185.48%	295.90%	110.42%

① 表中本年预计和下年预算值为百分数的，变化幅度＝下年预算－本年预计；其余的，变化幅度＝（下年预算÷本年预计－1）×100%。

需要说明的是，在美的，对预算质量的评估是一项基本工作，每个经营单元都会进行，各级预算部门都会重点关注，而且不需要使用一些专门工具。表 7-20 是根据美的的做法整理出来的，并不只适用于美的，对其他企业也有参考价值。

7.5.2 预算分析与控制

对预算进行分析与控制，是美的全面预算管理的重点之一，主要通过以下四项工作完成。

1. 编制预算分析报告

美的预算分析报告分为定期报告与不定期报告。月报、季报、半年报、年报为定期报告，不定期报告一般在出现异常情况、重大事项时临时编制，或针对某项专题编制。凡对年度预算目标造成重大负面影响的事项，如产品大幅降价、产品积压、应收账款及逾期应收账款大幅增加、原材料价格上涨、大量不良资产积存等，均属异常情况或重大事项。

预算分析报告由报表与文字分析说明组成，报告内容除年度绩效考核指标的执行情况外，还需对经营方面的重要异动情况给予足够的关注，如企业营运效率、盈利能力、资金流情况、资产风险、产品产销存情况、销售回款率、产品售价和成本、经营活动净现金流、投资活动净现金流等，并针对异常变动进行差异分析，确定对差异拟采取的调整措施。这些调整措施由预算管理机构审批，由预算执行单位落实，由财务部门跟进落实情况。

2. 预算执行分析

预算执行分析的主要方式就是经营分析会，这是美的最重要的经营管理活动之一，此外还有各种专项分析（具体参见本书经营分析会相关内容）。

3. 预算管理考核

预算管理考核采取月度过程监控与年度综合考核相结合的办法，由此分为月度预算管理考核和年度预算管理考核。

月度预算管理考核主要对月度预算管理报表的报送及时性和报告质量进行考核。年度预算管理考核主要对年度预算管理体系的建立与完善、预算编制的准确与完整性、预算信息的真实与及时性、预算分析报告的完整性、调整措施的落实效果、预算档案管理的完整性、集团预算规章制度执行情况和预算管理创新能力等进行考核。其中，预算管理创新是指对集团预算管理体系、考核办法等进行现状分析并提出建设性的书面改进方案，以及结合本单位实际情况，提出能明显改善本单位预算管理的方案。

集团财务管理部按照集团工作安排和管理需要，对各层级预算单位的重大经营异常情况、预算执行情况和预算管理工作等开展不受层级和内容限制的调查或检查工作，检查结果纳入绩效考核。

经营绩效考核责任部门为集团审计监察部，财务管理部、战略发展部及人力资源部等相关部门分别对有关专项预算执行情况提供考核支持。预算管理考核主要由集团财务管理部负责，预算管理考核结果纳入被考核单位第一责任人和财务负责人的工作绩效考核。

年度结束时，各预算单位应在集团规定时间内，向集团财务管理部报送年度预算执行报告，集团财务管理部与集团审计监察部协同开展经营绩效审计工作，经集团审计监察委员会评审后报集团董事长审批确认。

需要说明的是，因为有了全面预算，美的对事业部、经营单元的考核指标往往简洁明了，一般只有5～7项。很多指标并不需要通过考核的方式管控，而是在日常的预算管控中就得到了控制。

4. 预算调整

美的年度预算一经批准，除非发生重大偏离，一般不予调整。重大偏离指生产经营环境发生重大变动，与制定年度预算时的基础严重背离，对年度预算关键指标影响达 50% 以上。

集团年度预算调整实行双向调整原则，即年度预算调整既可由下级预算单位提出，也可由集团提出。各预算单位如需调整年度预算，需报集团相关部门审核、董事长审批、集团财务管理部备案。

预算年度内偶然发生而不涉及调整年度预算的事项，由上级预算单位审批决定纳入责任制或非责任制考核，所有非责任制考核事项以书面审核为准，预算执行单位应在审批额度和范围内进行控制，并在定期预算报告中予以反映。

2007 年，何享健在接受《董事会》杂志采访时说："美的从加强会计管理、资金管理、税务管理、预算管理等方面入手，并借助内外部审计的力量，建立、完善风险监控体系，重点关注财务信息是否真实、准确、完整，重点关注财务内部控制体系是否建立并有效运行，重点关注外部政策风险。"[⊖]

从执行情况来看，美的的确是这样做的。

7.5.3 强势的财务管控

美的的全面预算管理得以有效实施，与其强势的财务管控密不可分。

1. 财务深入业务

美的一直非常重视财务管理，在创业伊始这种重视可能是源于何享健的个人敏感度，但随着美的业务的发展，这种重视已经变成整个组织的习惯。

⊖ 黄治国. 静水流深：何享健的千亿历程 [M]. 广州：广东经济出版社，2018.

美的的财务部门会全面参与企业的战略制定与经营过程，而且"强势"的财务管理是美的管理的特点。这种"强势"不是源于老板赋予的管控权力，而是源于财务部门的专业性及其对业务的深入。

在美的，财务人员要深入业务、了解业务，这是他们做好财务管理与全面预算的必要条件。比如，财务人员会进入新产品研发立项的项目组，参与项目的财务管理；成本会计人员会直接参与生产物料和固定资产等项目的决策与采购价格的谈判过程，并在此过程中做好目标成本管理；车间财务人员会每月统计、分析车间单位人工成本、单台可控制造费用、总装工厂损耗率等，并与年度目标进行比较分析，寻找差距，督促制造部门做好生产管理（见表 7-21）。

表 7-21　某事业部制造部某车间成本管理信息通报

统计周期：20×× 年 1～6 月　　　　　　　　　　　　　　　　（金额单位：元）

项目	年度目标	1月实际	2月实际	3月实际	4月实际	5月实际	6月实际	累计达成	与年度目标差异
单位人工成本（生产制造部）	—	—	—	—	—	—	—	—	1.6
单台可控制造费用（生产制造部）	—	—	—	—	—	—	—	—	0.32
总装工厂损耗率	—	—	—	—	—	—	—	—	0.21

何享健要求财务管理部门关注企业经营能力、盈利能力。在他看来，财务人员要主动发现经营中存在的问题，协助总经理改善经营理念、经营方法、盈利手段等，要给总经理、管委会提供明确的经营参考意见，积极发挥辅助决策作用。

他还认为，经营单位经营得好、管理得好，与总经理重视财务管理，自身财务管理水平高、能力强有很大关系；反之，若经营单位出现经营和管理问题，不仅财务负责人、财务队伍要负责任，而且总经理也有不可推卸的责任。

同时，在企业经营过程中，控制风险是至关重要的，因此财务部门还要密切关注企业经营风险，主动发现、汇报和控制经营中存在的问题。

2. 财务一体化管理

从集团财务管理部到事业部财务管理部再到经营单位，美的的财务体系一直采用垂直一体化的管理模式，即下一级的财务负责人由上一级财务部门派出，该财务负责人接受上级财务负责人与同级经营负责人的双重管理；同时，美的的财务部门还设有专门的预算管理中心，负责预算的编制、执行、跟进与分析等，具体见图7-4。

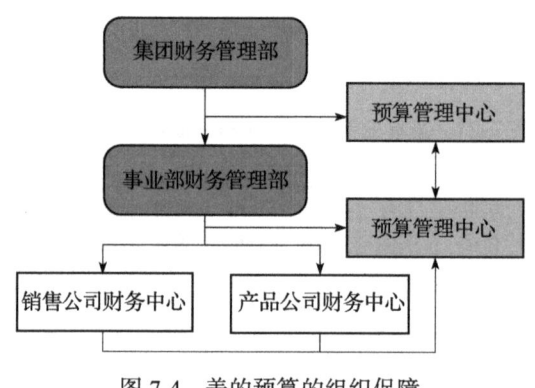

图 7-4 美的预算的组织保障

这种组织体系不仅可以确保财务人员的独立性，而且可以保证他们在执行上级财务管理制度与标准的同时对经营单位的业务提供支持。在这种情况下，财务部门可以对经营有全面的了解，这为预算的准确性、全面性、权威性提供了巨大的帮助。

—— 本章小结 ——

财务逻辑是企业的通用逻辑，财务语言也是企业经营的通用语言，利润表就是企业经营的天然脉络。因此，企业内部务必形成用数据说话、以结果为导向的文化，企业经营者必须掌握这个基本原则。稻盛和夫说过"哲学只有变成了数字才是经营"，稻盛和夫多年的合作伙伴、稻盛和夫理念最深刻的理解者与执行者森田直行[⊖]强调，管理者要"将能力转化为数字"。华为前轮值董事长郭平在2018年的一次内部会议中也指出，在企业内做管理，一定要上"数学课"，不能上"语文课"。

全面预算管理是美的推动战略落地、提升经营质量、控制经营风险的重要工具。可以说，美的的高效运营体系是以全面预算管理为核心构建起来的。有了预算，才可以做到"管理不一定要考核，但不考核不代表不管理"。比如，美的在对事业部的考核中几乎不考核费用（如销售费用、管理费用等），这是因为费用指标在预算中已经明确了相应的"额"和"率"，在使用过程中会得到管控，很难出现超支的情况，因此并不需要将其作为年度考核指标。

美的推行全面预算管理的方法既科学又有效，这使美的不需要借助高大上的管理咨询、庞大的管理系统就能使公司的规模不断突破。而且在这个过程中，美的的管理始终保持简单，经营授权力度虽然很大却很少出现经营风险，在不断培育出高素质经营人才的同时又不会令公司被其"绑架"，这些都是值得更多企业学习借鉴的。

⊖ 京瓷以稻盛和夫的理念成立了一家咨询机构，森田直行是负责人。稻盛和夫负责拯救日航时，森田直行也"空降"到日航任副社长兼财务负责人。

― 第 8 章 ―

美的如何开经营分析会

我每天要看现金流量表,一个月开一次经营分析会,我要看结果,看数据,看财务指标。㊀

——何享健(2007 年)

企业经营的复杂性随着企业规模的扩大呈指数级增长,如何在这种情况下进行有效管理,是企业必须认真思考的问题。多年来,美的一直保持着数倍于行业增速的发展势头,经营管理能力也在不断提升,其中一个重要原因就是经营分析会。

经营分析会是用来衡量企业战略与经营计划的标尺,也是企业变得庞大复杂后管理却仍能维持简单的秘诀。

8.1 为什么要开经营分析会

美的之所以非常重视经营分析会,是因为它对企业的经营管理具有非常

㊀ 黄治国. 静水流深:何享健的千亿历程 [M]. 广州:广东经济出版社,2018.

重要的意义。

如前文所述，企业通过预算对战略与计划进行更清晰的财务解码，将其分解到内部各层级，分解到每一个月，而经营分析会则是依据分解到月的经营预算来展开的，因此，美的经营分析会通常是月度经营分析会，这意味着一年有 12 次对经营进行系统分析与解决问题的机会。通过这种方式，美的可以以财务数据的变动来分析现状、发现差距和问题、制订计划并不断优化，使各级经营单元的经营成果不断接近甚至超越战略目标。

在这个过程中，美的的经营管理能力变得越来越扎实。经营管理能力不是自然生长出来的，而是"逼"出来的。经营分析会让企业各级管理者直面经营，进行集体反思，及时发现问题，再上升到流程、标准与制度的层面去解决问题，推动企业不断设立更合理、更有挑战性的目标。如此循环，就能厘清经营管理的现状，提升经营人员的能力，进而不断提升整个组织的效率和能力。

同时，经营分析会也是培养和训练经营人才的好方式，堪称最好的 MBA 课堂。在经营分析会上，严谨的财务逻辑与经营数据，可以使经营团队更务实地面对经营现状，财务数据也可以让经营中的问题变得更加具体而清晰，使团队认识问题与解决问题的效率更高。而且在会议中，高层管理者的经营思维、经营逻辑也能供经营团队借鉴。更重要的是，在经营分析会上需要对一些现实问题进行现场讨论，这需要经营团队中的每个人都发表自己的观点，这不但对他们的能力提升有极大的帮助，还能倒逼他们对企业经营管理的现实情况做到了如指掌。

现在，美的经营分析会已经深入组织的各个层面。比如当一位营销体系的区域业务经理和代理商沟通时，他也会以月度经营数据为依据，分析和盘点月度的分销、毛利、费用等情况，并与整体情况及内部标杆进行比对。供应链管理体系的负责人，则可能会与供应商盘点月度供货、成本、交期、品质、损益等情况。

经营分析会的水平能够充分体现一家企业的经营成果、组织水平和管理能力，因此，企业一定要开好经营分析会，使其真正成为推动企业发展、促进目标达成的高效会议。

8.2 有效组织，让经营分析会充分发挥作用

8.2.1 经营分析会的组织

良好的规划安排能够为经营分析会的高效举行提供坚实的保障，因此，对会议时间安排、会议组织形式与参加人员都要精心筹划。

1. 会议时间安排

美的的月度经营分析会基本在每月上旬召开。因为经营分析会不仅要分析上月的经营数据，还要据此对本月的经营重点进行规划，因此，会议的时效性非常重要。4月、10月的经营分析会一般会与季度经营分析会合并，7月、12月的经营分析会则会分别与半年度、年度的经营汇报会（或总结计划大会）合并。

在会议时长方面，美的尽可能不开长会，一般控制在2小时内。与经营关联不大的事项不会安排在经营分析会中，而一些无法在短时间内得出结论的事项，则会另外安排重点工作会议进行讨论、部署。这样尽可能保证经营分析会严格按照财务逻辑，主要分析经营事项。

2. 会议组织形式与参加人员

美的从事业部及其下属各层级经营单元，到二级产业集团，再到集团总

部，都会自下而上地层层召开经营分析会，确保每一层级在向上汇报时已经完全掌握了下级与本级的经营情况，对出现的问题及解决思路，以及自己需要争取的支持也都心中有数。

会议一般由财务部门主导，运营部门则负责会务工作。经营分析会的主报告（月度经营报表）一般是由财务部门负责编制，由财务负责人或经营负责人进行汇报。

参会人员一般是上下两级单位的经营团队成员，以及财务、运营等相关部门的部分工作人员。一些潜在培养对象或后备干部也会被列为参会人员，通过旁听的方式来学习企业的经营管理。

8.2.2 经营分析会的流程管理

经营分析会过程复杂，涉及面广，需要多层级、多人员甚至跨部门的有效协同。因此，需要对会前、会中和会后的整个流程进行管理，确保其顺利进行。

1. 会前准备

第一，做好数据收集与整理工作。

高质量的经营分析会要做到可量化，能评估经营目标达成情况、预算执行情况、重点工作达成情况等，没有做到量化分析的经营分析会，就是隔靴搔痒。因此，在召开经营分析会前，参会人员对各方面的数据资料一定要收集到位。为了满足经营分析会的数据需求，企业应建立起一套经营数据收集和分析体系以及健全的 IT 系统。

美的经过多年沉淀，建立了一套健全的经营数据收集和分析体系，并从 1996 年开始实施物料需求计划（Material Requirement Planning，MRP）系统，确保及时、准确地收集企业在经营管理过程中的相关数据。

以美的某事业部为例，它收集的经营数据非常丰富（见表 8-1）。

表 8-1　××事业部经营数据收集清单

	报送内容	报送时间	报送责任部门	接收部门
一级信息报送体系	销售日报	每日下班前	销售财务中心	事业部总经理及公司管委会成员
	库存日报	每日下班前	销售财务中心	
	预算执行月报	每月 10 日前	预算与成本中心	
	资金月报	每月 5 日前	会计管理中心	
	运营月报	每月 10 日前	公司运营中心	
	投资执行月报	每月 5 日前	公司运营中心	
	人力资源月报	每月 5 日前	人力资源中心	
二级信息报送体系	内销周报	每周一下班前	内销综合管理中心	公司运营中心及对应部门各科室负责人
	外销周报		外销综合管理中心	
	×项目部运营周报		项目部运营中心	
	×工厂运营周报		工厂运营中心	
三级信息报送体系	生产日报	每日下班前	各工厂/车间	各项目部运营管理部门及相关人员
	来料检验日报	每日下班前	项目部下属各 IQC	
	成品检验日报	每日下班前	项目部下属各 QQC	
	过程检验日报	每日下班前	项目下属各 LQC	
	技术研究/产品开发月报	每月 5 日前	各技术研发中心	
	客户投诉月报	每月 5 日前	各品质中心	
	试验及测试月报	每月 5 日前	各品质中心	
	品质改善月报	每月 5 日前	各品质中心	
	其他（各部门根据需要确定）			

第二，揭示出经营中的问题与困难。

经营分析会不能只有数据呈现，还要能揭示出一些关键问题，并进行结论性的表述。因此，在经营分析会前，经营团队应对一些问题以及需要获得支持的事项提前做准备，并针对可能出现争议的事项与相关部门提前沟通，对存在的问题提出初步建议,以便在正式会议中展开有效讨论。

2. 会中管理

第一,不能偏离主题。

经营分析会涉及很多议题,但一般紧紧围绕经营主线,不讨论其他的部门重点工作或日常工作,对后面这些工作,美的各经营单位会在月度重点工作会议或者月度例会、周例会上进行讨论。

在经营分析会上也会出现一些一时无法形成决定,需要召开专项会议另行解决的或者与多数人员关系不大的问题,在这种情况下,要及时"刹车",另行组织会议研讨,避免使经营分析会陷入混乱。而对一些随意性的话题更要及时"刹车",避免把经营分析会开成故事会,令其失去严肃性。即使是一把手,也不能随意发挥、想到哪说到哪,在会议纪律面前,谁都不能例外。

第二,尽量在会上达成决议,形成改善措施。

对于在经营分析会上能够找到原因并形成决议的事项,要形成可量化的改善措施,并明确到人,设定具体的完成期限(见表8-2)。执行这些改善措施,是团队未来的日常工作,并需要在后面的月度分析会中做进度通报。

表 8-2 ×× 事业部改善措施表

序号	预算差异项目或经营问题	原因分析			改善建议及行动计划		
		序号	影响因素	影响比重	责任人	行动计划及可量化目标	完成期限
1		(1)					
		(2)					
		(3)					
⋮							

原则上,主要经营人员都要在经营分析会上发表意见,财务、人事、运营等管理部门的人员对发现的问题要勇于提出自己的意见,发挥专业作用,

这样才更有利于经营单位形成改进措施。不能只有汇报人讲、主要领导点评。

3. 会后跟进

第一，会议决议事项跟进。

会议一定要形成会议纪要（经营分析会的会议纪要一般在会后 1～2 天下发），对会议中的关键事项进行记录，对会议上确定的重点工作计划形成工作表，包括完成时间、责任部门、责任人员、检查部门等，方便相关部门在会后执行、跟进、检查。纪要下发后，运营管理部门负责过程中的跟进，并在下一次经营分析会上对本次经营分析会的安排做复盘，形成闭环。

运营管理部门等负责跟进的部门，不能满足于一个月跟进一次，在月度经营分析会时通报情况即可，而是要在过程中时时跟进，助推结果的完成。对经营分析会中涉及的一些重点项目，还要进行专项跟进。

第二，会后专项跟进。

对事业部内部无法独立解决、需要跨部门协调资源且无法在月度经营分析会上形成决议的事项，要另外组织专项会进行讨论，运营管理部门等负责跟进的部门应及时跟进。

8.3 经营分析会的主要内容

在美的，不同事业部、不同层级的经营分析会可能存在一些差异，但总体上必须在一个框架内进行，这个框架就是经营预算，预算是开好经营分析会的前提。同时，在企业经营活动过程中，各项经营动作均会产生对应的财务结果，换言之，通过财务数据可以检验、评价经营动作的完成情况。因此，经营分析的内容主要与预算和财务数据相关，具体包括以下几个方面：

- 上月总体经营情况分析

- 销售与市场分析
- 成本与费用分析
- 其他专项分析（如人力资源、经营风险、经营效率等专项分析）
- 本月预算通报、本月经营计划通报
- 其他重点工作或需要支持的工作事项

在会议过程中，参会人员会针对各项内容进行研讨与部署。下面详细介绍上月总体经营情况分析、销售与市场分析、成本与费用分析和其他专项分析。

8.3.1 上月总体经营情况分析

对上月的总体运营情况进行分析，是经营分析会的重中之重。主要分析事项如下。

1. 按照利润表的逻辑分析企业整体经营情况

利润表是企业经营的天然脉络，从利润表来看，企业经营就是从 100% 到 $N\%$ 的过程：收入是 100%，减去 $X\%$ 的成本占比，得到 $Y\%$ 的毛利，再减去 $Z\%$ 的费用占比……最后得到 $N\%$ 的净利润。

因此，经营分析的主线就是分析各项经营要素的情况，以及从收入、成本、费用到毛利、净利润的情况，全面地把企业的经营情况分析清楚。

简单来说，经营分析一般会从"额"和"率"两个方面进行，美的更习惯于分析"率"的变化，因为用"率"能更直接、更客观地反映出某项指标与整体收入和市场的关联。"率"的变化主要通过各项指标的实际值与年度预算目标，或者与其上年同期的差异来体现，例如，与年度预算目标做比较可以清楚地知道相关指标的完成率，而与自己上年同期做比较则可以看出业绩是提升还是下降了。美的会尽可能地找出业绩变化背后的原因。

事业部一级的经营分析会还会通报事业部的经营责任制目标达成情况，并根据预算进度进行模拟打分，具体指标可见表8-3，这些指标在事业部与集团签订《经营责任状》时已被明确。

表8-3 ××事业部×月经营责任制目标达成情况

指标类别	考核指标	权重	截至当月累计分解目标	截至当月累计达成值	预计得分
经营指标	不含税净收入				
	经营利润				
	净资产收益率				
能力指标	经营活动现金收入比率				
	存货周转率				
	高端产品占比				
扣分项	××专项工作				
	重大质量问题考核				
合计					

对经营责任制目标达成情况的分析是通过对各级科目进行全面分析来完成的，如首先分析收入、成本、销售费用、管理费用、研发费用、财务费用等一级科目，然后再分析各品类的销售收入、成本的料工费，以及各项费用的细节等二级科目。美的对这些经营管理的科目是按照会计标准并根据企业内部的管理需要划分的。值得注意的是，分析必须细化，而不能笼统算大账，提供一些"大"数据。

2. 分析现金流情况

经营分析会会对现金流进行分析，重点关注的是经营性净现金流。以集团层面的经营分析会为例，它会针对各个事业部的经营性净现金流进行通报、对比、分析，主要以年度预算值和上年同期值为对比指标。在图8-1中，我们可以一目了然地看到哪个事业部当期累计的经营性净现金流情况不好，哪个比较好。

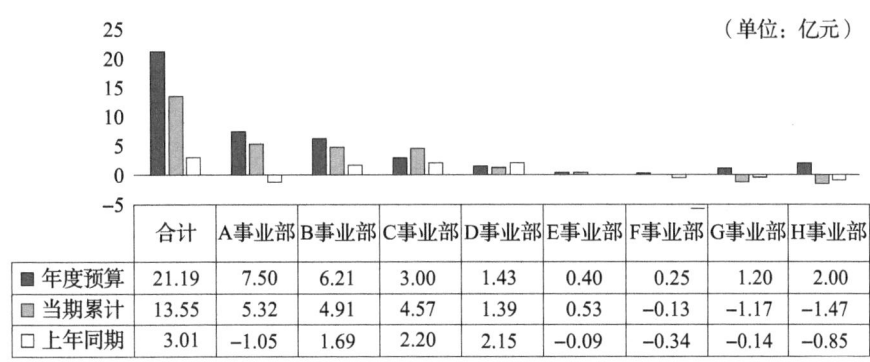

图 8-1　集团各事业部经营性净现金流情况

当经营性净现金流发生异常变化时，美的还会通过拆解经营性净现金流的生成逻辑做进一步分析。比如进一步分析现金收支情况，营业收入是以应收账款还是以现金（货币资金）的形态实现的，是否会产生坏账，这些都会导致不同的经营质量。很多企业明明账面上有很多利润，但资金周转却很困难，甚至爆发财务危机。所以，要尽量消除影响利润回变成现金的因素，也就是要追求有现金流的收入和利润。

3. 通报重点工作达成情况

经营分析会上一般还会通报重点工作的执行进度情况。重点工作来源于年度经营计划确定的重点工作、月度经营分析会达成的会议决议事项，以及其他重大事项，具体见表 8-4。不同事业部通报重点工作达成情况的形式可能会不一样，但都应该包含可量化的成果。

表 8-4　某事业部某月重点工作通报

	工作名称	工作目标	截至当月执行情况	达成率
年度经营计划会确定的重点工作	研发降成本	−9 800 万元	−3 814 万元	38.9%
	订单交付周期	27 天	27.8 天	97.1%
月度经营分析会达成的会议决议事项				
其他重大事项				

8.3.2 销售与市场分析

销售业务是收入和利润的来源，因此，对销售与市场的分析是月度经营分析会的重点，也是分析最深、耗时最多的部分。一般会先进行整体销售收入分析，然后从销售收入结构、产品市场表现、销售毛利等角度进行分析，都要与预算目标、上年同期值、竞争对手的数据等进行对比。

1. 整体销售收入分析

整体销售收入分析是对总销售收入变化情况的分析。如图 8-2 所示，以某事业部 2012 年 3 月的经营分析会为例，虽然是 2012 年的月度经营分析会，但作为对比表中也列了 2010 年和 2011 年的月度数据，这些历史数据可以帮助大家了解销售收入的月度变化趋势，这样大家就能更直观地观察到 2012 年销售收入的非正常变化。例如，从 2010 年和 2011 年的销售收入数据中，大家可以看到 2 月的销售收入都是当年最低的，但是 2012 年 2 月的销售收入却出现了大幅上升，同比增长 67.7%，同时，2012 年 1 月却同比出现很大的下降。这是一个非正常现象，需要对此进行重点关注，找到其中的原因。

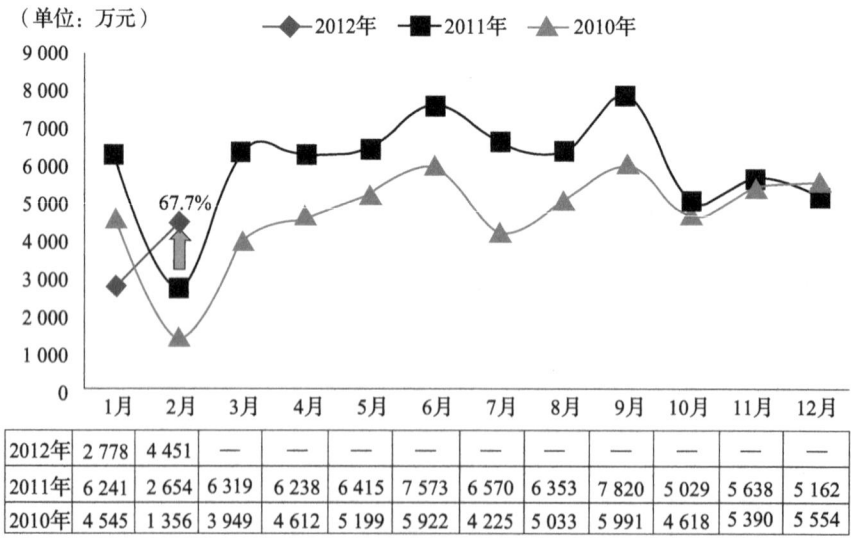

图 8-2　某事业部 2012 年销售收入分析

2. 销售收入结构分析

如果只关注整体销售收入数据，我们可能会忽略数据背后隐藏的重要问题。例如，从整体销售收入数据中，我们很难知道哪些产品销售得好，哪些产品销售不佳，很可能整体销售收入是上升的，但大多数产品的销售收入却在下降。因此，我们还需要对销售收入结构进行分析，并且要尽可能拆分到更细的维度。分析得越细，越能看出其中的端倪，越有利于找到解决问题的办法。

在美的，销售收入结构分析的维度非常细，会尽可能细化到区域、部门、渠道、项目、品类、客户等。因为事业部的整体销售收入情况是由各个经营单元的收入情况构成的，各个经营单元的收入情况又是由各个项目、各个产品、各个客户贡献的收入情况构成的。这意味着各经营单元要分层分类、划小业务单元进行统计与核算。比如，美的有些事业部会按客户大类、产品大类进行分析，或者选取贡献率前 10 名的客户、前 10 名的产品进行分析，看看这些客户和产品分别贡献了多少收入。对新产品上市要求比较严格的事业部，还会对新产品的销售情况做单独分析。

3. 产品市场表现分析

产品市场表现分析主要是基于产品的市场占有率，分析各个产品线下和线上的市场份额，分纵向和横向进行对比，纵向主要是与去年同期和年度预算进行对比；横向主要是与核心竞争对手的同类产品进行对比。然后，根据横向和纵向对比，对公司相应产品的市场表现进行综合判断。

对核心竞争对手的分析是美的分析产品市场表现的重点，图 8-3 所示是美的某事业部产品市场规模（市场占有率）相对竞争对手 SS 的差距分析。该事业部线下共有 33 个分中心（区域），全国规模是竞争对手 SS 的 1.6 倍，其中 5 个分中心规模高于竞争对手，且优势扩大；25 个分中心规模高于竞争对手，但优势逐步缩小（差距变化为负）；3个分中心的规模低于竞争对手，且差距扩大。

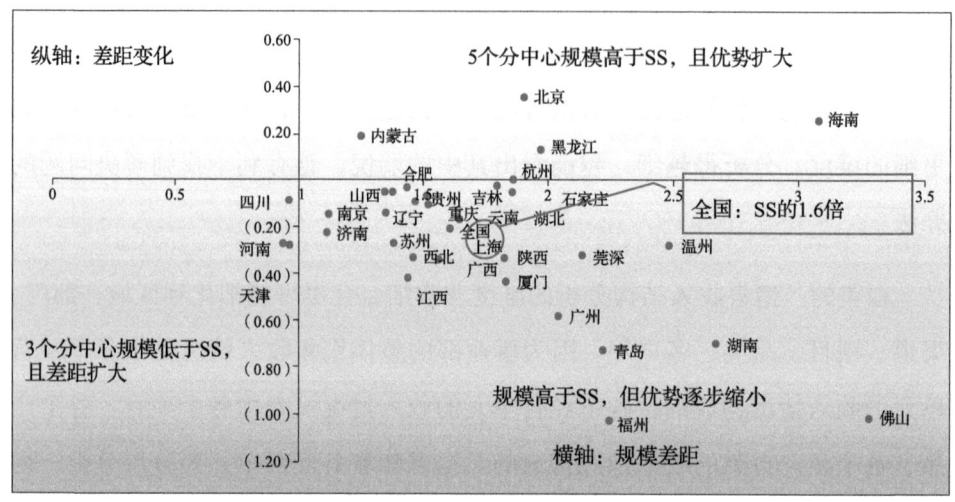

图 8-3 某事业部各区域的市场占有率情况分析

4. 销售毛利分析

在企业经营活动中，销售收入更像是"流水"，而毛利才是能存在企业蓄水池里的部分。企业的经营质量及其与同行的差距，从毛利上就能看出端倪。

美的一般用相对指标毛利率进行毛利分析，主要观察毛利率的变化及其背后的成因。由于美的各事业部产品众多，所以通常会拆成几个产品系列进行分析。在分析成因方面，除了影响毛利率的主要因素，即价格与成本（原材料、直接人工、制造费用）外，美的还会加入销售收入结构，即各个产品在产品系中的占比，结构变化会对一个产品系的整体毛利率产生重要影响；如果涉及出口和中间产品的进口，汇率也是重要的影响因素。

表 8-5 所示是美的某事业部的毛利率变动分析。从数据来看，该事业部的

毛利率较年度预算目标提升了 2.7%，而较上年同期提升了 1.8%。如果不做进一步分析，我们会认为该事业部的经营质量在改善。但是我们从表 8-5 中会发现，导致毛利率上升的主要原因是汇率变化（贡献了 1.3% 的毛利率）。再分产品看，会看到 D 产品系和 E 产品系的毛利率都是在下降的，但它们下降的原因各不相同。首先看 D 产品系，与年度预算相比其成本超出了预算（带来 2.7% 的毛利率下降），与上年同期相比，其新客户销量较大而毛利率较低（带来 5% 的毛利率下降）；再来看 E 产品系，与年度预算相比，其低毛利率产品销量大幅高于预算（带来 2.6% 的毛利率下降），与上年同期相比，新开发客户毛利率较低、销量占比较高（带来 9.1% 的毛利率下降）。如果不进行这种细致的分析，我们很难发现这些问题。

表 8-5　某事业部各品类毛利率变动分析

产品系	较年度预算对比分析					较上年同期对比分析				
	合计	汇率	结构	价格	成本	合计	汇率	结构	价格	成本
A	3.7%	1.3%	0.4%	0.1%	1.8%	1.9%	0.5%	−1.2%	−0.3%	3.0%
B	5.4%	1.3%	2.0%	0.0%	2.1%	0.1%	0.5%	0.5%	−0.7%	0.0%
C	5.3%	1.3%	3.2%	−0.4%	1.2%	0.6%	0.5%	0.2%	−0.8%	0.8%
D	−1.9%	1.3%	−0.3%	−0.3%	−2.7%	−2.7%	0.5%	−5.0%	−0.1%	2.1%
E	−2.7%	1.3%	−2.6%	−0.6%	−0.8%	−9.2%	0.5%	−9.1%	−0.5%	0.0%
综合	2.7%	1.3%	0.7%	−0.1%	0.8%	1.8%	0.5%	−0.5%	−0.4%	2.2%

8.3.3　成本与费用分析

作为大规模制造型企业，成本是美的重点关注的对象。成本管理也是美的的一大优势，在后面的章节中我会专门介绍美的的成本管理，在这里只重点介绍如何在经营分析中进行成本分析。

1. 标准成本差异分析

标准成本差异分析主要是分产品进行成本分析，分析单位产品的实际成本与标准成本之间是否存在差异,以及这些差异在"料工费"中的分布情况(见表8-6)。

表 8-6 某事业部某产品成本差异分析表

产品	标准成本				实际成本				差异率			
	料	工	费	合计	料	工	费	合计	料	工	费	合计
A												
B												
⋮												

2. 大宗原材料变动趋势分析

大宗原材料是产品成本的主要构成部分,其价格也是影响产品成本变动的重要因素,因此想要建立起与产品售价联动的机制,保持产品的市场竞争力,就要研究大宗原材料的价格趋势。在经营分析会上,美的会对需求量比较大的原材料如钢材、铜、铝等的价格趋势进行分析,引导各事业部在供应链端提前布局,规避价格剧烈波动带来的风险,提高经营的确定性。

3. 期间费用分析

期间费用一般包括管理费用、销售费用和财务费用,期间费用分析不仅要分析费用,还要关注费用率。2011年,美的提出"产品领先、效率驱动、全球经营"的战略,其中"效率驱动"就是通过现金周期、期间费用率和单SKU产出体现的。期间分析时一般会先对整体的支出情况进行分析,然后分析期间费用率,主要看与预算目标相比的执行情况(见表8-7)。

表 8-7 某事业部期间费用分析

某产品	全年预算	本月预算	本月执行	月预算执行率	累计执行	累计执行率	累计同比
综合期间费用(率)							
其中:产品专项费用(率)							
⋮							

在此之后，还要进一步根据费用类别（科目）如工资、五险一金、差旅费、招待费、折旧费等将期间费用进行拆解，比较其实际发生额或相对值（费率）与预算目标之间的差异情况（见表 8-8）。设置了费用控制标准的部门，还需要按部门做费用分析。

表 8-8 某事业部某月费用明细表

科目	实际		预算		差异	
	费用	费率	费用	费率	费用	费率
工资						
五险一金						
差旅费						
招待费						
折旧费						
⋮						
合计						

在进行期间费用分析时，期间费用支出没有超过预算目标并不意味着没有问题或费用控制得好，这也可能是因为业务发展滞后于目标，导致变动费用减少。这时要注意对固定费用与变动费用进行具体分析。对于固定费用，美的重点关注的是固定费用的总额是否超过预算目标，因为固定费用越高，企业面临的经营风险就会越大。对于变动费用，美的主要关注费率的变化，看各项变动费用的使用是否符合标准。这样既能保证各类费用在预算目标以内，又不会对经营形成约束。

4. 降本项目进度

每年 7～8 月，美的会启动下一年度降本计划的制订工作，研发、工艺、采购、生产、物流等环节负责人均会提出自己的降本方案。在经过几个月的方案设计和逻辑验证后，到年底前美的的年度降本目标就确定了，并以此确定各部门的降本项目。

在经营分析会上，各事业部需要通报各项目的实时进展，如项目已经完成哪些事情、完成率、降本效益，以及实际效益是否偏离预计效益等，如果低于预计效益，则要重点分析原因（见表8-9）。

表8-9 某事业部降本进度表

部门	产品品类	降本项目	降本目标	项目进度	截至本月预计效益	截至本月实际效益	完成率
A部门							
⋮							

8.3.4 其他专项分析

虽然在对总体运营情况、销售与市场、成本与费用进行分析后，企业对经营成果的判断就基本完成了，但对其他专项的分析也是必不可少的。通常，其他专项分析的维度有库存、应收账款、SKU效率、客户效率分析等。其他专项分析是美的经营分析会的一大亮点。

1. 库存分析

在库存方面，美的重点关注两点。第一，库存周转率。要提高经营质量，必须提高库存周转率，尤其是渠道库存周转率。第二，呆滞库存。呆滞库存包括物料、半成品、产成品等。呆滞库存不仅影响库存周转率，而且会产生管理费用，甚至产生不必要的税金。所以，美的重视呆滞库存的管理，在经营分析会上会重点关注其变动情况，如期初余额、期末余额、当月增减情况，以及清理情况，尤其会找到呆滞库存变动的原因。

2. 应收账款分析

美的每月还会对应收账款的情况进行分析，具体包括应收金额、逾期金额、逾期率和周转天数（见表8-10）。

表 8-10　某事业部某月应收账款分析表

项目	实际	预算	差异
应收金额			
逾期金额			
逾期率			
周转天数			

对应收账款尤其是逾期的应收账款，美的会重点进行分析。美的对库存、应收账款均有非常严格的内部风险准备金计提标准（具体可参阅本书提到预算的相关章节），这种计提会直接影响经营单位的责任制利润，因此，美的一直非常重视风险分析，并会及时采取相应措施。

3. SKU 效率分析

对制造业企业来说，SKU 管理是非常重要的工作，但是往往被忽视。企业需要通过销售产品实现营业收入，在缺乏有效管理的情况下，为了获得更多的订单，企业往往会通过拓展产品种类来满足不同的市场需求，最终导致 SKU 的数量越来越多。但每增加一个 SKU，产品策划、研发设计、生产制造、供应链管理、库存管理、售后管理等各环节都将增加工作量和相应的管理成本。因此，短期来看，增加 SKU 数量能够扩大销量，但是长期来看，其产生的成本远远超过收益。

因此，美的非常关注 SKU 的效率，会对其进行专项分析。尤其是 2012 年后，美的更是重点强调"SKU 效率"这一指标，也就是通过单 SKU 平均销售收入（可分年和月）来进行分析、评价。单 SKU 平均销售收入是"销售收入/SKU 数量"。如表 8-11 所示，美的会针对每个产品系列分析 SKU 效率，主要关注 SKU 数量及单 SKU 平均销售收入的变化情况。一般每年都有提升 10% 以上的硬性要求。

表 8-11 某事业部 SKU 效率分析表

品类	SKU 数量			单 SKU 平均年销售收入		
	本年	上年	同比	本年	上年	同比
A 产品系						
⋮						
总计						

4. 客户效率分析

客户资源越集中，管理难度就越低，管理效率也就越高，因此，美的采用类似 SKU 效率分析的思路对客户的贡献情况进行分析，按年度和月度关注单个客户平均销售额，并按销售收入的多少对客户进行分类分析（见表 8-12）。

表 8-12 某事业部客户效率分析表

销售收入规模	客户数量			单个客户平均销售额		
	本年	上年	同比	本年	上年	同比
1 000万元以内						
1 000万～5 000万元						
⋮						
总计						

对贡献大的客户，美的探讨的是如何提升服务水平和交付质量，进一步扩大销售收入规模与盈利能力。对贡献小的客户，美的则分类制定策略：扶持战略培育型客户，明确对其的目标与任务节点；调整那些长时间未培育起来的客户。

5. 人效分析

所谓人效，主要是指单个人所创造的价值，人均销售收入、人均产值、人力资本投资回报率等均可用来衡量人效。

在经营分析会上，美的会分析各个部门的人效，主要包括人工成本率（人工成本/销售收入）、人均销售收入（美的会分管理人员、专业技术人员、行政辅助人员、操作工人等进行分析）、人力资本投资回报率，并关注这些指标是否有改善，是否达到预算目标；同时，美的还会关注人员编制情况（包括管理人员和工人），做好人员编制的控制，防止人员和人工成本失控。

6.产品技术、交期、质量分析

在经营分析会上，美的运营管理部门还会对技术、交期、质量、成本等进行分析，抓住重点指标，如技术类重点指标包括研发项目按期完成率、成品与物料编码数、发明专利申请数等；交期类重点指标包括产量、生产计划按期达成率、生产异常损失成本率等；质量类重点指标有客户投诉次数、批量质量事故次数、质量损失成本率等。美的每月会针对这些重点指标与预算目标进行对比分析（见表 8-13），通过数据分析发现不足或者异常情况，督促相应的责任部门制定改善方案。

表 8-13 某事业部产品分析表

	重点指标	预算目标	截至当月累计达成	目标达成率	异常分析
技术	研发项目按期完成率				
	成品与物料编码数				
	发明专利申请数				
	⋮				
交期	产量				
	生产计划按期达成率				
	生产异常损失成本率				
	⋮				
质量	客户投诉次数				
	批量质量事故次数				
	质量损失成本率				
	⋮				

7. 资产效率分析

美的的经营分析会还有一项非常重要的内容,就是通过分析资产效率来分析与评价经营能力。由于美的的固定资产投入较大,包括土地、厂房、设备等,这些资产是否得到充分利用,资产的使用效率是否得到改善,体现了它的经营能力高低。资产效率分析的重点是固定资产周转率、投入产出比、折旧及摊销费用率、产能利用率、设备稼动率、资产闲置率等。

值得一提的是,在某些时期美的还会重点分析"单位面积产出"(见图 8-4)——这是专门评价土地、厂房使用效率的指标。

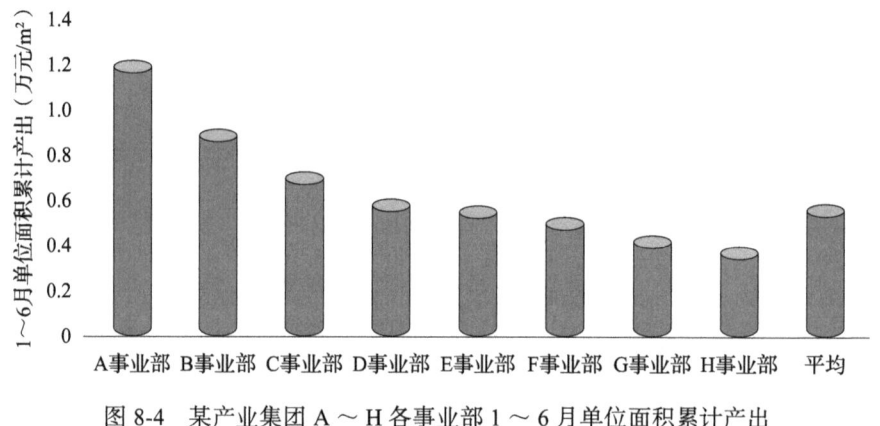

图 8-4 某产业集团 A～H 各事业部 1～6 月单位面积累计产出

—— 本章小结 ——

经营分析会对企业的发展至关重要。

从外部来看,如今经营环境的变化节奏越来越快,但企业尚未形成快速应对变化的经营体系,因此在面对变化时常常感到措手不及。通过对美的经营分析会的介绍,我们发现,以经营预算承接战略目标并进行详细分解,再以月度为单位进行经营分析,其实就是不断检视内部经营以有效应对外部环境变化的方法。我们将其总结为"以（内部）短周期对抗（外部）短周期"。

从内部来看，很多企业都存在管理复杂、重心过高的问题，而推动经营管理的完善是一个宏大的工程。市面上有很多从组织、流程设计等角度出发的方法论，但是很难得到理解与执行。而经营分析会是推动管理简化，将管理下沉到一线、基层、最小单元的有效手段。同时，它也是企业执行战略、年度经营计划、年度预算的有效抓手，是提升组织效率、经营能力的必要手段，是提升各部门负责人的目标意识与经营意识、培养复合型经营人才的重要途径，更是推进企业不断进化的重要方式。

更重要的是，企业作为经济组织，其运行必须遵循经济规律，我们所说的财务管理的许多做法与标准，其实就是这些经济规律在企业中的反映。因此，企业的经营活动都是可以通过数据与逻辑，以财务报表的方式呈现出来的。因此，只要数据准确，通过经营分析就能对企业整体经营情况进行全面揭示，而且避免了因各个部门不同人员以不同语言、不同方式来描述同情况产生的偏差。

开好经营分析会，企业就能更好地分析经营中的问题，挖掘经营中的机会，规避经营中的风险。开好经营分析会，是很多企业需要持续学习的课题。

第 9 章

美的如何进行成本管控

要使我们的企业健康、持续、稳定地发展,必须注重成本控制。成本问题是一个战略性、长期性的问题,是一个企业文化、经营理念改革创新的问题,也是一个观念转变的问题。㊀

——何享健(2003 年)

家电行业似乎存在一个困境:产品价格持续下降(如果结合购买力因素,这种下降更加明显),而其产品性能、原材料价格和员工工资却在持续上升,导致成本不断上涨。很多家电企业因无法摆脱这个困境而没落,但也有一些家电企业摆脱了这个困境,变得越来越强大。美的就是后者中的佼佼者,这与美的科学有效的成本管控密不可分。

发展多年,美的的成本管控经历了从传统标准成本管理到以预算为牵引的目标成本管理,再到基于价值链的战略成本管理的演进。这个演进不是非此即彼,不是简单的阶段性迭代,而是你中有我、我中有你,是从显性成本

㊀ 黄治国. 静水流深:何享健的千亿历程 [M]. 广州:广东经济出版社,2018.

控制到隐性成本管理再到系统成本优化的迭代与升级。这些成本管控手段的不断强化与优化，是美的不断提升自身整体竞争力的重要保证。

9.1 传统标准成本管理方式

2003年以前，美的采用的是传统标准成本管理方式（简称"标准成本管理"）。在这个阶段美的成本管理的责任部门以财务部和生产制造部为主，重点关注占完全制造成本比重达80%以上的产品材料成本，其成本核算方法采用的是标准成本法。

在早期，标准成本管理主要是对系统标准成本差异，如采购订单价差、采购发票价差、材料更新差异、物料消耗差异、成品更新差异、成品编码转换差异等，进行分析管理。

随着财务与业务管理的融合，业务作业流程越来越规范。⊖基于各类材料标准成本差异形成的原因，成本管理要素被进一步细化为数量、价格、量差、价差和速度。

2002年，随着JIT（Just In Time，准时制）及VMI（Vendor Managed Inventory，库存管理）的导入，美的的采购供货及时性、生产过程库存管理水平、成品物流管理水平得到了提升，成本管理贯穿制造价值链的各个环节，从生产过程的制造成本管理向供应链成本管理、仓储物流成本管理延伸，如空调事业部工厂的财务与成本管理团队已经涉及供应商的料工费等成本结构管理了。

这种精细化的管理培养出许多经营人才，如担任中央空调事业部总经理的张权、担任冰箱事业部总经理的王建国（现任美的副总裁）。不过，由于只

⊖ 美的财务部根据MRP Ⅱ系统中业务流程的设置特点，梳理制定了成本相关的管理规范，如《标准成本管理制度》《车间损耗管理办法》《BOM管理考核办法》等。

有部分事业部导入了 JIT 及 VMI，这一时期美的的成本管理尚处于摸索阶段，重点还是对各项显性成本（尤其是制造成本）的管控。

9.2 以预算为牵引的目标成本管理方式

2003～2011 年是以 ERP Ⅱ 为核心的各系统的完善阶段，也是美的的规模化扩张阶段，美的实施总成本领先的规模扩张战略，实现了经营规模从百亿级到千亿级的跨越。

在这一阶段，美的逐步建立了以预算为牵引的目标成本管理体系（简称"目标成本管理"），成本管理涉及研发、采购、生产、销售、售后服务等内部价值链的各个环节，重点是基于预算目标控制显性成本以及管理隐性成本。

目标成本管理将预算目标管理与成本管理相结合，进一步完善了以经营目标为引导、以经营绩效管理和全面成本管理为基础的动态绩效考核体系。

9.2.1 目标成本管理体系的搭建

我们以美的 A 事业部为例，阐述美的的目标成本管理体系是如何搭建及应用的。

1. A 事业部的战略框架与经营目标

美的的"十一五"战略目标，是成为中国最有价值的白色家电品牌，以及拥有一定品牌知名度和影响力的世界级消费类家电集团，力争 2011 年销售收入突破 1100 亿元，其中海外销售收入达到 50 亿美元（约 352 亿元），自有品牌出口收入 20 亿美元（约 141 亿元）。

"十一五"时期，美的制冷集团制定了"353"战略，即用 3 年时间发展壮大家用空调、中央空调、冰箱、洗衣机四大产品战略单元，通过技术驱动、卓越营运、全球化创造可持续的盈利增长，到 2011 年销售收入突破 700 亿元，实现净利润 35 亿元。

A 事业部的业务规模约占制冷集团的 1/4，承载着美的全球化突破的重任，对集团战略目标的实现至关重要。客户资源和渠道是海外市场的竞争焦点，而随着产品的同质化日趋严重，海外优质客户希望寻找并锁定能够提供卓越服务的合作伙伴。未来一段时间内，A 事业部的主要业务仍然是 OEM，因此，了解并掌握优质的客户资源是支撑 A 事业部未来发展的基础。只有为客户提供全方位的优质产品及增值服务，企业才能获得更大的附加值和持续发展的动力。

基于以上情况，A 事业部确定了自己的战略框架：打造客户型 RACI[⊖]，用 2～3 年时间成为该领域的全球首选供应商。

2. A 事业部的成本管理目标及分解

（1）成本管理的总目标。根据制冷集团的战略发展要求，A 事业部结合市场竞争环境与经营目标，制定了成本管理的总目标：完成当年的经营目标，通过质优价廉的产品和服务提升客户满意度。成本管理总目标包含如下两层含义。

从短期来看，要完成当年的经营目标，包括完成当年销售收入与利润指标、提高营运效率与资产效率、提高资产的投入产出效益等，在生存的基础上谋求发展。

从长期来看，要建立整体成本领先优势，提升客户满意度，做到全面提升产品质量、缩短交货周期、最大限度地为客户提供优质产品与服务等。

⊖ RACI 是一个责任分配模型，可以用于项目、企业变革过程中的责任划分。R 指 Responsible，即谁负责（执行）；A 指 Accountable，即谁批准（对任务负全责）；C 指 Consulted，即咨询谁（主要是任务方面的专业人士）；I 指 Informed，即通知谁（应被及时通知结果的人）。

（2）成本要素子目标分解。结合上述成本管理总目标，A事业部将成本管理的核心要素分解为收入、利润、营运费用、材料成本、营运效率、资产效率六类，按目标成本管理相关原则，对成本要素控制的子目标分解如下。

1）营运费用。按照全面预算管理原则，在合理考虑企业年度销售、生产、投资规模的基础上，设定各系统管理费用、制造费用、销售费用控制目标，并按业务发生情况分解到直接责任部门进行预算控制。

实际管控时，与销售、生产进度相关的营销类费用、变动制造费用，在预算管理中以销量、产量进度作为费用进度的考核标准；固定制造费用和职能部门管理人员发生的日常管理费用，以时间进度作为费用进度的考核标准。如图9-1所示，当销售进度为销售目标的45%时，营销系统的费用为预算的55%，这与销售进度不匹配，需要重点控制；制造中心的费用为预算的48%，这可能意味着生产过快，或者制造成本控制不当。

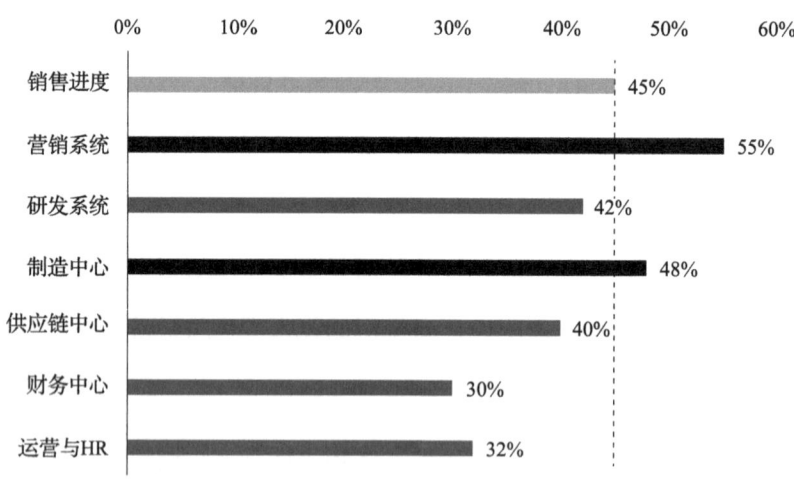

图9-1　A事业部各部门费用进度

2）材料成本。材料成本按照公式"材料成本 = 收入 – 营运费用 – 利润"设定。制造业企业的各项营运费用、税金占总成本的比重较低，并且相对刚性，如图 9-2 所示，A 事业部的销售费用、管理费用、财务费用三项费用之和仅占 8%，而材料成本占总成本的比重较高，达到了 84%。因此，年度绩效考核指标一旦确定，对收入与利润的考核主要就是对材料成本的考核，企业能否完成年度经营指标主要取决于目标材料成本的达成情况。

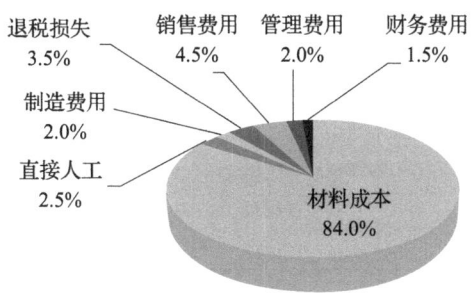

图 9-2　A 事业部完全成本结构

3）营运效率。营运效率包括人力资本投入回报率、人均产出、交货周期等指标，主要参考往年水平和企业内部管理控制要求，如预算目标。

4）资产效率。资产效率主要包括存货周转率、应收账款周转率、科技投入产出比等指标，根据企业经营性现金流状况、往年水平和内部风险控制要求进行合理设定。

（3）各系统（部门）子目标分解。 以 A 事业部为例，其目标成本体系按短期目标和长期目标分别分为三级，其中短期目标的一级目标主要是经营利润和销售收入，而长期目标的一级目标主要关注标准化、品质管理和交期管理。长短目标结合，主要是为了防止各系统在实际管理过程中因片面强调成本而降低产品品质，从而削弱企业的长期竞争优势。

长短期一级目标会被拆解为各系统的二级目标，各系统的二级目标再按照下级单位的职能及责任拆解为三级目标，进一步细分到各营销大区与工厂。

一二三级目标设定完成后，目标成本管理的目标成本体系就形成了（见表 9-1）。

表 9-1　A 事业部的目标成本体系

一级目标		二级目标		三级目标
短期目标	经营利润	制造系统	制造费用管理 生产效率管理 品质成本管理 资产效率管理 采购成本管理 供应链管理	各工厂	人均产出
					原材料周转率
					固定资产周转率
					制造费用控制率
					采购成本下降率
					新供应商供货比例
		研发系统	产品成本管理 技术降成本 研发效益管理	性能/开发/结构	研发资源投入产出比
					技术降成本
					重点新产品按时上市率
					研发费用控制率
	销售收入	营销系统	销售收入 营销费用管理 运营周期管理	各营销大区	销售收入
					销售订单计划准确率
					成品周转率
					应收账款周转率
					营销费用控制率
					自有品牌销售比例
长期目标	标准化 品质管理 交期管理	各系统	重大市场质量事故 客户投诉率 当年市场质量损失率 交货周期管理 标准化管理	品质/研发/工厂	第二年外部损失率
					重大市场质量事故
					客户投诉率
					当年市场质量损失率
					订单按时完成率
					标准化指标

由于目标成本管理直接关系到事业部经营责任制指标的达成，因此事业部管委会同时是目标成本管理的最高权力部门和决策中心，对企业下达的目

标成本负责，各系统负责人为二级成本管理目标的责任人，各系统下属部门负责人是本部门成本子目标的责任人。

目标成本的分解伴随着决策权和激励方案的同步明确和下放，成本责任以绩效责任书的形式明确，被考核部门的责任人在其部门职权范围内开展工作，并以绩效兑现和专项基金奖励的方式获得激励。

因此，目标成本管理体系的搭建是从事业部经营责任制指标的确定开始的，伴随着年度预算编制，同步完成各级成本子目标的层层分解、内部沟通、意见反馈、指标调整，最终完成事业部整体、下属部门、个人绩效责任书的签订。

3. 过程管理与分析考核

年度目标成本分解到部门后，再按照时间进度或业务进度进一步将部门目标成本分解到每个月，并依托月度财务成本信息，对各部门、各类成本费用进行定期分析，对目标成本与实际成本之间的差异进行分析，找出差异的主客观原因，提出消除不利差异、增加有利差异的改善建议，并跟踪改善情况，从而实现 PDCA 闭环管理。

对各部门目标成本执行情况的定期考核是目标成本管理的重要环节，事业部成本管控委员会授权财务部为成本归口管理部门，制定各类成本管理要素的考核制度和奖罚措施。除了按照责任制指标的达成情况兑现的年度绩效激励外，事业部还设立成本专项奖励基金，用于对各类成本控制工作的过程激励。

9.2.2 目标成本管理的具体运用

目标成本管理贯穿产品的整个生命周期，覆盖所有价值流程，涉及产品企划、产品开发、核价、采购、工程技术、销售、财务等众多部门和人员。

因此，设立及强化产品成本控制目标是统筹、协调各部门人员保持步调一致、共同降低成本的关键举措。

一款产品的生命周期分为"企划→研发设计→生产制造→产品销售→产品退市"5个阶段，在成本控制链条上，这5个阶段根据具体业务又可划分为7个控制环节。

1. 企划成本控制环节

这一环节的重点是建立企划盈利分析模拟模型，开展企划产品盈利分析，实施产品盈利否决制，严格控制不盈利产品的投放，建立和不断优化企划目标成本制定流程，研究新品目标成本制定方法，保障产品系列的结构合理及控制新品成本。

2. 研发设计成本控制环节

目标成本管理覆盖试制、试产、首批产等环节，其中主要控制点如下。

（1）试制阶段：主要为新品结构设计，建立新品BOM（物料清单），跟进新品试制，对试制过程中BOM不符项进行设计更改，重新测算成本，保证不超目标成本。

（2）试产阶段：在修订BOM后的试产阶段进行成本控制，由工艺、研发、制造部对试产BOM持续进行成本梳理；研发部对新品BOM不符项进行设计更改，再次测算成本，保证不超目标成本。

（3）首批产阶段：推行新品设计目标成本否决制，新品实际成本必须控制在目标成本内，材料成本超目标的新品不允许投入批产，确保研发成本的刚性控制；同时规范新品BOM归档和向制造端移交。

3. 产品上市阶段

这一阶段的重点是保障批产过程事业部盈利目标的实现；关注品质、效率及成本间的平衡；重点加强产品生命周期内的成本波动控制，建立以保障实现盈利目标、有效及快速传递经营压力为核心的材料成本波动监控体系，尤其需建立大宗原材料（如铜）价格、汇率波动分析平台及整机成本波动模型。

4. 产品批产准备阶段

重点加强采购成本控制，关注五大定额统一（图纸、BOM、核价、检验、实物）、核价模型、涨价控制及采购价差管理。

5. 接单排产环节

因为每个事业部都有自己的生产基地，各基地的制造能力、采购供货半径、物流效率都有差异，所以必须实施产品接单管理，做好各基地制造成本优势对比，整合各基地的最低成本优势，实施经济性排产。

6. 制造过程环节

主要聚焦技术、工艺升降成本控制，尤其关注并密切跟进批产后因设计优化、品质提升、工艺优化等成本上升引起的整机成本超目标的问题。同时，落实制造过程的精细化管理，如材料损耗、能耗、设备利用率及自制率。

7. 产品退市阶段

对产品生命周期进行评价，对产品生命周期内的盈利能力进行跟踪与总结，复盘产品对事业部盈利的贡献，并建立产品生命周期档案，以便指导下一轮新品企划。

9.2.3 对隐性成本的管理

除了对显性成本的重点控制外，目标成本管理还延伸到内部价值链的一些隐性成本上。

2005年,在美的内部网络社区,一篇名为"谁动了我们的利润?"的文章引起了巨大反响。这篇文章指出,1995～2004年的10年间,中国主要上市家电企业收入从230亿元增长到1060亿元,但利润率却从1998年的10%以上急剧下降到进入21世纪以来的正负2%之间,中国家电行业从暴利期进入微利期。回顾21世纪头5年美的空调产业的收入及盈利情况,虽然销售规模高速增长,但是利润率却从2003年开始呈现下降趋势,即增收不增利。

这篇文章引起了美的高层的反思,相关部门就此组织研讨会,在深入讨论后,大家发现的确如文章所言,美的在研发、生产、质量、营销等各个价值链环节都流失了巨额利润,例如研发端设计交付延迟和研发能力不足,生产端物料原因停线、物料库存增加、呆滞物料增多等,营销端应收账期增加、内销订单取消、质量整改和索赔频繁发生等,这些都是利润流失的主要原因(见图9-3)。

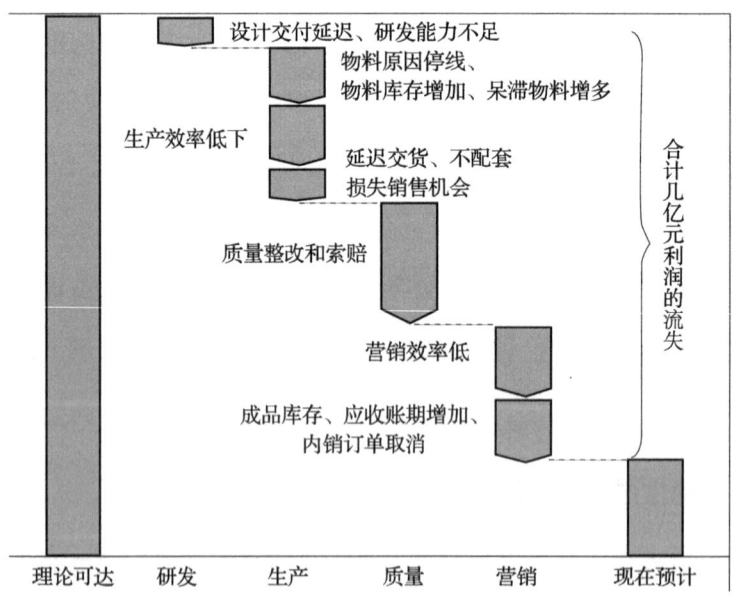

图9-3 美的空调2005年利润流失情况分解

面对巨额利润流失，美的一方面加强对各类显性成本的控制，另一方面努力识别企业内部的各类隐性成本，让藏匿在冰山下的各类隐性成本浮出水面，并对损失进行量化分析，纳入绩效考核体系进行管理。研发体系重点关注标准化、装配效率、技术和设计所带来的成本下降；供应链体系则关注准时配套率、物料品质、物流成本等方面对成本的影响；制造体系由于工人流动性比较大，所以员工流失率是关注的重点，此外还包括订单准交率等；营销体系主要关注计划准确性、产品线杂乱、物流成本、售后成本等问题（见图9-4）。

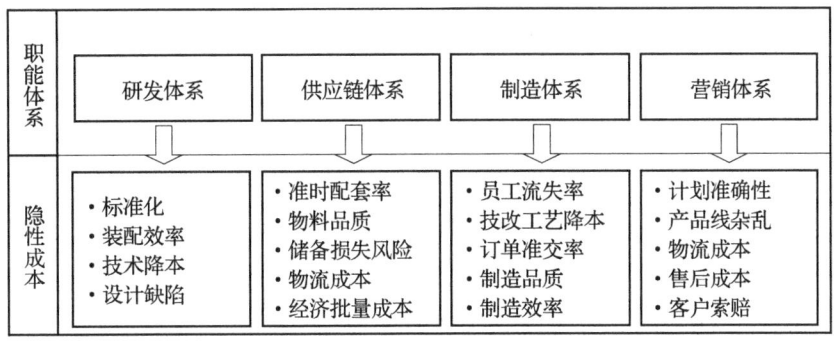

图9-4 美的内部隐性成本

同时，美的对成品物流管理、研发新产品项目管理、七天滚动、配套集成、齐套上线的生产计划管理模式，以及全面质量管理、销售计划物流管理、标准化管理、技术降本等相关管理内容和思路进行了规范和总结，并在以ERP为核心的各类信息化系统升级中将它们做了进一步的细化。

近10年的实践表明，以预算为牵引的目标成本管理与美的的务实、灵活、快速、创新求变等发展特征是相适应的，而且与考核管理相结合的方式，进一步完善了美的的绩效评价体系。

不过，这一时期，美的各事业部由于所处发展阶段不一，对隐性成本管理的侧重点呈现出很大的差异，例如空调事业部强调制造流程的精细化和柔性化，日电集团旗下各事业部则强调工厂成本考核评价管理体系的完善、产能协同、去库存管理、订单评审优化等。

9.3 基于价值链的战略成本管理

2012年前后，经过上一轮高速增长，美的的内外部环境发生了深刻变化：一方面，各种生产要素成本上升，导致企业的低成本优势逐步消失；另一方面，互联网经济兴起，以电商为代表的新商业模式对传统企业造成了巨大冲击，销售渠道的多样化使市场竞争愈加激烈，消费者更加重视产品体验。因此，企业间的竞争从价格竞争转向了价值竞争，企业被迫加速转型。美的急需打造新的成本优势。

2011年下半年，美的确立了"产品领先、效率驱动、全球经营"的三大战略主轴，这标志着美的从过去的总成本领先、规模导向的增长模式转向追求增长质量、效益的发展模式。美的的成本管理模式也开始发生转变——从过去以降低要素成本为目的的单一管理，转向以建立效率驱动的新成本优势为目的的立体式、系统化管理，基于价值链的战略成本管理（简称"战略成本管理"）由此拉开序幕。

9.3.1 围绕产品领先战略，狠抓产品力提升

战略成本管理要求管理人员具有全局意识、长远眼光、战略定力，既要能算精细账，更要会算全局账。也正是从全局着眼，美的把围绕产品领先战略，狠抓产品力提升作为重中之重。为此，美的采取了许多行之有效的措施。

第一，果断做减法。美的通过精细化成本、毛利分析，对毛利表现不理

想或是占用大量资源却没有做出相应贡献的品类做减法，将资源聚焦在具有战略价值、高毛利的产品上，优化产品盈利结构。2012年上半年，美的通过关停并转等方式，剔除了60多个低毛利甚至亏损的品类。到2014年年底，美的高毛利产品占比从2012年年初的20%上升到了66%以上。

第二，实施产品生命周期管理。2013年，美的精简产品型号，全面推行标准化工作，提高单品SKU贡献率，并将其升级为重大战略指标进行考核。各事业部总经理亲自上阵，每周定期开标准化会议，在会上把产品拆散至零件来研究产品的标准化和模块化。

通过开展标准化工作，美的砍掉了7000多个产品型号，关停上百个产品平台，零部件SKU平均缩减了50%，形成了物料整合化、接口标准化、功能模块化、产品系列化的"四化"工作法，大大降低了产品复杂性成本。

第三，成本管理延伸到产品企划、研发设计端。美的不断提高产品企划成功率，将产品成本大部分锁定在研发设计端。不断提升产品价值，保障企业盈利目标达成。

第四，推行品质刚性变革。设置品质红线，凡是产品质量不达标的一律否决，大力降低劣质成本。劣质成本指的是由维修、返工、返修、报废、来料不合格、成品一次下线合格率低、客服成本、投诉、赔偿等带来的成本。这些劣质成本分散在生产、采购、营销、售后等多个环节，一直在吞噬企业的利润。但由于不易发现或是不够重视，企业在面对劣质成本时经常"头痛医头，脚痛医脚"，没有从整体成本的角度正视过质量。

美的2012年后的品质刚性变革，将劣质成本的全部项目和内容逐个清晰定义，并量化考核标准。各事业部在品质问题上绝不妥协，不惜短期内增加成本，也要彻底解决质量问题。高层的高度重视，再加上财务人员的专业成本管理及强势跟进考核，使美的劣质成本大幅降低。

第五，持续加大研发技术投入，形成两层四级研发体系。两层主要是指中央研究院和事业部，中央研究院主要负责研发周期较长的共性技术、基础技术和前沿技术研究，事业部则主要负责研发周期较短的产品开发、个性技术研究等，但都以提高核心竞争力为目的（见图9-5）。

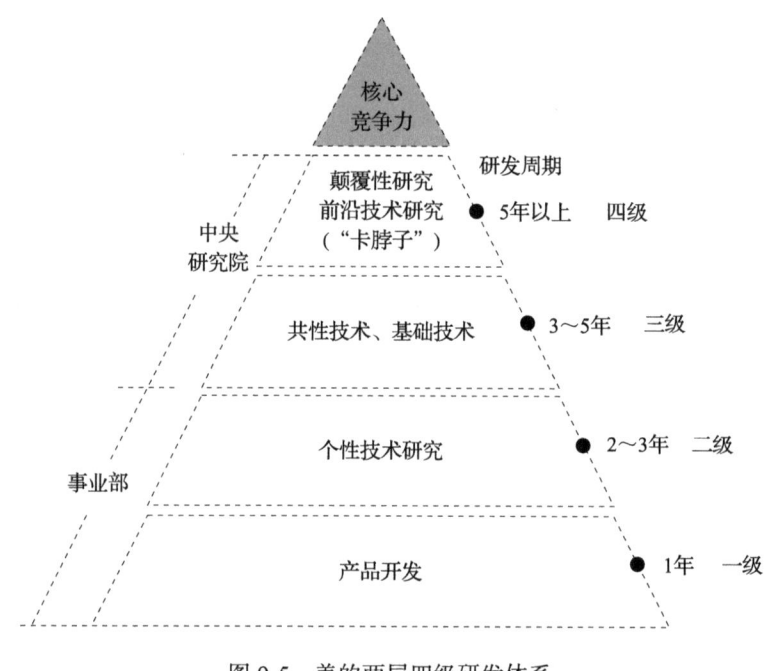

图9-5 美的两层四级研发体系

9.3.2 围绕效率驱动战略，构建新成本优势

与此同时，美的还围绕效率驱动战略多管齐下，努力推进组织变革、精益生产、物流优化以及渠道改革，努力构建新成本优势。

第一，管理简单化，组织扁平化，提高组织效率。

在2012年开始重大转型之前，美的的整个组织庞大而复杂。美的集团旗下除地产集团外，有与家电相关的 3 个二级产业集团：制冷集团、日电集团、机电集团，二级产业集团下还有近 20 个大小不一的事业部。

仅两级集团的高层管理人员，加在一起就多达 1800 人，多层级的组织方式，导致会议多、流程长、协同难，整体组织管理成本居高不下。

2012 年 8 月，方洪波接班后推动了一系列组织变革：取消二级产业集团、精简总部部门、整合事业部、成立平台组织。美的的全体管理人员从 2.5 万人精简到 1.5 万人，形成"小集团、大事业部"的组织模式。

经过这一系列组织变革，美的的层级变少、部门变少、会议变少、流程变短，组织的整体效率显著提升，运营成本则大大降低。

第二，坚持"生产精益化→自动化→信息化→数字化→智能化→工业互联网（无人工厂）"的发展路线，坚定执行效率驱动的变革战略。

早在 2003 年，美的就开始推行精益生产了。这些年来，美的一直在探索符合自身的精益化模式，并提炼形成了美的精益模式 MBS。

精益化是美的拥抱未来制造的重要方法论，因为只有做好精益化，才能做好数字化。精益化为美的带来了极大的发展，以美的顺德洗碗机工厂为例，工厂从 2017 年开始导入精益化，在三年的时间内，创造了场地不变产值翻一番的成果，并且营业收入增长 61%、利润提升 80%。⊖

截至 2022 年 4 月，美的已有 4 家"灯塔工厂"，即 2020 年入选的美的空调广州南沙智慧工厂、2021 年入选的微波炉顺德工厂、2022 年最新入选的美的冰箱荆州工厂和美的洗衣机合肥工厂。"灯塔"意味着更先进的制造技术、更高的生产效率、更大的市场份额及更强的环境友好性。以 2022 年入选的美

⊖ 叶洁纯. 精益化支柱：美的"量产"灯塔工厂背后[N]. 南方日报，2022-04-28.

的冰箱荆州工厂为例，它通过业务变革、流程创新、智能化改造，劳动生产率提高 52%，交期缩短 25%，质量缺陷降低 64%，客户满意度提升 11%。

第三，打造智慧物流网络，实现美的"一盘货"。

"一盘货"通地俗讲就是把所有库存、物流需求放在一个盘子上，统一进行可视、可控、可调拨的统仓统配，对下游仓库也进行统一管理。

美的通过旗下子公司安得智联（原安得物流）打造的效率驱动的一盘货模式，解决了传统压货式销售带来的渠道库存不透明、周转慢和因各级分销商资金占用而产生的成本浪费等问题，提升了渠道销售效率。

通过以下几个数据，我们能充分感受到一盘货模式发挥的巨大作用："一盘货"物流变革后，美的全国销售渠道仓库数量从 2244 个减少到 138 个；仓库面积从 552 万平方米减少到 166 万平方米；订单交付周期从 45 天缩短到 20 天；库存周转天数从 51 天缩短到 35 天；存货占比从 17.6% 下降到 11.2%；散单平均体积从 35 立方米下降到 17.9 立方米，从"大批量，少批次"变成了"小批量，多批次"。㊀

安得智联的智慧物流网络布局，也是助力美的 T+3 模式落地的重要支撑。其中一个关键的战略举措是美的不再将安得智联当成集团各事业部的物流供应商，而是将其作为集团物流管理的主体。

第四，持续推进营销渠道扁平化，提升渠道效率。

2012～2017 年，美的进行了一次渠道变革——调整渠道分销结构。除空调事业部保持区域销售公司模式以外，其他家电事业部重回代理模式，并取消中国营销总部。这一变革不仅使组织结构扁平化，而且充分发挥了集团的

㊀ 数据来源于安得智联产品中心总监张亚明在 2020 年 11 月 17 日美的工业互联网 2.0 发布会上的介绍。

协同整合效应。

2017年美的又进行了渠道扁平化变革，将空调事业部的区域销售公司模式变为管理中心模式，成立区域商务中心，取消二级经销商，促进一级代理商职能向运营商转变，渠道层级由"美的→销售公司→一级代理商→二级经销商→终端零售商"变为"美的→商务中心→代理商→终端零售商"。

同时，美的还通过美云销 App 的网批模式，实现终端零售商与厂商的直接对接，压缩渠道层级，避免中间环节的代理商加价，将利润让渡于厂商、终端零售商与消费者。美的美云销还专注于线下客户的效率提升与营销赋能，帮助企业打通代理商、终端零售门店的全渠道信息流，从而实现渠道销售情况、渠道库存数量、渠道政策等重要信息的数字化、透明化，促进渠道管理下沉和流通效率提高。

9.3.3 围绕业务和管理流程，端到端拉通

在美的以预算为牵引的目标成本管理时期，各事业部整体处于高速成长期，规模迅速增长带来了组织的裂变。为了促进内部协同，各事业部不断建设了各种信息系统，比如 CPC（协同产品商务系统）、CPD（协同产品开发系统）、PLM（产品生命周期管理系统）、PDM（产品数据管理系统）等。这些信息系统为美的各事业部的业务运营管理提供了支撑，各事业部也基于信息化系统的应用，沉淀了一定的管理经验，这些都是美的非常宝贵的管理财富。

但从集团层面来看，在同一功能领域应用多套信息系统导致了巨大的资源浪费，更严重的是，差异化信息系统的使用造成内部管理的差异化，导致集团内部流程标准不统一、各层级流程割裂、上下无法贯通，这使集团难以对经营进行整体监控、评价和优化。因此，以预算为牵引的目标成本管理时期也是美的内部矛盾的积累期。当以规模为导向的发展模式难以持续时，面

对经营压力，美的分别于 2012 年和 2013 年启动 T+3 模式和 632 项目，走上了变革之路。

2015 年后，632 项目和 T+3 模式在集团的全面推行，标志着美的构建了基于价值链的系统成本优势。这使美的可以站在整体系统运营的高度，全面开展效率驱动、数智驱动的基于全价值链的战略成本管理。

1. 632 项目

美的 632 项目的实施，围绕业务流程和管理流程，进行了端到端拉通和改善。632 项目不仅实现了流程的统一、数据的统一、IT 系统的统一这"三个统一"，使美的集团内部畅通、外部联动，而且从客户满意度、规范化管理、运营透明度、内外部协作等维度，整体优化升级或重组了集团的各业务活动，极大地提高了美的全价值链的运营能力和流程效率。

2016～2017 年，美的将 632 项目升级到数字化 2.0 阶段。为进一步压缩交易链条，更高效地触达用户，美的开始实施数据驱动的 C2M 客户定制。这大大促进了美的的数字营销、数字企划、大规模柔性制造交付和系统本身的数字化建设。

2. T+3 模式

美的 T+3 模式，是以用户需求为导向，以销定产、高效满足客户订单的产销新模式，客户下单为 T0、备料为 T1、生产为 T2、发货为 T3，每个环节 3 天，全流程交期缩短至 12 天，有的产品还可以做到更短。通过聚焦需求、效率倒逼，T+3 模式提高了美的营销、开发、计划、采购、生产、物流各环节的反应速度，构建了全价值链的高效协同。

美的 T+3 模式最初在小天鹅洗衣机事业部实施，后来全面运用到了全品类产品上。在 T+3 模式下，美的空调事业部可以更加灵活地利用原材料成本变化周期，在成本下行时延后生产兑现成本红利，在成本上行时提前向上游备货。2019年3月起，美的率先降价，带动终端份额提升。而主要竞争对手因受制于传统压货模式带来的渠道高成本库存，无法快速跟进终端降价，于是份额呈现下滑趋势。

T+3模式推行不易，但成绩斐然，从率先实施T+3模式的小天鹅洗衣机事业部和美的集团变革前后的数据我们可以看到，它们分别在仓库面积、市场占有率、存货周转率、净利率、经营性净现金流上都有大幅改善（见表9-2）。

表9-2　小天鹅洗衣机事业部与美的集团实施T+3模式前后对比

小天鹅洗衣机事业部			
变革前（2012年）		变革后（2015年）	
仓库面积（万平方米）	120	仓库面积（万平方米）	10
市场占有率（%）	13.75	市场占有率（%）	25.39
净资产收益率（%）	9.59	净资产收益率（%）	19.32
存货周转率（次）	6.06	存货周转率（次）	14.28
应收账款周转率（次）	8.36	应收账款周转率（次）	14.99
营业周期（天）	32.29	营业周期（天）	14.36
美的集团			
变革前（2012年）		变革后（2020年）	
经营性净现金流（亿元）	81	经营性净现金流（亿元）	296
净利率（%）	5.99	净利率（%）	9.68
存货周转率（次）	5.35	存货周转率（次）	6.7
应收账款周转率（次）	10.29	应收账款周转率（次）	13.65

注：1. 美的集团数据为内部资料整理，小天鹅数据来自年报或根据年报数据测算得到。
　　2. 美的集团的变革后数据为2020年数据，因美的集团2015年底开始推行T+3模式，所以不取2015年数据。

通过T+3模式，美的大幅压缩了供货周期，建立起竞争壁垒。正如方洪波所说："美的今天的大物流、一盘货，竞争对手至少在三年内模仿不来，T+3模式花三年都不一定能学会。这就是我们的竞争力。"

本章小结

在产品价格下降而人员工资、原材料价格、品质性能要求提高的情况下，美的通过扎实的成本管理，做到了在激烈竞争的环境下仍然保持成本优势。这极大地支持了美的规模化的战略落地，也有效缓解了不断变化的外部环境对企业的不利影响。

美的从传统标准成本管理到目标成本管理，再到战略成本管理，是一个演进的过程，而且前者可以存于后者之中。现在谈得更多的是战略成本管理，是因为对美的而言，现阶段战略成本管理的运用更具有现实意义，并不是有了战略成本管理就不需要标准成本管理和目标成本管理了。在美的的未来发展中，标准成本管理、目标成本管理等仍将发挥重要的作用。

— 第 10 章 —

美的如何推行精益运营

> 传统制造业的转型不能一天建一座高楼，要从底层做起。我的理解就是从精益化做起，做好精益化后才能做自动化、信息化。[一]
>
> ——方洪波（2018 年）

在制造场景中，如果减少过程中的浪费，则相同投入下产出会更多，或者相同产出下投入会更少。如何减少浪费呢？答案是精益运营，即采用精益的思想，消除制造过程中的一切浪费，在最短的时间里将原材料加工成成品，并交付给用户。美的能够在毛利率不断下降的情况下，保持净利率和净资产收益率的持续提升，就得益于精益运营。

美的精益运营的成功绝非偶然。在最开始提出这一概念时，美的有 10 多个事业部、30 多家工厂、上百个分厂 / 车间、众多研发中心，它们的行业地位、产品周期、生产特点、基础条件各不相同，但全部需要进行精益转型，难度很大。绝大多数企业在精益生产、精益运营中遇到的问题美的都遇到了，

[一] 源自 2018 年 4 月 2 日方洪波在"2018 中国（广东）数字经济融合创新大会"上的发言。

但都有效地解决了，最终所有经营单位都成功实现了精益转型。在这个过程中，美的引进、开发、使用了大量工具，沉淀了大量宝贵的思想和实践经验，这些都值得我们学习和借鉴。

10.1　美的精益运营的演进史

美的精益运营系统（Midea Business System，MBS）与丰田精益生产体系（TPS）的内涵存在很大不同。MBS 并不只限于制造领域的精益，而是把精益的理念融入企业的整体运营中，形成更完整的体系。MBS 的构建是美的整体运营实现精益化的重要里程碑，它的成功得到了业内外的广泛认同。

虽然 MBS 于 2015 年才被正式命名，但其实美的很早就开始学习精益了。从早期开展成本管理、现场改善等活动，到后来学习六格西玛、丰田精益生产，推行精益生产，再到近年来深入学习与引进丹纳赫精益运营系统（DBS），最终，美的博采众长并结合自身的具体情况，构建了独具特色的 MBS（见图 10-1）。

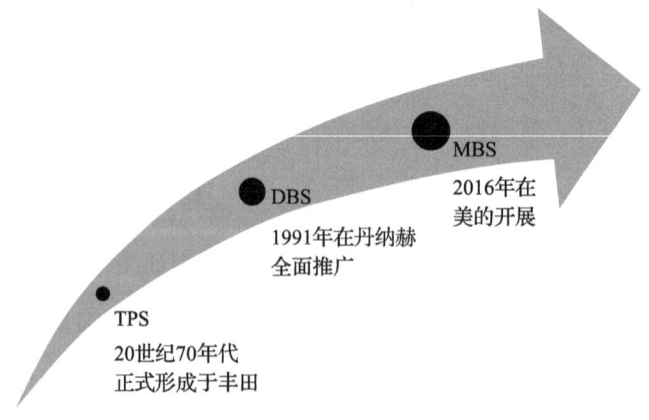

图 10-1　从丰田 TPS、丹纳赫 DBS 到美的 MBS

10.1.1 MBS 启蒙期

2011 年之前，美的各事业部往往根据自身需要与理解，各自开展生产改善工作，部分事业部成立了专职部门（如精益办公室或精益生产部），负责各工厂的精益改善。有一段时间，这种专职部门被称为六西格玛办公室，主要推动六西格玛的应用，并且投入大量资源培训相关人才。六西格玛逻辑严密及数据导向的要求使美的很多管理干部得到了良好的训练，很多六西格玛黑带、绿带工程师⊖由此被培养出来。

但从最终结果来看，六西格玛未能在美的取得整体性的成功，各事业部的应用效果并不理想。某些事业部虽然做了很大的努力，但工厂仍然随处可见大量浪费，功能性布局、工序断点非常多，半成品在各个工序之间被盲目地搬来搬去；工厂存放大量库存，物流规划无从下手，品质问题始终得不到及时的控制和处理；与制造相关的各个部门一直忙于"救火"，设备故障、停机待料等日常管理问题频频发生。

总体来说，这个阶段的精益改善收效甚微，投入很多，产出却不够。事后回过头看，美的当时的重大问题是没有深入应用价值流图⊜，缺乏对精益的系统化理解，大量的改善只聚焦局部，没有形成以价值为核心的整体改善逻辑。

10.1.2 MBS 导入期

2011～2015 年，虽然彼时美的规模已过千亿元，但是它对各个制造工厂的管理方式与百亿元规模时没有太大差别。一方面，当时美的集团有 30 多位工厂总经理、上百位分厂长/车间负责人、上千位车间基层管理人员，他们用

⊖ 黑带工程师（级别更高）、绿带工程师是六西格玛中的级别而非职称，只代表在六格西玛领域的能力。

⊜ 价值流图（Value Stream Mapping，VSM）是一种丰田精益生产系统框架下用来描述物流和信息流的形象化工具。

各自积累的管理经验，管理着规模达几十亿元甚至上百亿元的经营单位及成千上万台设备。然而，他们对于如何管理并未达成共识，工厂之间的管理差异很大。另一方面，美的一直在做收购，但收购后的管理通常并不如意，派往被收购企业的第一任总经理往往无法改变被收购企业的运营能力，于是，美的很快就更换人员，派出第二任甚至第三任总经理。很多时候，要把被收购公司的管理团队全部换一遍，再经过多年打拼，业绩才会逐步向好。在这个过程中，美的错过了很多机会，付出了很多时间和成本。

为了改变这种情况，从 2015 年开始，美的走上了学习丹纳赫 DBS 之路。美国丹纳赫公司收购了几百家不同的企业，但基本都做到"1+1>2"。这是因为它会派出拥有黑带教练能力的干部来管理收购后的企业，他们很快就能让这些企业的经营效果得到大幅改善，这充分说明，丹纳赫的整合能力非常强大。DBS 是丹纳赫基于丰田精益生产创立的一种精益运营系统。丹纳赫对丰田精益生产进行标准化和工具化的改善，提炼出了几十个不同的精益改善工具，形成了 DBS，并把 DBS 应用于它收购的数百家企业，最终带来的资本回报率超过 50%。

在学习丹纳赫 DBS 的过程中，美的逐渐意识到了打造自己的精益运营系统的重要性，为此提出了精益转型的三个期望：

- 沉淀一套方法论
- 培育一批人才
- 帮助工厂和公司实现精益转型

在这一阶段，美的打造了 MBS，该系统在 DBS 的基础上进行了创新，将改善周与标准化的方法结合，使标准化与现场实践紧密联系在一起，迅速产生效果，并能够快速推广。MBS 以"客户至上"为宗旨，不断追求质量改进、成本降低、持续创新，并且让全体员工都参与到消除浪费的过程中。

利用 MBS，美的不仅改造了全部工厂使其创造出色的业绩，而且具备了向外部企业赋能的能力。

10.1.3　MBS 成长期

2016～2018 年是 MBS 的成长阶段。在这一阶段，MBS 逐渐系统化、常态化和理念化。

MBS 不是常规的精益生产改善，而是精益运营改善，是从顶层设计出发搭建精益运营体系，从管理、研发、供应链、生产到员工协作等多方面进行精益改善，提升全价值链的运营效率。同时，高管团队在完成战略部署之后，会到生产一线做员工的日常工作，直接在现场发现问题并快速改善，这既从认知高度上保证了资源调配到位以及管理水平改善，又极大地带动和激发了一线班组长和员工的改善热情。这样，从战略到日常、从高层到一线的改善落地路径由此打通，从而实现高品质、短交期、低成本，并形成精益改善文化。在这一实践过程中，美的沉淀了许多可复制的标准化方法，这些经过验证的方法也帮助很多企业提升了精益运营水平。

我们从数据表现、系统性、思维文化三方面来看看这一阶段的 MBS 成果。

（1）**数据表现**。以美的厨具分厂为例，以前一条 32 人的产线，一天最多生产 400 台厨具，推行 MBS 后，整条产线只需 22 人，一天的产量为 450 台。即使人数减少 31%，日产量还能提高 12.5%，人均日产量提高幅度则更大，达到 63.6%。

（2）**系统性**。系统性体现为方法、组织的系统性。方法的系统性是指 MBS 把很多精益方法串联起来，进行系统性的使用，如 5S、两箱法、三定法、SMED、看板、单元线等。组织的系统性是指集团整体牵头，各事业部、各工厂同时开展 MBS，同步竞争，同期汇报，美的整个组织的精益水平以集团军的方式获得了极大的提升。

（3）思维文化。思维上，美的人重新认识了"精益"，重新树立了精益思想。文化上，通过从上至下的全员参与以及成百上千次改善周活动，整个组织形成了精益改善的企业文化。

10.1.4 MBS 成熟期

2019年之后，美的结合自身实际，用精益的方法构建了一套更为卓越的运营体系，这套精益运营体系为美的打下了更为坚实的精益基础。可以说，美的后来能成功打造多家"灯塔工厂"，离不开 MBS。

归根结底，美的基于对自己的深刻认知，坚定不移地以效率为牵引进行精益改善，最终不但找到了先进方法，还发现并整合了各事业部的优势力量，让所有美的人发挥拼搏精神，共同打造美好的未来。

10.2 如何实施 MBS

刚推行 MBS 时，美的就描绘了三年战略愿景——构建美的精益系统，打造世界级的精益工厂，并确定了三年战略目标——方法论沉淀、人才培育以及精益转型。各工厂根据以上方针，各自制定 MBS 计划。

这三个战略目标是相互协同的。比如人才培育，谁都知道只有人的改变才能带来真正的改变，但究竟怎么才能培育人才呢？MBS 的做法是引进外部智库，让员工快速学习先进方法和成熟经验，并将这些方法和经验放到现实场景中打磨，经过多次迭代，沉淀成适合自己的方法论。只有能提炼出真正适合员工的方法论，并且在现实场景中取得成效，人才培育才算有了效果，传统工厂也将逐个转换为精益工厂。三个战略目标必须同时达成，因此 MBS 的具体内容和推行过程是一个整体，不能分割。

10.2.1 方法论沉淀

方法论沉淀首先是通过引进外部智库,系统地策划精益转型,然后通过"改善周+训练营+种子选手峰会"的方式,培养精益改善人才,营造精益改善氛围,达成改善效果。

1. 引进外部智库,系统地策划精益转型

是否实施 MBS 取决于最高领导者的决心,因此,引进外部智库,组织企业的高层领导参与领导力训练营,是最早开始的改善项目。通过训练营的开展,高层领导可以统一认识,确定企业当前急需解决的痛点和难点,并从更高的层面进行战略规划和部署,识别精益转型路径,制订持续的行动计划,形成持续改善的组织文化。

外部智库提供了以下四个重要思想。

第一,高层领导应亲自参与精益转型,建立精益领导力,而领导力训练营可以帮助高层领导从传统领导范式转变为精益领导范式。在转变过程中,需要遵循一定的原则,如表 10-1 所示。

表 10-1 传统领导范式向精益领导范式转变的 12 条原则

传统领导范式	精益领导范式
关注短期结果	关注长期目标
产出导向(推动)	市场导向(流动+拉动)
局部优化(加快节奏)	总体优化(减少浪费)
标准化限制创造力	标准化促进持续改善
掩盖问题,只要不被抓到就可以	采用目视化管理,暴露问题
不能停产	停下来解决问题
把人当作成本	把人当作资源
领导=老板	领导=君、亲、师
看报表,听汇报,开会	亲自到现场观察

（续）

传统领导范式	精益领导范式
责备别人	问 5 个为什么
快计划，慢行动	慢计划，快行动
专家解决问题	全员解决问题

第二，高层领导应深入理解精益的核心理念：确定价值，识别价值流，流动，拉动，尽善尽美，最后实现精益转型。

第三，以精益思想为指引，从战略部署和 KPI 的角度确定价值，然后通过 VSM 工具梳理出拉动和畅流的改善点，并利用具体的工具进行改善（见图 10-2）。

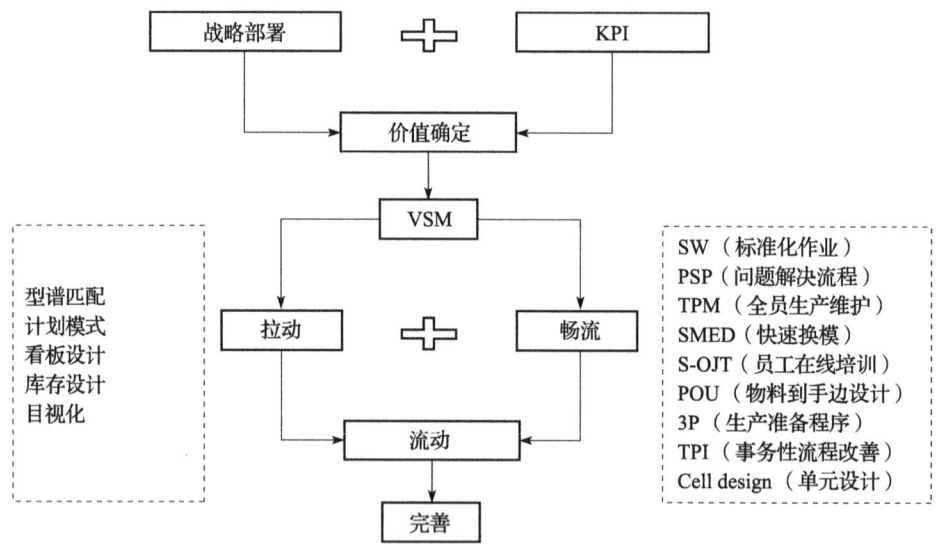

图 10-2　战略部署和 KPI 的拉动和畅流

第四，以价值为核心，通过 PSI（产销存规划）管理，分析全品类的 PQPR（产品质量和产品需求），让各产品族和系列的生产经营方式从内部拉动转变为外部拉动（见图 10-3）。

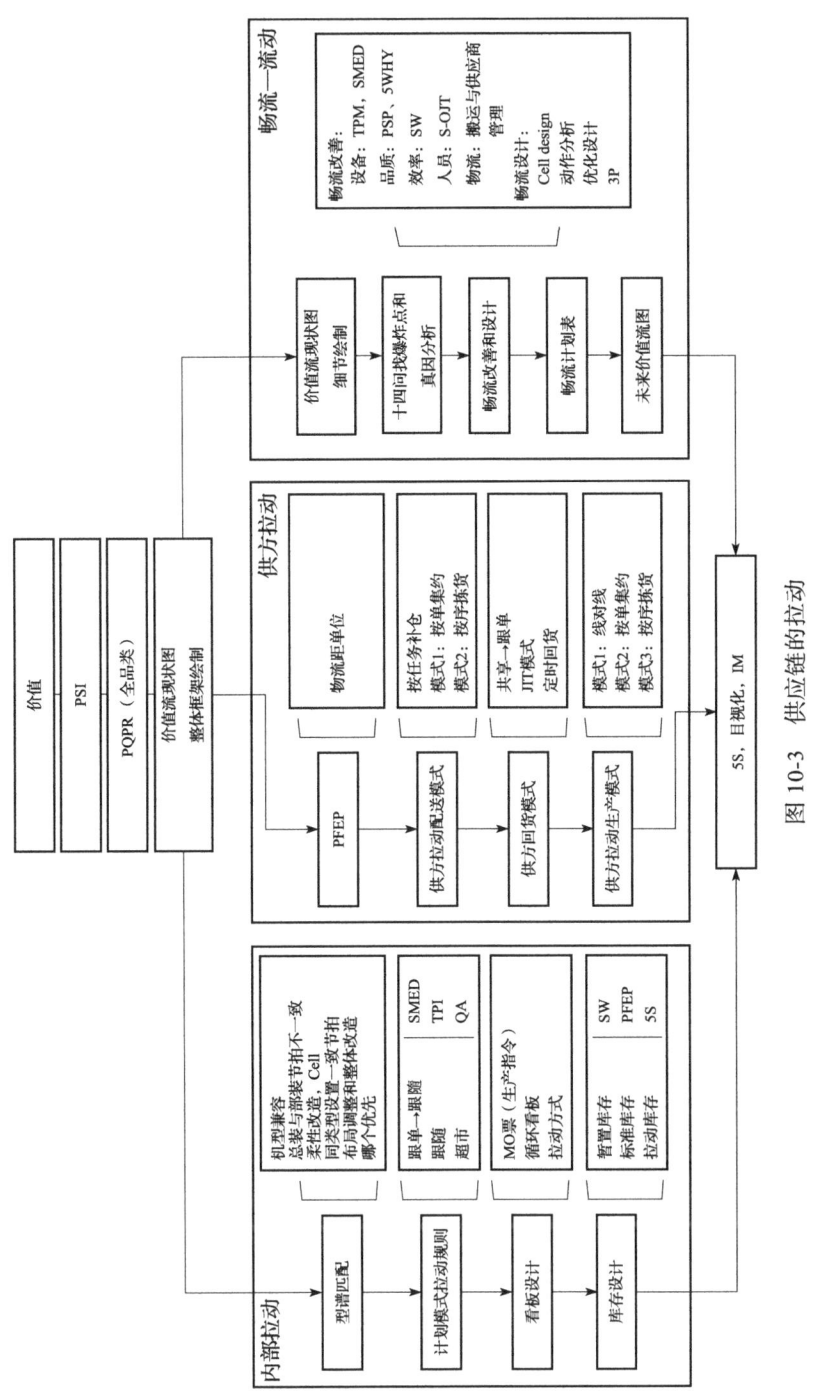

图 10-3 供应链的拉动

在 MBS 的实践过程中，高层领导要在理解上述四个思想后将其转换成自己的行为模式，引导企业进行精益改善。

首先，结合企业的实际情况将工作分为多个阶段，循环改善。比如，可以将精益改善分为计划模式、生产模式、管理模式三个改善阶段，先进行计划模式的改善，通过拉动方式进行生产；再进行生产模式的改善，解决过程中的浪费，尽可能地实现流动，以拉动为牵引，通过畅流改善，利用精益工具持续完善；最后进行管理模式的改善，巩固精益改善的效果。

其次，选择合适的精益路线。精益路线可以分为三种：从战略规划到战略实施的 MBS 路线，从供应商到客户的价值流路线，从客户需求到概念设计直至满足客户需求的产品价值流路线（见图 10-4），高层领导应根据企业需求合理选择。

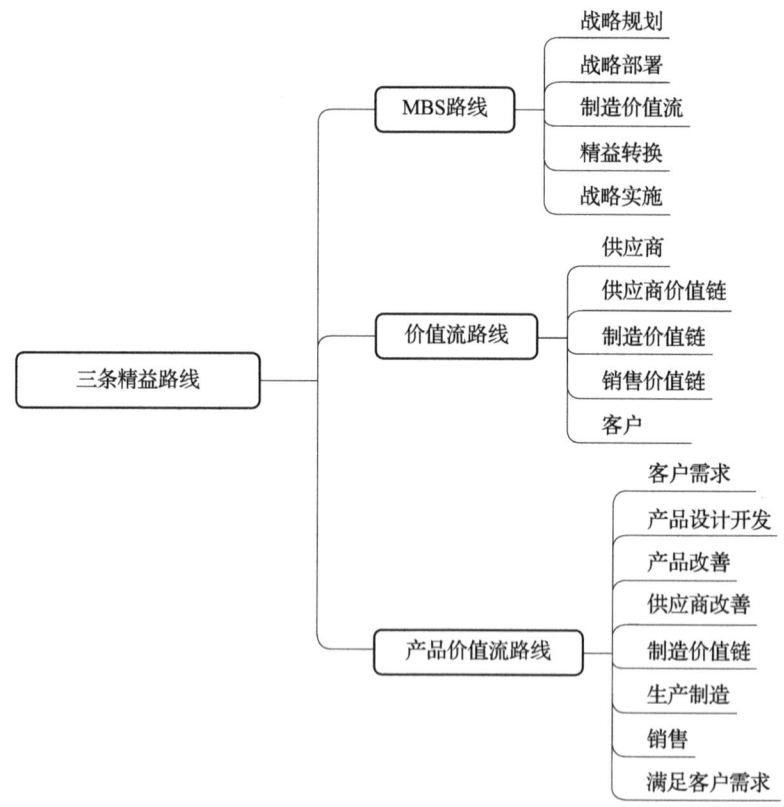

图 10-4　三条精益路线

再次，选择试点工厂，建立样板生产线，然后将其复制推广到其他生产线上。接下来，将精益改善延伸至工厂的各个领域，建立样板工厂，以产品全价值链为牵引开展产品、供应链和管理改善等的全面精益转型。

最后，经过精益改善后的传统生产模式基本消除了生产过程的浪费和孤岛作业，形成了大量的连续流和稳定的拉动系统，在此基础上，制造工厂可以开始向自动化生产模式转变，并逐步向数字化、信息化和智能化工厂转型。

这些从外部智库获取的、在实践中逐步深化的方法和系统，即使不够完善，企业也可以先实施起来。这种"先去做"的精神正是精益所需要的。而且，MBS迭代非常快，就算方法和系统有不足之处，经过现场的实践和基于价值的思考，它们也会在迅速迭代的过程中得到纠正和升级。

表10-2是美的某标杆精益分厂的改善逻辑。

表10-2　美的某标杆精益分厂的改善逻辑

改善逻辑	要点	具体做法
周改善	改善是我们的生活，全员参与，人人都是改善高手	• 聚焦经营，以KPI导出改善地图，指引全年的周改善 • 让周改善成为班长的日常工作 • 形成"班长、工艺、维修"的改善铁三角 • 套路简洁、实用且标准化
日常管理	日常管理是我们的唯一管理方式	• "四个人"运作套路 • 班长授课 • 每日坚持三级会议
精益转型	完成精益转型是我们的承诺	• 钣金分厂：齐套/TPM/SMED • 配管分厂：单元化/TPM • 两器分厂：单元化/TPM/SMED

2. "改善周 + 训练营 + 种子选手峰会"

改善周由来已久，丰田很早就开始用改善周辅导供应商改善，但是美的改善周的频度和深度要远远超过丰田。

从频度来说，在高峰期，美的集团一个月有大大小小400期左右的改善周，一年估计超过 3000 期。这样的改善频度使美的的改善效果和迭代速度无人能及。

从深度来说，改善周分为改善周准备、改善周五天突破以及改善周成果保持三部分。虽然改善周现场也会临时调整，但是根据沉淀的方法论，每个改善周都有详细的计划，包括培训内容、工作表格甚至细节满满的视频资料。

美的对改善周的考核指标主要是品质、交付、成本与效率，这些也是美的开展精益改善的四个核心追求。在美的内部，做任何课题的精益改善，最终目标都是指向这四大考核指标。后来，安全、EHS（环境健康与安全）也成为重要指标，并且相关改善做得越来越好。

为了确保改善周项目的高质量，美的还规定了改善周的项目来源：

- 战略部署（Policy Deployment，PD）
- 价值流（Value Stream Mapping，VSM）
- KPI 痛点
- 日常管理（Daily Management，DM）痛点
- 员工建议

改善周是 MBS 的重要改善形式，应用不同类型的改善工具，改善周的内容也不一样，这与改善的目的有很大的关系。改善周的主要内容包括以下几种。

（1）改善周准备。

第一，编制改善周准备表。改善周准备表应描述项目的现状（为什么要改善），确定改善的目的（要解决什么问题），明确改善的范围和区域，阐述改善后可以得到的好处，并根据项目的品质、效率、库存、面积、物流等数据，量化改善目标。

第二，组建团队。项目组长最好是做过项目、对改善周比较了解的成员，他将对改善成果保持起到关键作用。为了达到更好的效果，项目组长要有非常强的沟通、组织及计划能力。项目成员的选取也非常重要，一定要有强烈的改善意愿，并且技能熟练、具备学习能力。项目组里要有各部门的成员，如来自品质、开发、工程、计划、采购等部门的成员。管理者可以考虑以各种形式彰显被选员工的身份感和优越性，如颁发证书、调整薪资和提供晋升机会等。除此之外，还要设计象征凝聚力和战斗力的团队队徽，以简短有力的语言作为团队口号，用于早会和晚会时鼓舞士气。

第三，改善前准备阶段。针对改善周要做的准备，有开展标准化作业，对新建产线挑选出的生产线员工进行专门培训等；改善项目组长要与流程负责人、生产计划管理者确定改善周期间的订单及交付安排，以免影响出货。改善周中如果涉及人员、产线的重大变更，品质部门就要特别关注产品的品质管理情况。

第四，实地查看改善区域，建立作战区。需要实地查看的内容包括立柱、承重、水电气等。作战室要安置在空旷且不影响正常工作的地方，方便后续项目团队讨论、记录、汇报、发布。要有安全员参与现场隐患的排查及对策的提出。

（2）改善周五天突破。改善周五天的工作内容是很丰富的，我们以价值流改善周为例（见图10-5）进行说明。

第一天工作内容：对所有项目成员进行价值流培训。为了营造良好的沟通氛围，管理层与项目成员同时参加培训，并尽可能地收集、记录和反馈员工的问题及需求。项目组共同确定目标及设计原则，明确资源及限定条件，根据目标制订周工作计划，并细化到小时。初步设计改善原则，并做好分工，确保责任到人。开始阶段主要由外部咨询顾问做培训，然后逐步过渡到由内部培养的黑带教练或单科黑带进行培训。培训从 PQPR 分析、确定合适的产品和工艺路径着手。

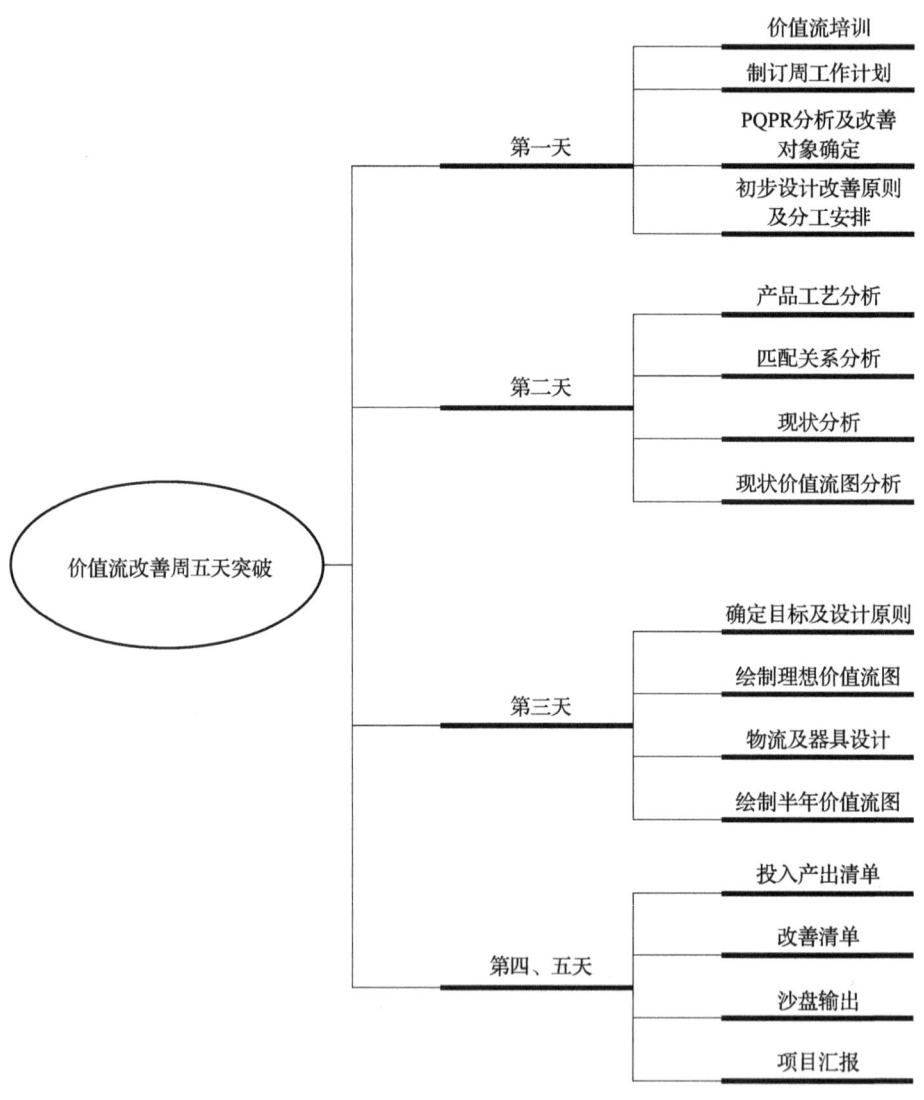

图 10-5　价值流改善周五天突破

第二天工作内容：对产品的 PQPR、产量和线体生产循环时间（CT）等要素进行分析，发现和建立各种情况下的匹配关系，通过逆向走现场确定分析过程中出现的问题及瓶颈，讨论并确定匹配原则。然后，根据现场的观察以及对现状、现状价值流图的分析，确定物流问题、产品匹配问题以及工艺瓶颈问题等。再次梳理相关问题后，按照优先级细致分析每一个问题，就能获得清晰、准确的价值流改善方向。

第三天工作内容：首先，根据第一、二天的现状调查，确定目标及设计原则；其次，团队讨论理想工厂，设法把它描绘出来，并根据设计原则着手绘制理想价值流图，列明理想工厂将会采用的新技术、新设备及新的工艺突破等关键要素。这些关键要素的设计，是以理想工厂为方向的，需要规划设计的关键事项包括重大物流调整、重大设备投入、重大工艺突破以及这些重大项目的设计方案。最后，根据理想价值流图的里程碑，绘制半年价值流图，倒推近半年需要开展的重点项目计划、可能遇到的瓶颈及资源投入规划。

第四、五天工作内容：基于半年价值流图确定投入产出清单及资源需求，并出具改善清单。根据改善清单，确定项目列表和改善优先级，以及各改善项目的开展方式，如项目管理、改善周、全员改善等。运用沙盘对未来工作进行目视化展示。同时还要进行项目汇报，高层和全体改善周成员都要全程参与，并邀请相关领域的负责人和基层员工一起参与。项目成员应做好分工，尽可能让更多的成员参与，从而获得锻炼。

（3）改善周成果保持。

第一，复盘改善周项目，积累经验，总结教训，盘点知识应用点，做好改善周文件的固化和沉淀，并进行优秀改善项目的横向推广。

第二，对每个精益工具细化到具体原理、团队工作步骤以及标准工作表格，方便后续应用和推广。

第三，根据整体规划输出改善周项目清单和改善地图，对改善周的成果进行长期跟踪，确保单周改善成果与整体目标一致。

企业需要改善的问题多种多样，其中有些相对比较复杂。因此，改善并不一定要采用改善周的方式，也可以进行专题项目改善和自主改善等。但在实践过程中，为了对这些改善进行跟进，仍然可以将其拆分成改善周的形式，如专题项目改善可以拆分成 3～5 个改善周，每个改善周都有明确的任务要求和输出结果。自主改善则可以拆分成更小的改善周，少量参与者投入少量时间，比如 3 个人用 1～3 天的时间完成一个改善任务。尽管参与的人数和改善的时间不同，但是改善周的成果都可以得到保持。

MBS 通过大量开展改善周，不断地学习和迭代方法论，以日常管理的方法论改造为例。日常管理是 MBS 在 DBS 的基础上深化应用的精益化管理工具之一。DBS 日常管理分为事前预防、事中管理和事后预防。事前预防通过 Kamishibai（纸卡）系统来进行，事中管理通过异常响应机制和现场铁三角来进行，事后预防则是按照三级会议的形式进行。MBS 日常管理经过多轮迭代，现已包含工厂日常管理中的所有内容，如事中管理新增了 VOC 品质全流程方法论以及 VOP 过程品质改善方法论，事后预防包括总经理、厂长、生产主管、班组长等不同层级的现场会议。

美的对方法和工具的完善，还大量借助了信息化的数据管理方式。如将原来的纸质记录数据改为信息化采集，减少了人员投入，提高了效率；将原来 DBS 中的看板系统改为"MO"电子票，也取得了非常好的效果。

总体来说，MBS 沉淀了标准化的、可复制的周改善方法，在循环开展的现场改善活动中，做到了"六个坚持"——团队合作、时间管理、高目标、现场、方法、专注。

- 在团队合作上，坚持跨部门的精英骨干在改善周中通力合作，不断打造团队的战斗力和凝聚力
- 在时间管理上，坚持以小时为单位进行反思，坚持 5 天内完成一条生

产线的改造，严格控制时间，使全员都有紧迫感，问题日清日结，非常高效
- 在高目标上，坚持制定至少提升50%的高目标，使团队成员更有使命感与荣誉感
- 在现场上，坚持在现场搭建作战室，第一时间对现场问题进行观察、分析和解决
- 在方法上，坚持采用"价值流14步法"、"5WHY"解决问题法、QEP地图等可复制的、标准化的方法，让复杂问题简单化，使人人都会用，从而不断精进
- 在专注上，坚持聚焦问题，关注客户需求、员工需求，始终围绕改善周的目标全力以赴

在改善周之外，训练营和种子选手峰会也是必不可少的项目。这两个项目分别针对单科黑带和单科绿带的需求，主要培养能够编写教材、能够授课、能够引导精益转型工作的内部精益老师。种子选手峰会给精益人才提供讨论课件、练习授课的平台，帮助他们锻炼授课能力，并互相借鉴和学习，获得快速成长。

10.2.2 人才培育

人是精益生产的核心，自始至终发挥着决定性的作用。MBS对精益人才的培养可谓煞费苦心，投入了极大的资源。在美的的众多人才培育方式中，带级认证是非常重要的一种手段，也是MBS对精益人才的一种认证方式。

MBS内部的带级认证分为单科绿带、单科黑带、黑带教练三个级别，黑带教练是最高级别。

美的人通过参加培训和开展改善周获得认证，级别由他们参加的改善周

及使用的精益化工具数量决定。成为单科绿带需要完成 3 个成功的改善周，而完成 7 个成功的改善周，才能进入单科黑带认证程序。作为精益人才的最高级别，黑带教练需至少掌握 5 个精益工具。

黑带教练不仅要完成改善周，而且要做跨事业部项目。这不仅培养了黑带教练的改善实践能力，而且提高了其提炼原理、发现本质的能力。经过上述方式认证的黑带教练，就具备了在各种情况下开展和推动精益改善的能力。

MBS 对精益人才的培育是极具耐心的，所有精益人才都必须经过严格的人才认证流程。比如，员工要通过黑带教练的认证，必须经过面试、培训、做改善周、参加种子选手峰会、跨事业部指导等各种关卡，因此在 MBS 初期黑带教练并不多，随着时间的推移，越来越多的员工通过训练和实践成了黑带教练。

认证科目包括 5S、SW（标准化作业）、SMED（快速换模）、TPM（全员生产维护）、VSM（价值流图）、PSP（问题解决流程）、DM（日常管理）、5WHY（5 个为什么）、PD（战略部署）、VAVE（价值分析价值工程）、3P（生产准备程序）、TPI（事务性流程改善）等精益工具。美的针对制造体系各岗位，制定了相应的能力要求地图（见图 10-6）。

MBS 对黑带教练和单科黑带的培育极为重视。单科黑带的有效期为 2 年，黑带教练的有效期为 3 年，他们将负责工厂精益转型及后备力量培养。美的对他们的激励措施是非常有力的，通过认证的黑带教练、单科黑带可享受在每年职级职序评定基础上再晋升一个职序，薪酬按对应的标准进行调整。人才的晋升和薪资的调整都与带级密切相关，这是 MBS 能够培养大量人才的重要原因。

序号	职务	5S	SW	SMED	TPM	VSM	PSP	DM	5WHY	PD	VAVE	3P	TPI
1	制造副总	了解	绿带	了解	了解	黑带	了解	学员	学员	黑带	了解	了解	绿带
2	精益制造总监	学员	黑带	绿带	绿带	黑带	了解	学员	绿带	黑带	黑带	黑带	黑带
3	精益制造部长	学员	黑带	绿带	绿带	黑带	了解	绿带	了解	黑带	黑带	黑带	黑带
4	工厂总经理	了解	了解	了解	了解	绿带	了解	了解	了解	黑带	了解	绿带	绿带
5	工厂运营负责人	绿带	绿带	了解	了解	学员	黑带	绿带	学员	学员	了解	了解	了解
6	工厂财务负责人	了解	了解	了解	了解	绿带	了解	了解	学员	学员	了解	了解	绿带
7	工厂品质负责人	黑带	黑带	了解	绿带	黑带	黑带	黑带	黑带	绿带	了解	了解	黑带
8	工厂精益负责人	学员	绿带	黑带	黑带	绿带	学员	学员	绿带	学员	绿带	绿带	绿带
9	工程负责人	了解	了解	绿带	绿带	绿带	了解	绿带	了解	学员	了解	了解	学员
10	工厂计划采购负责人	绿带	绿带	了解	了解	了解	绿带	绿带	绿带	学员	绿带	绿带	学员
11	分厂长/车间负责人	学员	黑带	绿带	学员	了解	了解	了解	了解	了解	学员	绿带	了解
12	工艺经理	了解	绿带	黑带	黑带	了解	绿带	黑带	绿带	了解	绿带	绿带	学员
13	设备经理	学员	学员	绿带	学员	绿带	了解	绿带	了解	了解	黑带	绿带	了解
14	产品经理	了解	绿带	了解	黑带	了解	绿带	黑带	了解	黑带	黑带	黑带	了解
15	精益办公室（专职）	了解	绿带	了解	学员	绿带	绿带	黑带	绿带	了解	学员	绿带	学员
16	工艺工程师	了解	了解	绿带	绿带	了解	绿带	绿带	学员	了解	学员	绿带	了解
17	设备工程师	了解	了解	绿带	了解	绿带	了解	学员	学员	了解	绿带	绿带	了解
18	产品工程师	了解	绿带	了解	了解	了解	了解	绿带	绿带	了解	绿带	了解	了解
19	质量工程师	了解	绿带	了解	黑带	绿带	黑带	学员	黑带	了解	学员	了解	了解
20	精益改善工程师（含IE）	绿带	黑带	黑带	黑带	绿带	学员	绿带	绿带	了解	了解	了解	绿带

图 10-6　制造体系各岗位精益工具掌握能力地图

总体而言，MBS 培育的人才会经历四个阶段：

第一阶段进行项目跟学，学习精益工具的理论知识，了解改善周过程。

第二阶段深入参与改善周，与团队一起达成改善周的业绩目标。

第三阶段编制内部改善方法论或作为组长带领团队成功完成改善周。

第四阶段作为辅导老师辅导改善周团队成功完成改善周。

经过这四个阶段的学习锻炼，人才的能力得到了提升，心性得到了磨炼，他们能够更主动、更积极地参与到精益生产活动中，充分发挥自己的智慧和积极性，运用精益思维来管理企业。公司也会因此得到更多改善。

10.2.3 精益转型

除了持续培育精益化人才，MBS 还对内部工厂使用精益转型评价标准，将所有工厂、产线都列出来做评价，每半年评价一次，通过这种方式引导工厂进行精益转型。

评价标准分为入门级、基础级、标准级、先进级和专业级五个级别，专业维度分为单件流、标准化、手边化、拉动、日常管理、目视化和 5S 管理 7 个专业维度。

- 单件流主要评价厂房数、房间数、断点数和连续流等
- 标准化包含标准作业、设备维护、快速转产换型、品质内建等
- 手边化包含物料停顿点、配料方式、手边化设计、双箱系统、周转器具标准化、物流周转轮子化等
- 拉动包含 PSI、VSM、计划模式、库存管理和看板管理等
- 日常管理包含 SQDIP 指标管理、异常响应、现场会议等

目视化和 5S 管理也各有相应标准，在此不做赘述。

举例来说，对标准作业的评价包括三个细节标准——覆盖率、遵守率和更新频率，对五个级别分别设置要求，引导工厂进行精益转型（见表10-3）。

表 10-3 精益转型评价标准

标准作业	入门级	基础级	标准级	先进级	专业级
覆盖率	"五表一书（MBS 5张表+作业要领书）"覆盖低于60%的产品	"五表一书（MBS 5张表+作业要领书）"覆盖60%~80%的产品	"五表一书（MBS 5张表+作业要领书）"覆盖80%以上的产品	"五表一书（MBS 5张表+作业要领书）"覆盖100%的产品	"五表一书（MBS 5张表+作业要领书）"覆盖100%的产品
遵守率	作业遵守率<60%	作业遵守率≥60%	作业遵守率≥80%	作业遵守率≥90%	作业遵守率100%
更新频率	无改善更新	改善更新频率<1次/年	PQPR前50%的机种改善更新频率1次/年	PQPR前50%的机种改善更新频率2次/年	PQPR前50%的机种改善更新频率>2次/年

随着精益转型的深入，MBS精益评价标准不断迭代，专业维度也从7个拓展为11个，增加了信息化、数字化、价值链、制造专业能力维度，同样每年对所有工厂做一次评价，对内部工厂描绘出精益化画像，以便了解各工厂的优势与不足。同时，会依据评价结果对工厂的精益化水平进行排名，使工厂之间形成比学赶超的氛围，不断提升精益化水平。

10.2.4 MBS 推行过程

1. 由浅入深推行

从管理的角度，先从工具层面开始进行培训和应用，再向流程改造转变，最后上升到整个运营系统层面，实现MBS的真正价值。

从改变人的角度，从培训到实践，再到关注精益人才的成长，通过历事练心，实现正向循环。

从价值链的角度，MBS从对制造的改善开始，横向延伸到外部供应商，纵向扩展至战略规划和部署，从点到线，最终实现全价值链上的价值创造。

2. 从高层领导的精益认知开始

为了统一高层领导对精益的认知，美的花了将近 2 年的时间，对几乎所有 M5 级别高管（各事业部总监级别、工厂总经理级别等）全面开展 4 天 3 夜的领导训练营，统一认识，为 MBS 的顺利推行扫清认知障碍。

3. 从样板试点到全面展开

第一，启动导入。随着高层领导接受 MBS 的精益培训，MBS 首先对美的高管进行了启动导入。2016 年 1 月，集团第一批 MBS 学员结业，MBS 人才培育之路正式开启。

第二，试点开展。MBS 首先在一些单位进行试点，在大家电板块选取了美的家用空调事业部顺德工厂，在小家电板块选取了美的厨房电器制造公司。试点单位在不到半年时间里就有了巨大的改善，成果超出预期。这为后期 MBS 的快速复制和推广树立了非常有说服力的内部标杆。

第三，复制推广。MBS 在试点单位取得成功后，美的在当时的 9 个事业部、30 多家国内外工厂进行复制。MBS 训练营一期接一期，培养了数百名人才，为 MBS 的复制和推广打造了充足的人才队伍。

第四，持续改善、尽善尽美是精益的重要精神。MBS 在不断巩固前期改善成果的基础上，持续追求更高目标，不仅在美的内部坚持改善，而且将供应商也纳入到改善范围。

4. 从推动式生产到拉动式生产

MBS 变推动式生产（见图 10-7）为拉动式生产（见图 10-8），这是精益核心理念"确定价值—识别价值流—流动—拉动—尽善尽美"的具体实践。MBS 结合实际情况，将拉动分为两个阶段，以此逐步向尽善尽美的生产过程前进。

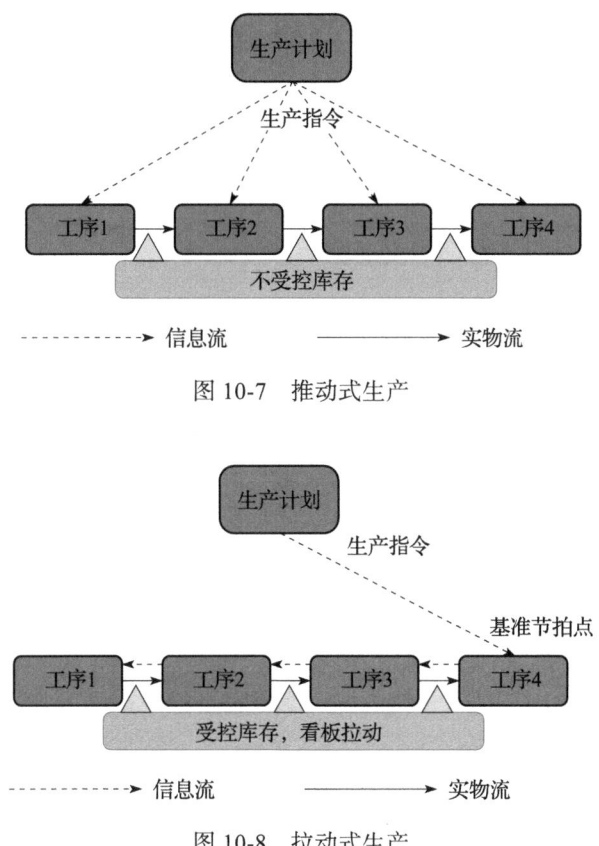

图 10-7　推动式生产

图 10-8　拉动式生产

拉动生产首先从客户需求开始进行 PSI 管理，然后进行型谱梳理和匹配，使产品与计划模式、线体关联，再调整计划模式，进行库存设计和看板设计，使计划模式得到执行，形成拉动的方式和规则，让产品能够顺着价值流的方向快速流动，最后通过目视化和持续的日常管理来保持。

拉动生产之后则进入流动改善阶段。流动代表生产过程没有停滞，通过建立连续流，以最少的资源和最短的时间，将产品交付给客户。阻碍产品流动的问题很多，工序的物理断点、品质的不良、设备故障以及物料供应问题都会给连续生产带来阻碍。拉动生产在产品价值流过程中实现了软连接，流动改善则进一步提高了价值流动速度。

10.3 美的精益运营成功的启示

MBS 的成功不是偶然的，是多个因素共同造就的，其他企业在构建自己的精益运营系统时需要注意以下因素。

第一，最高领导者是最主要的驱动力。

MBS 能够取得前所未有的精益效果，与美的董事长方洪波密不可分。MBS 是方洪波从战略的高度发掘出来并亲自倡导的。在 MBS 构建过程中，方洪波多次深入一线生产现场，不断跟踪、检查 MBS 的发展情况。

第二，高层管理者需要统一认识、统一工作方法，从一开始就做出承诺并身体力行。

在 MBS 的推进过程中，美的要求所有高管全部脱产参加 MBS 的相关培训，确保高管对 MBS 有统一的认识，能坚定不移地推动 MBS 工作直至成功。一些企业只是通过发文件、开会来推动变革，或者安排一些部门与小组去做工作，高管却很少认真学习，或者学着学着又走回老路，这是行不通的。

第三，组织和制度相互贯通并保持一致，以此保证重大工作的推进。

在组织上，除集团层面成立 MBS 项目组之外，各事业部也成立了包括高管在内的 MBS 办公室或精益制造部，并设立 MBS 专员。从集团到事业部，到工厂，再到分厂，美的从上至下建立了体系化的 MBS 组织，并一直存续至今。

在制度上，美的出台了很多政策和措施来保证 MBS 工作的开展，比如制造体系人员的晋升与 MBS 挂钩，对表现突出的员工授予 MBS 黑带荣誉，以及鼓励各事业部之间"比学赶帮超"等，在公司内部营造了强烈的改善氛围。

第四，管理者亲力亲为，全员参与改善。

在 MBS 的推动过程中，美的高管每个月至少有一周从自身岗位中抽身，直接到生产一线参与项目的研讨与学习，或者拧螺钉、修模具、装产品等。这使他们能在现场直接发现问题并快速改善，有时高管甚至自掏腰包做工装、修模具等。

高管直接下场、亲力亲为，保证了改善的速度和质量，改变了工作文化，同时也使很多基层员工受到鼓励，其工作积极性由此被大大激发出来。从另一个角度来说，这也有利于管理者发现基层的人才。

第五，形成"训、战、奖"的良性循环。

MBS 一直采取"培训+实战+奖励"模式，培训后立刻实战，实战一有效果马上进行奖励，团队士气和信心因此大增，员工也因此更愿意学习和实践，形成了良性循环。

— 本章小结 —

制造型企业对全面质量管理、精益生产都不陌生，很多企业都在推动这方面的改善。美的也经历了这样的过程，从丰田精益生产到六西格玛，美的一直在探索适合自己的精益运营模式，最终，方洪波引进了 DBS 并以此为基础构建了独具特色的美的 MBS。

本章描述了 MBS 的来龙去脉，介绍了美的的很多具体做法。这些做法传承了美的的精益文化，通过有效的工具进行实践与改善，并逐渐延伸到经营管理的各个方面甚至上下游，许多理念与工具还通过数字化的方式嵌入了整个管理系统。

20 年前，美的的起点与许多企业类似，最初靠资源红利获得粗放增长，在这一阶段美的也像其他企业一样采取的是经验式管理，在人、财、物方面的管理效率并不高。但美的较早地看到这种做法的弊端，主动求变，加之组织、人才、IT系统的配合，于是有了MBS的成功。通过MBS，美的也确实得到了"管理红利"，人效、净利润的巨大改善就是证明。这些成果不是靠节约、低质、勤奋或者一时灵感获得的，靠的是专业、系统的实践。

美的一路走来创造了不可思议的成果。这充分说明，对当下的制造型企业而言，精益是门必修课。

第 11 章

美的如何做营销渠道转型

> 伟大的企业必然会经历周期性的洗礼。美的无城可守,必须敢于变革,坚持做长期且正确的事情。⊖
>
> ——方洪波(2022 年)

从十亿元到百亿元再到千亿元,美的的每一次突破都伴随着变革和转型,其中,营销渠道转型是很重要的一项内容。

家电产品是面向大规模市场的商品,家电行业也是较早接触国外品牌的行业之一,自然也是竞争最为激烈的行业之一。正因为如此,家电行业的营销和渠道是国内最为成熟的。但中国的营销环境和渠道环境也在不断发生着快速的变化,很多企业曾经做得很成功,后来却因跟不上市场变化而衰退甚至消亡。美的的营销却一直很成功,这正是因为它能与时俱进、因时而变,在一次次主动变革和转型中找到最契合自身发展的渠道与营销模式。

⊖ 源自 2022 年 1 月 12 日,方洪波在美的集团经营管理年会上以"坚定生长 海阔天高"为主题的演讲。

11.1 美的渠道演进历程

市场环境总是瞬息万变,为了适应市场的变化,美的渠道模式先后经历了多次变革。总体来看,美的渠道模式的演进过程可以分为四个阶段。

11.1.1 分销代理模式

早年,美的并无渠道可言,最早能称得上是渠道的是 1987 年建设的北滘美的商城,它使美的的销售收入从 1987 年的 6637 万元大幅上升到 1988 年的 1 亿元。除此之外,在很长一段时间里,美的的销售途径主要是商品展销会㊀、百货公司和供销社,渠道单一,不成体系。

进入 20 世纪 90 年代中后期,中国经济驶入了快车道,GDP 增长迅猛,商品房市场蓬勃发展,城镇化的脚步也在加快。这给家电行业带来了巨大的机遇,使其格局开始发生转换,而转换的关键就在于渠道,因为这一时期,家电产品明显供过于求,家电行业的竞争日益激烈,市场上到处都在上演价格战。尤其是空调迎来了产能的快速扩张,竞争更加白热化。谁掌控了渠道,谁就能在竞争中突围。因此,从 20 世纪 90 年代中后期到 2005 年的大约 10 年时间,是家电行业"渠道为王"的时代。

在这个阶段,美的抓住了机会,进行了适时改革。一方面,美的采取了"大户制"——与大客户绑定,为其提供广告投放、推广策略、安装服务等。通过这种模式,美的将产品以买断形式销售给一级代理商,代理商负责渠道的开发和产品的铺开,并承担物流和仓储费等;另一方面,美的通过事业部制变革,推动产业版图的不断扩张,建立规模优势。

凭借着由此建立起的渠道优势和规模优势,美的在价格战中胜出,而春

㊀ 1991 年美的参加某商品展销会,只用了短短三天的时间,订货金额就达到 1.1 亿元。

兰和华宝则落马。

2000年以后，各家电企业都认识到渠道的重要性，无论是制造商还是零售商，都展开了激烈的渠道竞争。很多厂家提出了"掌控终端、实现渠道扁平化"的变革思路和目标，如海尔提出"不发展大户，发展散户"的思路，新科采取"一贯以终端为主"的策略。

美的也认识到了渠道带来的竞争优势，何享健强调要"加强市场组合，最大限度地满足市场需求"，他认为："市场是不以我们的意志为转移的，'物竞天择，适者生存'要求我们以市场为导向，由生产推销型企业彻底转变为市场营销型企业，全面提升市场应变能力和环境适应能力。"[1]美的于是采取了"限制大户、扶持中户、发展散户"的新策略。

与此同时，各产品事业部开始成立营销中心，营销机构市场下移，如从省级独家总代理到区域代理，再到县级代理；并展开了横向渠道的扩展，由区域代理扩展到直营。到2005年，美的基本建立起一二三四级的市场渠道网络，形成了"总公司—分公司—代理商—经销商（有的地方还有好几级）—终端门店"的渠道结构，代理商在渠道链条中发挥了主要作用。

11.1.2 销售公司模式

2006～2011年，精耕细作的销售公司成为美的的主要营销渠道（见图11-1）。

销售公司模式是知名空调企业格力发明的。1997年，湖北格力空调销售公司正式成立，"股份制区域销售公司"模式（简称"销售公司模式"）随之诞生，这个模式使格力在渠道领域建立了长期的优势。

2006年，美的开始在空调营销中推行销售公司模式，美的不出资，由区

---

[1] 黄治国. 静水流深：何享健的千亿历程 [M]. 广州：广东经济出版社，2018.

域内的美的代理商共同出资组建区域销售公司,董事长由代理商担任,但总经理、经营团队全部由美的派驻,负责销售公司的整体经营。销售公司设置市场部、财务部、销售部等机构,主要进行产品销售、市场策划、渠道管理、人员管理、财务管理等。美的承诺,如果区域销售公司出现亏损,美的将给予财政补贴(这为后来区域销售公司的大规模亏损埋下了隐患)。

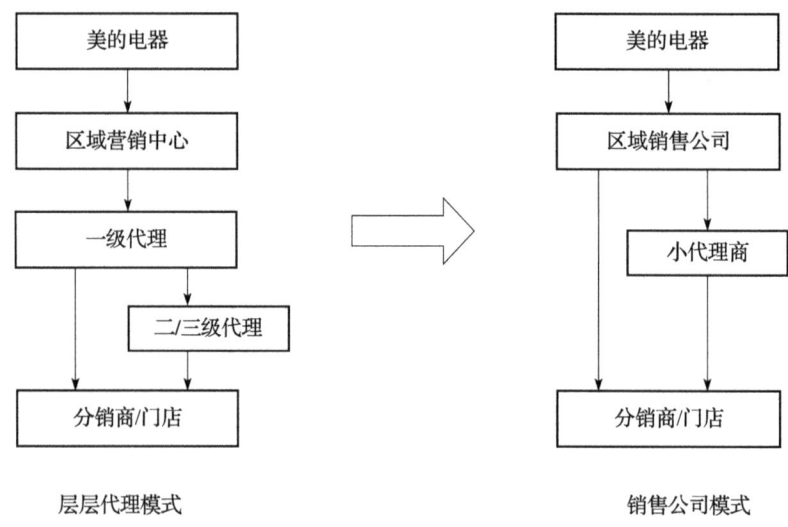

图 11-1 从层层代理向销售公司转变

美的实行销售公司模式的做法是先试点,再全面推行。空调事业部通过两年试点,全面采用销售公司模式。冰箱、洗衣机事业部采取差异化策略,根据实际情况,有计划地推动实施。日电集团一开始并未实施,仍然实行分公司(区域)管理渠道商的模式。

2009 年,何享健要求全面推进大小家电分板块的营销整合,推动"产业链、营销、区域"三个一体化改革,并表示"营销变革是美的一个非常关键的工作,也是推动美的继续增长的重大经营战略"。[○]由此,美的上下统一认

○ 黄治国. 静水流深:何享健的千亿历程 [M]. 广州:广东经济出版社, 2018.

识，全面行动，在集团中大力推行销售公司模式。

这一年，制冷集团以家用空调国内营销为平台，整合冰箱、洗衣机事业部的国内营销职能，成立中国营销总部（简称"中营"），统一管理内销市场，承担营销策略制定和协调、指导、服务各地销售公司的职能，各个事业部不再保留销售职能。2011年，日电集团也成立中国营销总部，统筹日电产品的中国市场管理，在全国设立50多家销售公司。

2011年家电行业进入寒冬，从下半年开始，美的通过库存补贴、费用补贴等方式对代理商亏损、拖欠经销商的费用进行了处理，当年企业重组费用达1108万元，次年计入其他符合条件的非经常损失高达2.87亿元。为此，2012年美的不得不着手清理渠道库存，加强应收账款回款，所幸的是，在营收、利润下滑的情况下实现了经营性现金流的回升。

11.1.3　全渠道模式

不可否认，销售公司模式执行力强，与总部的博弈大大减少，不仅促进了市场开拓，而且在网点铺设和专卖店建设层面取得了巨大成就。但这种模式的弊端也很快显现出来。各销售公司是实体，上有股东，下有各个部门，同时美的触达各个中小渠道商也需要通过它中转。不少销售公司负责的产品非常多，为了完成经营，不断扩充队伍，导致人员冗余，组织越来越臃肿。虽然实现了渠道社会化，但在实际操作中，美的仍对各销售公司进行补贴和兜底。当行业不景气时，创收不足和成本增加的矛盾难以调和。

2011年，制冷集团撤销中国营销总部，重返"区域营销中心（办事处/分公司）+代理商"的营销模式，空调、冰箱、洗衣机的内销业务回归各事业部。当然，销售公司的调整是逐步实施的，原销售公司只负责空调，后来才逐渐调整为"区域营销中心（办事处/分公司）+代理商"模式。日电集团紧接着也取消了中国营销总部,全部恢复"区域营销中心(办事处/分公司)+代理商"的原状。

至此,中营时代结束。这之后,美的在整体组织上也进行了"小集团、大事业部"的调整,营销渠道模式重新回归各事业部管理的分销代理模式。调整后,各事业部形成了"区域营销中心(办事处/分公司)+代理商"的模式,但对渠道深耕的思路仍然在延续,而且更加侧重分销和零售,比如对经销商的考核指标,要看分销而非提货(分销是指经销商要完成出货,而不是只从美的提货就可以了),从而对渠道库存进行管控,而当时,大部分企业基本不会关注渠道库存,还停留在批发式大户代理模式中。

此外,这一阶段以国美、苏宁为代表的全国性家电连锁卖场对中国家电渠道的重要性占比不断提升,美的开始重视和传统卖场渠道的合作,不断提升渠道零售能力。2014年,公司与苏宁、国美和70多家区域优秀家电专业连锁店建立起战略合作关系。2016年,公司区域性连锁渠道整体零售收入跨过百亿元门槛。与此同时,美的不断加强旗舰店的建设。2014年、2015年美的旗舰店在三、四级市场分别实现了超过70%和90%的覆盖率。2017年,公司渠道网点已经实现一、二级市场全覆盖,三、四级市场覆盖率达95%以上。

在这个阶段,电商渠道的发展成了美的渠道的重要转折点。最近十几年,互联网电商几乎重构了中国的渠道体系,虽然美的一直奉行"渠道为王",线下渠道优势明显,但面对互联网浪潮的冲击,美的没有死守线下,而是两条腿走路——线下不能丢,线上也一定要发展。

事实上,美的从2008年就开始试水电商,相继推出了电商产品、电商品牌。2013年,美的开始大力发展线上渠道。2014年提出电商突破战略(这是美的集团的两大战略之一,还有一个是整体智慧家居战略),并设立电子商务公司,包括官方商城,由生活电器事业部直接推进。2014~2015年,美的先后分别与阿里巴巴、京东、苏宁云商展开了战略合作。在与京东的战略合作中达成了 2015 年 100 亿元的销售目标，而与苏宁云商达成了 2015 年 200 亿元的销售目标。2017 年，美的在电商上再进一步，推进全品类直营，到此时，美的已经形成了线上、线下全渠道覆盖的渠道体系（见图 11-2）。

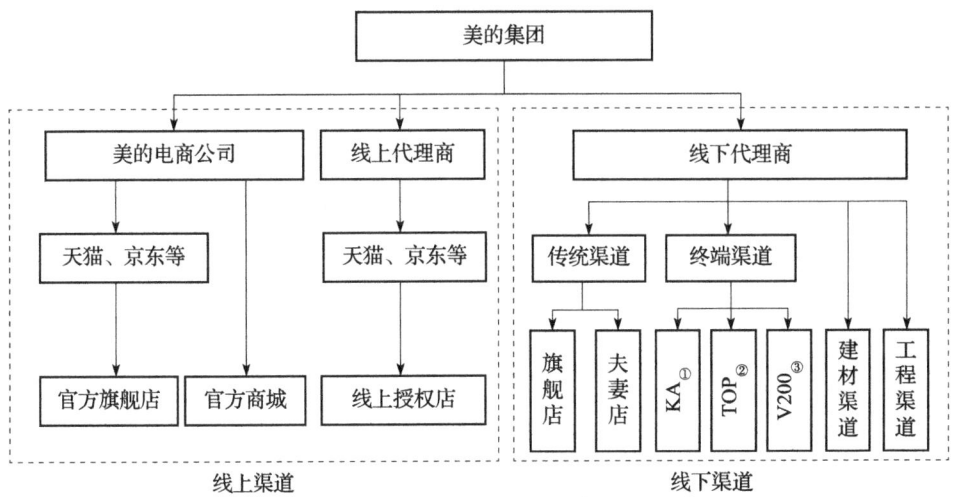

图 11-2　从销售公司模式向全渠道模式转变

注：① KA 是指国美、苏宁、五星等全国连锁卖场。
　　② TOP 是指地方连锁卖场，如湖南通程、武汉工贸等。
　　③ V200 是指规模更小的地方性家电连锁店，由美的内部定义。

电商渠道是典型的扁平化渠道，线下传统渠道与线上电商渠道的本质区别是渠道层级的区别。传统的线下代理模式，渠道管理水平高的公司可能中间有 1～2 层，渠道管理水平差一点可能隔了 3～4 层，层层批发，层层加价。而线上是厂家直接对接消费者，没有中间层。所以，电商刚崛起的那几年，线上对线下造成了严重的冲击，线下渠道商因此非常痛苦。

但美的在线上高速发展的同时，线下渠道的转型升级也一直在进行——推动经销商层级的压缩，并倒逼经销商改变过去"坐商"的模式，逐步转型成服务配套商。

11.1.4 用户直达模式

在经过数次渠道变革后,美的对代理层级进行了大幅压缩(从工厂到消费者中间只有一两个层级的代理商,通过它们再到终端门店),但始终还是层层经销,经销商的盈利模式还是赚差价,也需要"囤货",美的营销人员的主要任务还是管理经销商。终端门店要进货,需要向上级经销商提出来,然后由经销商将这一需求层层传达至能够直接对美的下单的经销商那里;下单后,美的把货物配送给这个经销商,再层层配送到要进货的各个终端门店。

这个过程不仅耗时长、效率低、损耗大、风险高,而且中间层需要有仓储物流以及人员管理环节,这些环节的成本最终都会由市场买单。因为链条长,经销商们必须提前备货,再厉害的经销商也不可能精准预测市场,因此又会产生库存。同时,在业绩压力下,这种模式还会让压货式销售有机可乘。美的的区域营销机构可能会要求经销商多下单,但这并非实际的市场需求,最后由于增加了库存,经销商又会要求政策支持,造成厂商博弈。现在许多传统的消费品企业都面临类似的渠道问题。

到 2018 年,线上的高效率使美的电商取得了巨大成功,但同时线下代理分销的空间被进一步压缩。美的看到了这一点,在一系列准备后,美的开始了渠道的数字化转型,或者说构建真正一体化的渠道模式(见图 11-3)。

在以往的渠道体系中,产品通常是由厂家生产后,通过渠道商自上而下的分销,最终到达消费者手中。而在美的数字化的渠道体系中,这个过程颠覆了:消费者通过美的线上、线下的各个渠道,如线下的专卖店、美的智慧家(美的线下旗舰店升级后变为美的智慧家)、家电连锁卖场,线上的美的天猫旗舰店、京东旗舰店等发出需求,渠道商和运营商汇总需求信息给到美的工厂,美的工厂再按单生产。真正实现了从"以产定销"到"以销定产"。

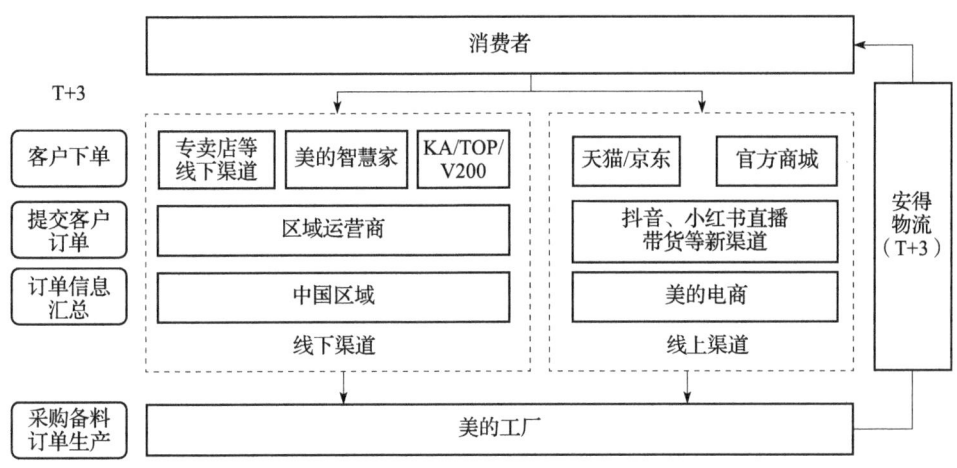

图 11-3 数字化转型下的渠道模式

在这个过程中，首先，美的自主开发的渠道订货平台——美云销，发挥了重要作用。

美云销通过移动化、商城化拉通分销，打通各事业部、各级代理商、经销商的信息流，实现渠道管理下沉，确保全渠道信息透明。它具备一站式购销、商城化采购、账务及订单可视等特点，使经销商能直观地了解美的的营销政策和产品卖点，提升渠道客户的经营能力与面向消费者的服务能力，实现从简单的经销商到服务商的角色转变。

美云销的出现，对事业部而言，能有效提升渠道效率；对代理商而言，能实时掌握库存、终端零售数据，提升流程效率；对经销商而言，移动化、商城化的购物体验，能够实现返点兑现及时透明，提升了其采购效率。

美云销的开发是美的帮助经销商完成角色变革的重要一步。事实上，美的推行渠道数字化转型的一个很重要的目的，是把传统的经销商转变为运营商。这彻底颠覆了传统的经销代理模式，在中国渠道史上具有划时代的意义。

其次，自建智慧物流体系——安得智联，全渠道配送。

安得智联是美的旗下的科技创新型物流公司，依托先进的科技与智能装备技术，具备物流自动化的核心竞争力和能力优势，形成了贴近客户、快速反应的全国直配网络布局。2018年，通过与电商平台开展供应链深度协同项目、利用大数据驱动和系统对接、建立智慧化供应链，安得智联实现了全国区县乡镇无盲点的全程可视化全网直配，做到精准预测、智能分仓、自动补货，从而快速响应消费者需求，提升了用户的购物体验。

依托安得智联提供的智慧物流体系，美的打通了全渠道配送价值链，实现了全国一盘货，货物从工厂直接到安得智联在全国的中心仓，再由中心仓直发消费者或者终端门店。美的已经不需要通过经销商的仓库进行流转，因此美的经销商（运营商）已经不需要备库存了（见图11-4）。

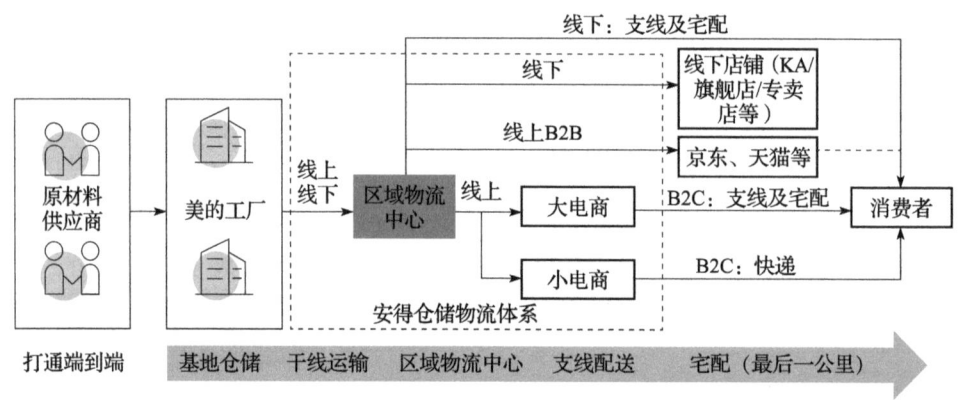

图11-4 安得智联打通全渠道配送价值链

最后，后端推行T+3模式。

美的T+3模式是美的全价值链非常重要的一个系统变革工程，前文中有详细的介绍，这里不再赘述。

前端以美云销完成订货服务功能，后端有T+3模式以销定产保供，再加上安得智联物流前置仓的统仓统配，美的基本实现了渠道数字化转型。

美的推动营销数字化变革，不是过去那种砍省代、划小区域的调整，而是一场真正的渠道革命，甚至是经营革命。营销场景发生了颠覆性改变：终端门店要进货，可以直接在美的美云销 App 上下单，美的通过安得智联直接配送到终端门店，不再需要中间层的订单汇总、仓储转运（见图 11-5）。这不仅提高了渠道效率和信息准确度，而且减少了大量计划人员和资金占用。

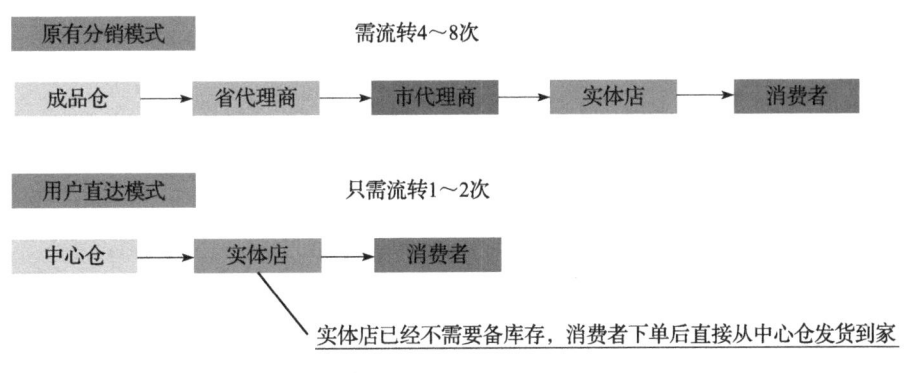

图 11-5　营销模式变革后的商品流转路径

11.2　美的渠道转型为什么总能成功

11.2.1　保持营销组织变革与渠道变革同步与互动

美的之所以能完成一次次渠道变革和转型，科学有效的组织结构是最有力的保障。美的渠道转型成功的背后是营销组织的变革。可以说，营销组织的创新是所有大规模成长型企业其他创新（生产、研发、管理等创新）的源头。

伴随渠道变革，美的营销组织体系经历了漫长的变革历程（见图 11-6），但每一次变革都与美的渠道战略相匹配。例如，在 1997 年之前，由于渠道比较简单，美的采取的是统一的销售模式，营销组织只是一个简单的联络机构。但到了 1997 年，由于产品线的扩张，单一的渠道和统一的销售模式无法支撑规模化发展，所以美的进行了营销组织体系变革，将营销权力下放到产品事业部，这个组织变革直接促进了美的渠道网络的建设，形成大规模的分销渠道。

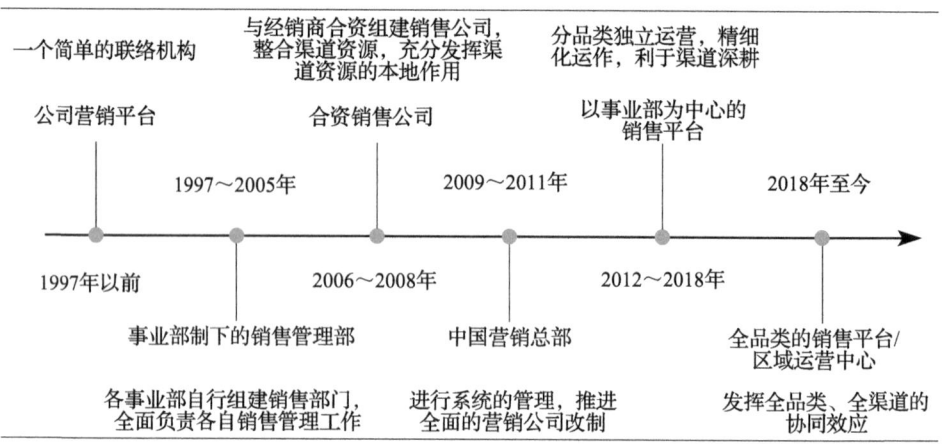

图 11-6　营销组织体系主要变革历程

同样，1997～2005 年，经过多年的终端市场的竞争，美的建立起庞大的专卖店体系，而且大部分渠道已经下沉至三四级城市。但是，因为 2006 年以前渠道建设的权力在事业部，这导致很多渠道产品单一，管理跨度较大，资源浪费严重，没有形成范围经济，所以 2006～2011 年，美的进行了实体销售公司制改革，其目的是整合渠道资源，以充分发挥渠道资源的本地作用。

2012 年，方洪波接棒出任美的集团董事长，带领美的踏上了新的征程。接班之后方洪波对美的开启了大刀阔斧的改革，率先对营销体系进行了变革。

经过一轮组织再造，到 2015 年，美的变为"小总部、大事业部"的组织模式，组织更扁平。新架构包括：9 个事业部（家用空调、热水器、中央空调、冰箱、洗衣机、厨房电器、生活电器、环境电器、部品）、8 个平台（中央研究院、国际事业部、智慧家居研究院、电商公司、安得物流、客服中心、金融中心、采购中心）、9个职能单位（用户与市场、产品管理、财经、IT流程、战略发展、企业运营、人力资源、审计、法务），部分如图11-7所示。

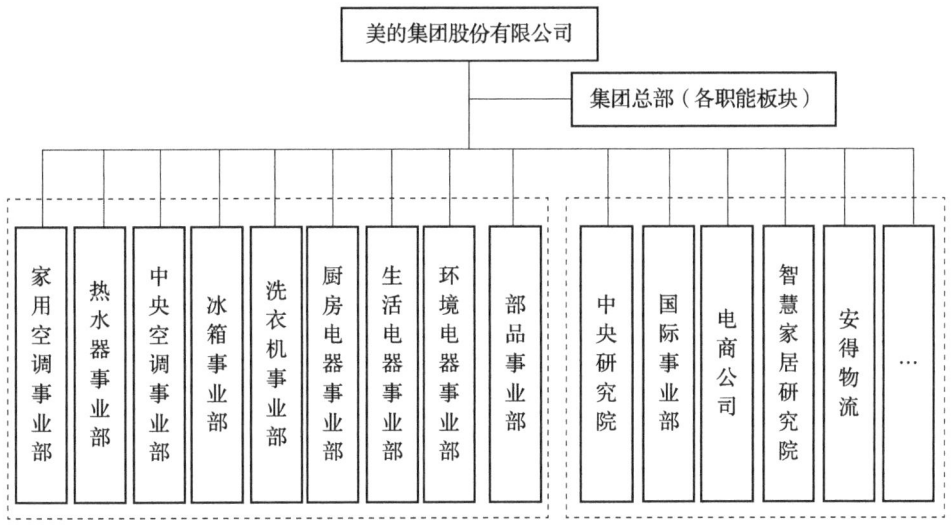

图 11-7 美的"集团-事业部"两级架构图

集团职能部门与事业部之间，不是上下级管控关系，而是变为平行的关系，职能部门的定位更多变成了为事业部提供服务、支持和资源。在组织层级中，从集团普通员工到方洪波一共也只有4级，原有管理岗 M5～M8 被压缩为一个职级。

在这种组织模式下，各事业部看似相互独立、各自为战，实则百花齐放、全面发展。如果说在此之前美的是由家用空调、生活电器等少数品类支撑的，那么在"小总部、大事业部"的模式下，美的真正实现了全品类的数一数二战略目标。

随着市场环境的变化，渠道碎片化日益明显，线上与线下的融合也进一步深化，营销手段和渠道效率都发生了深刻的变化。以往的各个事业部各自为战的组织模式已经无法适应发展的需要了，美的再一次开启了营销变革。

2018 年，美的在营销端进行了大规模整合，成立了中国区域（虚拟组织），在全国设立超过 30 个区域市场运营中心。在此之前，各个事业部都是各自为战的，产品分离、客户分离、渠道分离、营销活动分离，甚至出现要求代理商二选一的情况，即某代理商代理了美的 A 品类，就要放弃 B 品类，更不要说让两个事业部联合促销了，内耗十分明显。在此背景下，为了提高渠道效率，发挥多品类的协同效应，美的集团将各品类的营销职能进行了整合。

这次变革，集团总部掌控总的方针政策；美的在全国各个地区设立的区域运营中心负责全品类的协同营销，攻城略地，最大限度地抢占市场份额；各个事业部主要负责提供产品和后台支持。

需要说明的是，这次变革并不是要变革事业部制，各个事业部依然存在，只不过它们的职能有所变化。这次变革更多的是营销端的变革，对各个事业部的终端销售职能进行了整合回收，更利于美的全品类的协同作战。同时，这次变革也正契合了渠道数字化转型的需求。

美的营销组织体系的变革，一直围绕着权力的收与放，但不论是收权还是放权均遵循两个原则：一是要以内部资源最大化高效利用为核心，在组织内部建立市场压力传递机制，并随着产品线宽度和深度的拓展而下沉和扁平化；二是通过对营销组织职能在销售职能、营销职能和经营职能之间的分配和转换来适应市场的变化，以提高营销体系的敏捷性及权责利的平衡。

11.2.2 掌控渠道而不独占渠道

掌控渠道而不独占渠道，并不意味着美的在渠道上不能自主，而是体现了美的对经销商利益与平等关系、对经销商经营安全的关注和重视。

在市场流通领域，美的始终坚持与经销商保持战略合作伙伴关系。在选择区域经销商时，美的更注重经销商的长期发展潜力，更注重双方的长久利益关系。即便经销商转变为运营商，美的也充分保障其利润，让它们在渠道中仍然处于重要的位置。

何享健认为："随着时代的发展，家电市场也在不断地发展和变化，集团各主要事业部在制定新的市场营销战略时一定要充分考虑各级经销商的实际利益，保证经销商在与美的在合作中能够赚到钱。""我们要制定出一个经销商的标准，用全面正确的方法合理综合地去评价经销商，用战略合作的理念去打造经销商体系，努力保证厂商的利益，真正做到双赢，让经销商安心经销美的产品，要与经销商建立公平、平等的关系。"⊖

但不论什么时候，美的始终与渠道保持依靠而不依赖的生态关系。

11.2.3　以提高效率为主要目的

美的全价值链都注重效率，美的人把效率刻进了骨子里。美的在渠道模式和渠道选择上进行的多次变革，都是以更高的渠道效率为目标的。

（1）精耕细作规模化触达。著名商业顾问刘润先生说："渠道的本质，就是规模化触达潜在消费者。"从这个意义上讲，渠道宽度、渠道深度是衡量一家企业渠道效率高低的重要指标。

美的渠道的精耕细作最早由方洪波提出。1997年美的实施事业部制改革时，时任空调事业部副总经理兼营销总经理的方洪波就对营销体系进行了大刀阔斧的改革，倡导由销售向营销转变、由个人营销向体系营销转变，实施"大市场、大网络、精耕细作"的营销策略，提出了"认真做足一百分"的服务理念，这些策略和理念演变成美的营销的核心管理理念"大市场、细耕作"。

⊖ 黄治国. 静水流深：何享健的千亿历程［M］. 广州：广东经济出版社，2018.

美的渠道变革涉及两方面：一是在不断细化基础上的渠道下沉；二是在不断丰富基础上的渠道均衡。在不断细化基础上的渠道下沉，主要是指核心渠道从一二级市场到三四级市场，再到乡镇市场的发展过程；在不断丰富基础上的渠道均衡，主要是指大小通路、线上线下、B端和C端一应俱全平衡发展。

这两方面其实是精耕细作的具体表现，使美的形成覆盖全国的、具有矩阵式扁平结构的市场网络。这种市场网络做到了平衡布局，同时保持适度垄断、适度竞争，形成依靠而不依赖的生态格局；另外，也促进了分销成本、分销效率、分销规模的有机平衡。

（2）渠道层级不断压缩。渠道商也被叫作中间商，中间商或者渠道层级越多，渠道成本越高，流通效率越低，所以去中间商或压缩渠道层级，一直都是提升渠道效率的一种有效方法。

但是，这并不是一蹴而就的。中间商之所以存在，一定有它存在的价值，每一次渠道层级的压缩都是一次变革。

早期的美的，采取的是大客户制，一个大客户可能覆盖一个省，至于它下面有多少个层级，实际上美的并不知道。经过第一次渠道变革，美的和大客户组成区域销售公司，明确了下面可以有地级代理、市级代理/县级代理，不超过4级。美的并不是不知道渠道层级多的弊端，渠道层级多，最大的弊端在于层层加价，可当时的渠道利润空间足够，弊端也就不是那么突出了。而它的好处在于可以借助渠道的力量，快速覆盖市场，这也是美的能够快速覆盖到三四级市场的原因。所以在这个时期，保留适当的渠道层级，是渠道综合效率最高的做法。

随着竞争的加剧，渠道层级多的弊端日益明显。多轮的价格战之后，厂家已经没有足够的空间给到经销商，而且随着电商的崛起，"没有中间商赚差价"的口号不绝于耳，层层批发、层层加价的模式已经严重制约了渠道效率。所以，第二次的渠道变革，美的基本上砍掉了2/3/4级代理商，只保留了一级经销商，即一级经销商直接到终端门店。这对经销商的能力提出了很高的要求，所以美的加强了区域组织能力的匹配，同时提出了赋能经销商的要求。正是在这一时期，美的的经销商快速成长，组织健全，经营能力强；也正是在这一时期，美的的职业经理人批量产生，在区域积累的渠道管理经验培养了他们的个人能力和经营意识。

随着电商的快速发展，中国的渠道发生了结构性的变化。从严格意义上讲，美的的渠道层级其实只剩下一级经销商这一个层级了，但美的依然不满足，在渠道数字化的助推下，美的甚至把这唯一的经销商都"消灭"了。这便是我们上文中提到的经销商转变为服务商的模式，至此，就传统意义上的渠道层级而言，美的压缩到了零。

就这样，渠道层级从四层到零。美的的每一次变革都不是为了压缩而压缩，而是基于渠道效率的最优选择。

11.2.4 拥有高效执行力的区域作战单元

如果问美的有什么是不可复制的，那就是美的的组织能力，投射到渠道能力上，就是美的在区域市场的组织能力，也可以说是美的渠道的核心竞争力。在区域营销组织能力方面，其他家电同行甚至各行各业的企业与美的相比，都存在差距。这也是为什么美的系出身的营销人员在各行各业都受到欢迎的原因。

在营销端，美的一直强调要打造以省区为经营中心的核心作战单元，通路细分和渠道策略既需要集团层面的规划和部署，也需要各区域的执行，这对区域营销组织的经营能力提出了更高的要求。如果没有一支扎根区域、懂经营、能打硬仗的高效团队，再好的规划也无法落地。

而这样的区域营销组织正是美的一直致力于打造的。

早在2009年，美的就开始推行以省区为经营中心的营销模式，虽然不同时期区域组织的叫法不一样，但是万变不离其宗，美的始终都坚持以区域经营为中心的营销模式。2009年美的开始试点和经销商成立合资销售公司，在全国成立了50家销售公司，2012年变革之后国内营销是各事业部各管各的，各事业部在各省区的营销组织叫某事业部营销中心，2018年变革后为了发挥多品类协同作用，美的成立了中国区域，区域营销组织变成了区域运营中心。

美的区域的这些组织不管怎么变，都有一个核心，那就是以经营为中心进行划分，这一点是非常关键的。其实，很多企业的营销组织也都是分区域的，但在职能上，大部分是销售员，而不是经营者，基本只对回款和销售任务负责；在组织上，大部分都是光杆司令，没有推广人员，没有策划人员，更没有财务人员，不会对区域3～5年的发展负责，也不会对区域的利润负责。而美的区域负责人是一定要对经营结果负责的，例如经营利润、市场份额、产品结构等；美的区域组织，也一定会配有负责策划、推广、活动和财务的人员，是一个真正的经营团队。

以美的某事业部江苏区域中心为例（见图11-8），来看看美的区域分公司团队是如何组织和运作的。

该中心按照销售功能及职能进行分工，设置了完整的组织架构，下设销售部、市场部、销售支持部、财务部及物流部五大部门。其中，销售部下设七个业务组，分管南京、苏州等五个区域的经销商及工程、电商两大业务模块。市场部负责营销策划、培训及推广等；销售支持部负责运营、客户管理、售后服务等；物流部负责商品配送、仓储物流管理等；财务部由事业部内销板块派驻，负责会计管理与经营预算，这也有利于风险把控。

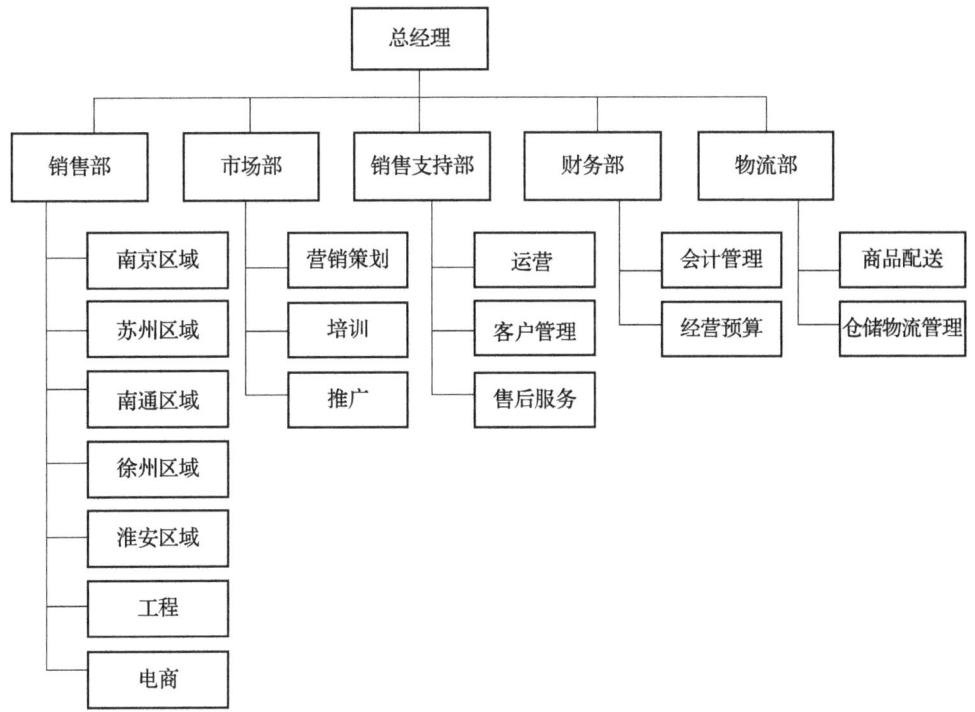

图 11-8　美的某事业部江苏区域中心组织架构图

本章小结

对中国的消费品企业来说，渠道是绕不开的重要环节。甚至可以说，渠道是企业市场营销的关键。不论是可口可乐、达能、大众等知名外企，还是农夫山泉、VIVO、OPPO 等本土大型企业，强大的渠道体系都是非常重要的支撑。

渠道建设不易，而中国的渠道形态尤为复杂，并且变化很快，能否在不同的市场环境下采取相应的渠道模式，决定了一家企业的命运如何。渠道模式的选择，要同时考虑经济性和控制性的原则，大规模制造、大规模分销的模式渠道成本最低，但因为中间层级多，渠道长，渠道控制性就很差，但如果为了掌控渠道，不计成本地投入，也是不可取的。选择何种渠道模式，与当时的渠道环境和企业自身的发展阶段息息相关，非常考验经营者适应市场的能力。

很多企业在面对市场环境变化时，出于种种原因，如无法舍弃好不容易积累的渠道资源，被渠道阻碍，无法持续地对渠道进行变革升级，被固有的利益关系绑架，因为缺乏议价能力而被大渠道控制等，而被市场淘汰。

美的在面对变化时，从不犹豫，尽管每次变革都会带来阵痛，但美的深谙"唯一不变的就是变"，更了解渠道永远存在惰性，不去主动进攻，就会被拖累。所以，美的的渠道转型不但及时有效，而且没有终点。但美的不会为了变而变，美的的渠道变革是跟随公司战略变革与业务目标的变化而变化的，是以提升效率、减少浪费、高效触达消费者为目的的。

什么是好的渠道管理模式？是高效率、低成本、可持续、能规模化触达消费者的模式。新的渠道模式为什么能秒杀旧的渠道模式？是因为新的渠道模式效率更高，成本更低。当初电商模式对线下渠道的碾压式打击，正是因为线上渠道具备线下渠道不可比拟的成本效率优势。而现在纯粹线上运作也走不通了，那是因为许多企业线上线下打通了，成本、效率之争进入了另一个维度，电商渠道的竞争越来越激烈，效率越来越低，成本却越来越高。

万变不离其宗，在美的渠道变革这个领域，"宗"就是精耕细作，这个率先在美的空调事业部提出的营销工作理念，值得所有扎根中国市场的品牌学习与理解。而精耕细作首先表现在营销组织的不断下沉，在最前端建立强大的经营组织，让决策、经营前移，真正发挥营销体系的龙头作用，让一线的分公司负责人真正成为经营者，这也是我们在本书中介绍一个区域中心的组织架构的原因。

中国幅员辽阔，人口众多，每一个市场层级、消费者层级都是以"亿"为单位的人群。加上中国市场品牌众多，竞争激烈，既有全国性的大品牌，也有地方性品牌，这就意味着各个地方的市场都有不同的特点，对品牌商来说，既需要产品策略与销售策略的统筹，又需要各个地方的灵活施策。因此，不论市场如何变幻，这么多年来，对美的营销体系来说，努力打造卓越的区域组织、培育优秀的区域营销人员，一直是不断追求的确定性事件。

而美的的精益运营、减少一切浪费、不让消费者为企业不必要的成本买单的理念，也驱动着渠道在这个较大的费用区间里不断做出改变。每一次的渠道转型或渠道升级，都是为了达到更高的渠道效率。在美的现有渠道体系（去中间层、直面消费者、全国一盘货、用户直达）的基础上，美的的渠道建设还将不断产生新的价值。

―― 第 12 章 ――

如何借鉴美的做法打造高效组织运营能力

（关于美的的核心竞争力，）如果一定要我找的话，我觉得是机制的优势和团队的优势，或者用现代一点的说法是组织的能力。它使得美的能发挥整个系统的活力去解决经营中的各种问题。现代企业的竞争远远不是单项能力的竞争，企业经营其实很简单，就是天天做好这些具体的、细节的事情。[注]

——方洪波（2010年）

在当前环境下，企业必须依靠组织的整体运营能力来赢得市场、持续经营，这已成为普遍共识。

实际上，组织运营能力就是企业这个组织的整体能力。组织运营能力建设是企业家一直关注的话题，与此相关的方法论也有不少。但关于"组织运营能力"的描述往往是从组织发展、人力资源的角度出发，没有站在经营的视角，因此难以把握要领。任何试图用简单的框架推导组织运营能力建设的

[注] 郭洪业. 转型创造价值[J]. 董事会，2010（3）.

理论，在企业经营的现实面前，都是苍白无力的。

比如，过去很多被视为组织能力标杆的企业，现在出现了经营不佳的情况，而从组织发展、人力资源的角度来看，这些要素可能还在强化，这意味着其组织运营能力是在增强的。那么，一家持续亏损或经营恶化的企业，能说它的组织运营能力仍然强大吗？这个逻辑显然是不成立的。所以，从组织发展、人力资源的角度来看组织运营能力，而不是从经营的角度来思考，是当前对组织运营能力认识的一个巨大误区。

美的在经营实践中表现出了强大的组织运营能力，这种能力在美的持续增长、抵御风险、转型升级、培养人才的过程中，都得到了体现。因此在本书的最后，我们从组织运营能力的角度来谈谈如何借鉴美的做法打造高效运营能力。

12.1 简单的管理造就了美的的"不普通"

12.1.1 美的的"普通"与"不普通"

从外面看，美的就是一家"普通"的企业：

- 普通产品——家电产品
- 普通路径——本土成长，从乡镇企业、加工厂起步
- 普通竞争——同时面向国内外竞争，主要是国内市场竞争
- 普通行业——制造业（家电行业）
- 普通人才——在相当长时间里没有顶尖人才（近些年才开始逐渐引进高级人才）
- 普通利润——5%的净利润（最近几年才增长到10%左右）

- 普通老板——美的创始人何享健只有初中文化程度，无高学历，无显赫背景
- 普通起点——从塑料瓶盖起家、从风扇进入家电行业、从普通工厂起步
- 普通管理——没有依赖外脑，主要依靠自身经营团队做管理设计与执行，许多做法并不"高大上"

但是，美的也有其"不普通"的地方：

美的于1968年创立，50多年来，历经国内外的多轮形势、环境巨变，却从一个普通的乡镇小厂成长为全球化的大型企业，显然，这不普通。

美的的众多产品在市场上都是"后进入者"，都有成熟的行业巨头矗立在前面，但是面临残酷的竞争，美的却总能杀出一条血路，显然，这不普通。

1988～2000年，年营业收入从1亿元到100亿元；2000～2010年，年营业收入从100亿元到1000亿元；2010～2020年，年营业收入从1000亿元到近3000亿元。30多年，近3000倍的成长，显然，这不普通。

在职业经理人机制并不完善的情况下，美的却培养了大量职业经理人，不仅内部良将如潮，在许多行业、企业都能见到美的系职业经理人的身影，显然，这不普通。

作为千亿元规模企业的创始人，何享健却是家电行业乃至中国企业界中最为轻松的老板，他很少签字、审批，可以一周打几次高尔夫球，从不用手机，也几乎不加班，显然，这不普通。

2012年何享健退休，接班的不是家族成员，而是职业经理人方洪波。千亿元家族企业交班给职业经理人，在中国是罕见的，显然，这不普通。

交班多年来，美的发展顺利，持续转型升级，成效卓著，显然，这不普通。

这些"普通",是起步条件、资源禀赋的"普通";这些"不普通",则是运营能力的"不普通"。而这些在普通条件下创造的不普通业绩,说明美的在许多方面具有深厚的内功。

12.1.2 美的的管理并不复杂

在企业发展的过程中,美的借助了许多外部智力资源,但更多的是借鉴标杆企业的做法,遵循企业经营的基本常识,按照经济发展的基本逻辑,在自我摸索的过程中走出了一条务实的发展之路。

经营或许有许多变量,但是管理并不复杂。很多人在亲历这个过程时,也能够直接感受到,美的并没有采取什么惊天动地的举措,也没有一招制胜的妙计,更没有多么高深莫测的复杂系统。过于复杂而玄妙的东西,一定是难以执行的。

这些年来,美的的主要管理活动其实并不多,我们可以从表12-1中一窥美的一年中重大的管理活动。表12-1中的安排根据美的多年工作安排整理而成,基本能代表美的的主要经营管理运作及时间节奏。集团上下相差不大,但这并不意味着每一个经营单位都完全按此严格执行,多少会存在些许差异。

从表12-1来看,美的的管理活动其实都比较常见,一点也不复杂。美的的做法是"普通"的,但这些"普通"的做法,却成就了不普通的业绩;美的的人才是"普通"的,但通过企业的高效运营与价值创造,他们成就了"不普通"的事业。这为我们理解企业管理提供了一个不一样的视角。企业管理,不论是实践还是理论,不是越复杂越好,而是越简单越好。美的在运营能力建设上的那些简单、务实的做法,对当下的中国企业来说具有很好的参考价值。

表 12-1 美的年度重大管理活动安排表

重要会议与管理事项	1月	2月	3月	4月	5月	6月	7月	8月	9月	10月	11月	12月
经营分析会①	■			■			■			■		
总结计划大会		■										■
事业部走访、经营会议			■			■			■			■
人才科技大会										■		
战略（经营管理）年会②	■				■			■				
经营预算									■	■	■	■
重大投资评估审议						■			■		■	
责任制方案签订			■	■								
经营责任制审计				■								
重要人事任命		■										
年度奖励发放③		■			■							
流程制度梳理			■	■	■							
校园招聘⑤			■	■						■	■	
国内市场走访										■		
国际市场走访		■						■				

① 4月、10月的经营分析会为半年度、年度经营分析会，一般会扩大人员范围。同时，7月、1月的经营分析会可能在某些经营单位会单独召开，在某些经营单位则与半年度、年度经营会议合并。

② 美的一般在8月左右启动战略规划，但有时会在年初将年度总结会议扩大为战略经营年会。

③ 一般来说，美的的重要组织架构调整与人事任免，往往在年中的比年底的多，更重要。

④ 过去，美的的年度奖励一般在春节前，经营绩效审计确认后这两个时间节点发放，后来部分奖励通过股权激励实现的，则按股权激励的时间节奏进行。

⑤ 校园招聘中，3月中旬到4月下旬一般为补招时间。

12.2 企业如何借鉴与参考

12.2.1 用结果来检验组织运营能力

对组织运营能力的检验，一定是从结果出发的。很多人谈论美的的组织运营能力，往往强调美的的管理机制，如权责匹配、流程运营等。这些当然是美的组织运营能力强的表现，但是这类总结只描述了现象，却没有揭示本质，并且指引性、借鉴性、操作性不强。本书中介绍的很多美的的组织运营做法，最终都要归结到一点：拿到好的财务结果。所以，必须从财务的视角去梳理企业经营管理的脉络，而不是套用组织层面的理论与方法去做描述。

比如，从美的 2011 年与 2016 年的经营数据对比（见表 12-2）中我们可以看到：

- 成本的增速低于收入的增速，意味着成本控制住了
- 净利润的增长远高于收入的增长，说明经营效率得到了极大的提升，产生了杠杆效应
- 净利率提升，说明盈利能力增强了
- 资产负债率下降、总资产周转提升，说明资产质量提升了
- 人均产值大幅度提高、人效增加，说明人力资本的价值体现出来了
- 存货周转率提高了，说明内部运营更快、更流畅了
- 现金周期大幅缩短，说明管理运作越来越高效
- SKU 数量减少一半，说明产品从研发到销售的效率与能力都更高了

看到这样的数据，如果问"美的这几年的组织运营能力是不是变好了？"，相信所有人都会给出正确的答案。

表 12-2　美的 2011 年与 2016 年经营数据对比表

关键指标	2011 年 12 月 31 日	2016 年 12 月 31 日	变化情况
营业收入	1 340 亿元	1 590 亿元	19%
营业成本	1 084 亿元	1 156 亿元	6.6%
净利润	66 亿元	159 亿元	139%
净利润率	4.95%	9.97%	101%
资产负债率	66.70%	59.57%	−7%
总资产周转率	0.67	1.07	60%
人均产值	68 万元	166 万元	142%
存货周转率	6.01	8.87	48%
现金周期	30 天	6 天	−80%
产品品类数量	64 个	32 个	−50%

注：以上数据是作者根据美的集团历年年度报告以及内部数据整理而成的。

由此可见，评价企业这个经济组织完全不需要太多理论框架，通过一些指标就可以观察出它的经营质量和组织运营能力。

有些人或许会说，这些业绩的取得可能不是因为能力而是因为机会，从短期指标也看不出长期的组织运营能力如何，那只是因为他们还不懂得研究指标而已。还有些人会说，这些指标不能体现组织氛围、价值观等。但事实真的是这样吗？一家各方面都优秀的企业，怎么可能是一家价值观不清晰、组织氛围差的企业？

12.2.2　让组织运营能力建设变得可执行

组织运营能力建设是一个宏大而宽泛的命题，常令很多企业感到迷茫，不知从哪里入手。美的的经验值得其他企业学习：将组织运营能力建设变成可执行的工作。以美的对战略转型时的"三大主轴"的解析（见表 12-3）为例，我们可以从中很清晰地看到美的的做法。

表 12-3 美的"三大主轴"解析与管理表

	本年实际（截至 10 月）	本年预计	本年预算	本年预算同比上年变化	下年预算	下年预算同比本年预算变化
总体						
收入（亿元）	××	××	××	××%	××	××%
利润率	××	××	××	××%	××	××%
经营性净现金流	××	××	××	××%	××	××%
产品领先						
市场占有率	××	××	××	××%	××	××%
高端产品市场占比	××	××	××	××%	××	××%
研发投入占比	××	××	××	××%	××	××%
效率驱动						
现金周期（天）	××	××	××	××%	××	××%
期间费用率	××	××	××	××%	××	××%
单 SKU 产出（万元/SKU）	××	××	××	××%	××	××%
全球经营						
OBM 销售收入占比	××	××	××	××%	××	××%
出口份额	××	××	××	××%	××	××%

总体指标（包括收入、利润率、经营性净现金流）是对一个经营单位的总体评价。而具体到每项"主轴"，都有对应的指标。以"效率驱动"为例，为什么设定了现金周期、期间费用率、单个 SKU 产出这三个指标？

现金周期是一家企业从事经营活动时从支出现金购买原材料到销售完成后收到现金的过程，它是衡量经营质量的重要指标，也是区分绩优企业与一般企业的标准。对企业来说，现金周期越短，意味着它可以用越少的运营资金来撬动更大规模的生意。一家运营能力强的公司，在这个指标上一定是比一般公司要强的。反过来，如果现金周期长，就说明公司的运营能力弱。

期间费用是毛利润与净利润之间的费用，包括销售费用、管理费用、研发费用、财务费用，它直接体现内部经营管理活动的消耗情况。这些费用与营业收入之间的比率关系，就是期间费用率。期间费用率与管理水平呈反比关系：管理水平越高，期间费用率越低；管理水平越低，则期间费用率越高。虽然短期内可能不会有强关联，但是从长期来看一定符合这样的逻辑关系。判断期间费用率的高低，可以与过去数据比，也可以与行业标杆数据比。如果管理水平提升了，效率提高了，中间的消耗就会变少，期间费用率自然就会下降。

对制造企业来说，SKU也是需要加强管理的，每一个SKU都涉及大量的显性、隐性资源的投入。SKU贡献率越高、单个SKU实现的销售收入越多，就意味着用更少的资源实现了更多的产出，也证明公司的销售能力、产品管理能力更强。

需要注意的是，收入、利润的增长有可能是因为抓住了某个业务机会、强化了某个业务动作。经营性净现金流在一些比较好的行业也能够完成得不错。这些指标可以在不强化管理运作的情况下持续增长。但是，现金周期、期间费用率、单个SKU产出等指标，若没有真正的管理动作、没有下真功夫，是不可能持续优化的。任何一家企业，都不可能在没有管理的情况下做到让这些效率指标持续变好。

12.2.3 效率驱动，以预算为抓手

为什么一些企业很容易变革，另一些企业却非常僵化？为什么那些优秀大企业的管理看起来非常简单，许多中小企业的管理反而复杂无比？为什么有的企业看上去不错却突然就出现了大问题？为什么有的企业能够由小变大、由弱变强？其实，好企业与坏企业的差别主要在于以下四点。

1. 经营节奏的把握

美的的经营管理团队在每年7月开完半年度的总结计划大会后就对全年

情况心中有数，转而开始准备下一年的工作了。也就是说，美的的经营管理比同行领先了半年。

这是怎么做到的？很简单，美的有严格而清晰的预算管理。如本书所述，美的的预算会分解到月，每个月要开经营分析会详细分析各项数据，所以到了7月开完半年度总结计划会议，经营管理团队对当年的情况就有底了。如果一切按预算进行，只要下半年没有天灾人祸，就不会出现太大的问题，高层人员只需保持适度关注就好。这种时间上的领先优势，会为企业带来巨大的竞争优势。

一般来说，每年的7、8月，美的集团总部及下属各经营单元会组织研讨、规划未来三年的战略目标与路径，8、9月会结合这一战略规划进行下一年度的工作计划与安排，9月会启动预算编制工作，到12月预算完成，绩效考核的指标也随之出台。这个从战略到执行的节奏也非常重要，只有把握好节奏，企业的组织经营才能有条不紊并且保持高效。

而在很多企业我们会看到这样的现象：它们的战略规划做得很好，远景目标也描述得激动人心，从战略到策略、从公司到部门似乎也都明确了各项重点工作，但是缺乏有机的联系与有效的节奏。这导致企业的问题层出不穷，比如机会也有、策略也对，但是资源却不足以支撑企业去实施这些策略；商业模式很好，可是商品周转天数却很多，导致企业的成本大大上升；到3、4月了产品还在调整中，产能也还没扩大，预算与执行也总是不一致；等等。这样一来，企业的经营节奏是完全混乱的。管理层天天忙于救火，不停地为费用、产品等争吵，整个组织处于无序的状态。在这种情况下，可想而知，中基层员工会是什么样的表现，效率又怎么可能高。组织运营能力的建设更是无从谈起了。

因此，企业一定要把握好经营节奏，这是美的带给我们的重要启示之一。

2. 组织、运营体系的支撑

一方面，组织结构要合理、运转有序，不能阻碍业务发展；另一方面，内部的核算要到位。为了达成战略目标，组织要提前匹配，打好提前量，同时，业务到哪里，资源就要到哪里，核算就要到哪里。也就是说，分产品、分区域、分客户的经营账要算清楚，要不断关注内部运营的效率是否在改善。

美的的事业部经常会出现分分合合的现象，而且分与合有时并没有必然的逻辑，但是不论怎样分分合合，美的内部各品类的经营账都是清清楚楚的。这也是为什么美的能很快搞定各种组织调整甚至涉及几十亿元、上百亿元的业务重组。

3. 重视财务管理，以预算为抓手

财务管理贯穿美的经营管理的全过程，在美的甚至有一个说法："一个好的财务总监要顶半个总经理。"从这句话中，我们可以体会到财务管理的重要性。

而在财务管理中，预算是非常关键的。美的把各项能力量化后，会根据既定目标，回到预算管理这个体系中来。一方面，在编制预算的过程中就要验证目标的有效性，如果得不到想要的结果，则需要反过来再思考经营管理动作的合理性；这样反复验证，最终形成的预算就代表着更高水平的经营意图、更清晰的工作步骤；如果做到了，就意味着企业正在朝着正确的经营方向前进。另一方面，在执行的过程中，要不断围绕可量化的指标进行分析与改善。

这样一来，组织运营能力就不再是一个抽象的概念，而是体现一项项具体的行动中了，也就可操作、可执行了。

4. 要有"赢"的信念

市场是打下来的，业绩是干出来的，能力是逼出来的，组织运营能力当然更是如此。

要打赢过去（要比过去更好）、打赢对手（要比对手更强）、打赢客户（更高标准地满足客户需求），就意味着要在各个方面进行超越，这就需要确立标准，然后不断对标检视。

为什么优秀的公司往往谦虚，而许多普通企业反而自我感觉良好？是目标使然。得过且过、安于现状，而且不从效率指标上去做分析，就会觉得做到现在这个程度已经很不容易了（更何况业绩可能还在增长）。这样一来，就没有了不断去"赢"的信念与动力，还怎么可能去做更多改善？

而在美的，有各种指标要求职业经理人、经营单位不断前进，今年完成了指标，明年的指标又会更高。而且，美的不只有外部竞争，美的内部的职业经理人、事业部之间也存在竞争，这样才能保持组织的活力。

12.3 两个应用案例

一家企业从创业到成熟，再到转型升级、持续增长，要面临市场与环境的诸多挑战，非常不容易。但是经营企业真的是一件复杂到普通人无从下手，需要雄才大略才能做好的事情吗？未必。

方洪波在 2007 年接受《董事会》杂志采访时说："企业经营其实很简单，就是天天做好这些具体的、细节的事情。"稻盛和夫也说："商业无非就是重复一些理所当然的事情。"

所以，在本书的最后，我们来讲述两个企业的案例。这两个企业都在美的系职业经理人"空降"之后取得了极其明显的经营改善。当然，美的并没有固定、完整的方法论可以照搬，因此这些美的系职业经理人的做法，既有继承发扬，也有融合创新，但总体并不复杂，是有章可循的。

1. 顾家家居

2012 年，美的制冷集团原副总裁李东来空降到顾家家居股份有限公司（简称"顾家家居"）任总裁，从家电行业进入家居行业。这两个行业虽然都与"家"相关，但其实行业的经营基础、竞争态势、价值链体系、人才结构有很大的区别。尽管如此，在李东来的领导下，顾家家居仍得到了很大的改善：在十年时间里规模扩大了近十倍，保持着较高的盈利水平，成了成套家具领域的领导者。

作为美的的子弟兵，并且在美的有着丰富的职业经历，李东来当然对美的的经营管理有着深刻的理解，但是他在顾家家居没有简单复制美的的做法。比如，他在顾家家居实施的事业部制虽然在从战略到执行的逻辑、组织与人才打造、流程与运营管理等方面有着浓厚的美的烙印，但和美的有很大差别。

顾家家居在床垫业务上的成功，是李东来管理能力的一个证明。此前，顾家家居并没有床垫业务，也没有这方面的专业经营人才。当时国内床垫市场的竞争已经白热化，但李东来仍然决定在这个领域发力。他利用公司与团队合资的方式，组建床垫事业部，打造了一支全新的床垫经营团队，很快就在这个领域取得了相当不错的业绩。

他的价值不只体现在顾家家居的业绩上，还体现在对上下游、对行业的影响上。顾家家居自 2012 年启动校园招聘（这种在美的早已实施的基本人才策略，在家具行业却是开先河之举），通过十年努力，形成了强大的人才底座，在人力密度上把许多同行远远甩在了身后。据说顾家家居各级干部的平均年龄比同行年轻 10 岁以上。越来越多高学历、高素质的年轻人成为经营者、管理者，不仅使顾家家居有了强大而可持续的战斗力，而且使家居行业有了更充足的人才储备。

即使在受新冠疫情影响的 2020 年、2021 年，顾家家居仍然保持增长，并且在 2021 年达到超 40% 的增速，创造了近年来的增长纪录，这在行业里是极少见的。回想起 2020 年 2 月新冠疫情突发时李东来在微信朋友圈里发的一段文字，此时看来更值得点赞了："没有人能在重大社会危机面前独善其身，也没有人会有更优的应急策略。如果说有，那绝不是他今天的应对行为，而是平时就做好了准备。是能力而不是其他，让他们处变不惊，让他们受损最小，让他们能视危机为机会，也让他们更优秀！"

平时注重经营能力的打造，练就抵御风险的能力，才是最正确的选择。就在 2021 年 9 月，在顾家家居形势一片大好的情况下，李东来启动了近年来最大的组织变革。李东来认为这不是折腾，而是晴天修屋顶，是为实施战略做好组织准备。他的逻辑是，战略规划后，需要在组织设置上打提前量，要思考用什么样的组织去支撑 500 亿元甚至 1000 亿元的战略目标的实现。

因为顾家家居的消费品属性与行业影响力，李东来以空降兵的身份创造出的优异业绩，不仅树立了美的系职业经理人的新标杆，而且让更多企业看到了职业经理人的价值，感受到了美的经营管理的价值。

2. 万马高分子

2017 年 6 月，曾担任过美的风扇公司总经理的黄胜强加入浙江万马高分子材料集团有限公司（简称"万马高分子"）。与李东来不同的是，他是从家电行业跨界到材料行业的，行业跨度很大。

材料行业并不好做，上下游都比较强势，但黄胜强在万马高分子的短短几年时间里却创造了经营奇迹，让这家创立于 1994 年的"老企业"重新焕发了生机，经营规模不断扩张，盈利能力快速提升，经营效益大幅提高，现金流取得巨大改善，国际业务持续增长，而且启动了新的投资，把生产基地从此前仅有的临安拓展到成都、清远、湖州。

有一个很有意思的插曲是，黄胜强于 2017 年 6 月进入万马集团，原计划是经过半年的熟悉与了解后于 2018 年 1 月正式接任万马高分子总经理。但在万马高分子待了 3 个月后，他就向老板提出，要在 9 月底、10 月初上任。很多人认为他作为空降兵，是想提前坐到这个位置以防有变，而真实的原因是，他希望有充足的时间做规划、做预算，使来年能有序经营。

走马上任后，黄胜强分品类建立事业部，并分别与销售、制造、产品等部门沟通战略目标与路径，要求销售部门优化客户结构、精简客户，按照营收、毛利润、回款重新进行内部目标分解，并调整薪酬激励政策；要求产品部门优化产品结构、精简 SKU，对产品提出毛利润要求；要求供应链部门降本增效、提高设备使用效率和交付效率，同时大幅度向下授权。

2018 年，他带领团队实现了预算的既定目标，净利润比上年大幅上升，此后万马高分子一直保持着量利双增的势头，即使在新冠疫情下也表现强劲。

事实上，他这些年一直在贯彻"先算到、再赚到"的理念，他在笔记本上会详细记录一些关键经营数据，通过观察数据的变化，寻找背后的原因。用这样的职业习惯，他厘清了团队的经营逻辑，打造了共同的管理语言，带领万马高分子实现了巨大的改善。

更有意思的是，短短几年，万马高分子的团队面貌就焕然一新。虽然还是那些人，但是通过有效的经营引导与训练，整体素质明显提高，干部、员工的收入也大幅提高，士气大不一样。

美的的管理变革与成功往往会让很多人产生这样的想法：美的是因为规模大了才敢这么做的。其实，恰恰相反，美的是因为这么做了规模才变大的。

这两个案例，从不同角度证明了美的经营管理的有效性。

— 本章小结 —

提升组织运营能力,不仅是应对环境不确定性的有力武器,而且是企业可持续发展的不二法门。为什么很多中国企业面对大环境变化、转型升级、交接班、全球化时会举步维艰,归根结底还是因为经营质量不够高。事实上,除非行业出现颠覆性的变化,否则,外部环境从来都是"危"中有"机"的。对强者来说,危机时正是攻城略地的好时机。也正因为有这样一轮轮的洗牌周期,行业集中度才会不断提升,优秀企业才能越做越大。

想要得到这样的结果,必须打好提前量,胜利只属于有准备的人。

只是,做这些工作,需要智慧与耐心,因为它不像过去做业务那样能够快速地呈现效果,而且很多时候还需要从一把手开始自我否定与自我革命。

每一次洗牌,都是强者等待已久的良机。

后　　记

企业的成长、成熟、转型、突破，本就是一个系统工程，而美的创立50多年、扎根家电行业奋斗40多年的历程不但波澜壮阔，更硕果累累——规模达数千亿元、产品多元化、业务全球化。要把这样一家企业的经营管理之道梳理好、讲清楚，并非易事，但只有把复杂的事物简单化，找到其中的规律——美的模式，才能帮助更多企业去学习和借鉴，因此，我需要一个不断总结、升华、验证的研究与写作过程。

我于1998年加入美的，正好赶上美的变革调整、高速发展的时期。我先后在集团办公室、下属产业单元、美的学院、小家电集团等单位任职，这些工作经历让我对美的创始人的经营理念有了深入的了解，也让我很早就接触到了美的的决策层。在与美的创始人及许多美的职业经理人共事的过程中，我广泛而真实地观察到美的诸多实践与决策的细节，清楚地看到他们是如何通过有效运营实现业绩突破的。而对行业、对管理的关注，又让我始终能够站在更广阔的视角来看待美的的管理。

因为工作的关系和对管理的兴趣，我很早就开始对美的的经营管理进行总结与整理，以理解美的稳健增长背后的逻辑。2001年，我在集团企业文化中心、办公室等部门工作时，便开始宣讲美的文化；2005年创建美的学院时，我对美的的经营理念与文化进行了系统梳理并制作了内部教材；2007年，我在兼管美的企业文化工作时，对美的的企业文化进行了第一次比较正式的梳理，并出台了美的职业经理人行为规范；2009年，我在中山大学管理学院的EMBA毕业论文，是十余万字的《变革之美——何享健经营管理思想研究》。在撰写论文的过程中，我不断地整理、对照、思考，不断推翻自己的认知。没有这些长期的研究，我不可能挖掘、总结出美的的经营管理之道，更难以向外界进行描述。

在美的的这段经历，是对我个人的管理启蒙，也是我人生的宝贵财富。因此，对于这本书的诞生，我要非常感谢何享健先生，相比于他的理念与智慧，这本书所介绍的道与术，仅是九牛一毛。

我要感谢方洪波先生，他是我一直非常关注的职业经理人，每次在与空调、制冷事业部相关的会议上，我都尤为关注他的观点。而他接班后的一系列动作，更是我时时关注与研究的。他与何享健先生共同谱写了一曲美的交接班的华章。

我要感谢美的小家电集团原总裁黄健先生，我有幸在他的领导下工作，尤其是曾多次和他走访市场，研讨工作，推动组织变革。在这个过程中，我系统地理解、执行、检验了美的的经营管理之道，这是一段很重要的经历。

我要感谢众多美的职业经理人，我有幸很早就结识他们，并且持续与他们保持着卓有成效的管理沟通。与他们的交流使我对美的的理解不断加深，这是我得天独厚的机缘。

我还要特别感谢亦师亦友的顾家家居总裁李东来先生，他是我多年的同事，更是我关注与学习的榜样。离开美的之后，我们的交流虽然次数不多却比以往更加深入，他自 2012 年以来在顾家家居的经营实践，是我在思考美的管理时参考的案例。他对美的管理的思考与观点，带给我很大的启发。

同样给我带来启发的还有万马高分子的总经理黄胜强先生。他于 2017 年跨界"空降"到材料行业，万马集团给予他广阔的经营空间。他在短短几年时间里就使万马高分子有了巨大的变化：盈利能力快速提升，经营效益大幅提高，团队面貌焕然一新，海外业务与新基地建设如火如荼。感谢他给予我长期跟踪企业发展的机会，这让我受益良多。

这些年来，美的系人才要么空降到许多企业，要么直接创业，广泛分布在企业决策层的高层岗位上。我一直与其中许多人保持着良好的联络与沟通，这是一个对外部企业进行观察、对美的管理进行检视的良好机会。

这些年从事企业管理辅导工作的经历，又让我获得了许多从第三方视角来思考、验证美的经营管理之道的机会。在领教工坊的多场活动中，我有幸与其联合创始人肖知兴、朱小斌、孙振耀，领教王佳芬、施炜、刘润、杨汉超、费敏、杨龙忠等以及多位企业家学员进行密切交流，这使我对管理的认知进一步提高，对美的管理的总结进一步完善。在领教工坊的一把手工作坊中，我研发主讲的"组织效率进阶"课程和我设计的老板与团队共同参与的一把手工作坊，受到许多企业的欢迎，课程中的架构与理念就来自对美的实践的总结，而在课程中与企业的互动也使我不断发现美的经营管理之道的可行性与有效性。

近几年，我有幸深入众多优秀企业进行培训、交流、咨询、辅导，如顾家家居、万马集团及万马高分子、巴布豆、志邦家居、梦百合、盛雄激光、伊丽汇、华勤技术、金龙集团、艾罗能源、东方鑫源集团、润通集团、卫龙食品、晨北科技、梦洁家纺、大艺机电、万孚生物、扬杰科技、万家乐、波司登、君美集团、傲基科技、高梵服饰、杭州珍琦、理士国际、申菱环境、宏工自动化、威博电器、三维通信、毅合捷、盛大长青、马骑顿、百蓓佳、薇美姿、微谱化工、林氏木业、普赛达、泰禾环保、相宜本草、嘉宝莉、美的地产、深圳万科、基成医疗、大自然家居、虎豹集团、喜临门、怡合达、金惠农业、晶通集团等。或许我提供的专业服务仍有不足，但一次次的深度交流与碰撞以及企业家对美的经营管理之道的认识与反馈，推动着我不断思考与总结。本书中的一些观点，正是来自他们的认识与反馈。

这些年，在进行数据解析、实地调研、对话诊断、同行比对的顾问与研究过程中，我看到很多企业在效率提升、管理改善上还有巨大空间。但构建从战略到执行的体系、推行预算管理，不像搞其他商业项目或咨询项目那样激动人心，需要更多的时间与耐心，需要建立讲数据、讲逻辑的文化与体系，需要以财务语言作为管理语言，需要直面问题、及时变革与调整，这些都不是容易的事。尤其是很多企业总是担心出现风险，或者觉得不但短期内见不到效果，反倒可能暴露自己的弱点，因此不敢变革，或者浅尝辄止。我也想找到更好的办法，但有些问题无法逃避。

几年来，我看到一些企业不但没有变得更好、更顺，反而出现了更多的问题。其中很多问题完全是由管理导致的，也是可以避免的，但由于企业不能坚持做正确的管理改善，甚至病急乱投医，最终演变成危机。这令人感到十分遗憾与无奈，但也从另一个角度证明了企业不可能在忽视基本功、经营质量不高的情况下实现可持续发展。这也促使我不断思考，高效运营到底应该如何提炼、如何推动、如何寻找合适的对象。

经过这些年的不断交流、打磨，我的立场也从总结、传播美的经营管理之道转变为让更多企业借鉴有价值的工具、方法。因此，本书中的内容，也体现了其他企业如何观察与运用美的经营管理之道。

"板凳要坐十年冷，文章不写一句空"，这真是至理名言。厚积才能薄发，美的的发展是这样的，管理的积累是这样的，我的创作也是这样的。从来没有可简单复制的管理工具，只有找到规律、合理运用之后的有效生长与不断升华。而我也是在无数次对美的的经营管理之道进行解读与传播之后，才充分理解美的稳健增长背后的逻辑的。在本书的创作过程中，我一再克制住讲故事的冲动，站在读者的视角不断思考大家想要读到的是一本什么样的书，因此，书中介绍了更多美的实用性很强的工具，这充分体现了我这个"实践派"的价值。当下的中国管理界，不缺宏大的"理论"，缺的是有效的"方法论"。

我不敢说自己通过不断思考就能接近本质，更不敢说美的的做法全如本书所述一般展开，事实上我在总结的过程中也面临着许多难以概括、不好归类的难题，比如本书中就有许多不得不重复的地方，也有一些其他的不当之处。我相信读者一定能够看出我的错漏并补上自己的见解。如果想更好地观察与理解美的的经营管理之道，可以参考阅读许多美的同人的文章与描述。

个人的力量是有限的，融入组织中才能成长得更快，在写作本书的过程中，我同样感受到了这一点。匡桂林协助我做了大量的资料收集与全书统稿工作，刘件贵、胡明、梁承献、刘丽兵、刘鑫等协助我进行了相关资料的整理，卢振、李俊华协助整理了 MBS 方面的内容，曹小龙协助整理了成本管理方面的内容，梁嵩峦补充了部分成本管理方面的资料。而郭华亮、方伟、李云龙等朋友在项目合作与管理沟通中弥补了我的知识短板，使我深化了对美的管理的系统理解。

本书能够得到机械工业出版社的认可和出版，我深感荣幸。希望本书对企业同人有所帮助。希望真正喜欢本书的企业同人，能把本书当作工具书，能够结合企业的实际情况与自己的工作实践来研读与思考,甚至可以组织内部专题读书会。这样可能会使本书发挥更大的价值,因为本书的价值,不在于它有多大的发行量与阅读量,而在于它为多少企业的效益提升提供了帮助。

黄治国
2022 年 7 月于长沙

精益思想丛书

ISBN	书名	作者
978-7-111-49467-6	改变世界的机器：精益生产之道	詹姆斯 P. 沃麦克 等
978-7-111-51071-0	精益思想（白金版）	詹姆斯 P. 沃麦克 等
978-7-111-54695-5	精益服务解决方案：公司与顾客共创价值与财富（白金版）	詹姆斯 P. 沃麦克 等
7-111-20316-X	精益之道	约翰·德鲁 等
978-7-111-55756-2	六西格玛管理法：世界顶级企业追求卓越之道（原书第2版）	彼得 S. 潘迪 等
978-7-111-51070-3	金矿：精益管理 挖掘利润（珍藏版）	迈克尔·伯乐 等
978-7-111-51073-4	金矿Ⅱ：精益管理者的成长（珍藏版）	迈克尔·伯乐 等
978-7-111-50340-8	金矿Ⅲ：精益领导者的软实力	迈克尔·伯乐 等
978-7-111-51269-1	丰田生产的会计思维	田中正知
978-7-111-52372-7	丰田模式：精益制造的14项管理原则（珍藏版）	杰弗瑞·莱克
978-7-111-54563-7	学习型管理：培养领导团队的A3管理方法（珍藏版）	约翰·舒克 等
978-7-111-55404-2	学习观察：通过价值流图创造价值、消除浪费（珍藏版）	迈克·鲁斯 等
978-7-111-54395-4	现场改善：低成本管理方法的常识（原书第2版）（珍藏版）	今井正明
978-7-111-55938-2	改善（珍藏版）	今井正明
978-7-111-54933-8	大野耐一的现场管理（白金版）	大野耐一
978-7-111-53100-5	丰田模式（实践手册篇）：实施丰田4P的实践指南	杰弗瑞·莱克 等
978-7-111-53034-3	丰田人才精益模式	杰弗瑞·莱克 等
978-7-111-52808-1	丰田文化：复制丰田DNA的核心关键（珍藏版）	杰弗瑞·莱克 等
978-7-111-53172-2	精益工具箱（原书第4版）	约翰·比切诺 等
978-7-111-32490-4	丰田套路：转变我们对领导力与管理的认知	迈克·鲁斯
978-7-111-58573-2	精益医院：世界最佳医院管理实践（原书第3版）	马克·格雷班
978-7-111-46607-9	精益医疗实践：用价值流创建患者期待的服务体验	朱迪·沃思 等